Die Farben ISTRIENS

Die Farben
ISTRIENS

TEXT VON MELLA WALDSTEIN & FOTOS VON MANFRED HORVATH

MIT ÜBER 200 ABBILDUNGEN

CHRISTIAN BRANDSTÄTTER VERLAG

VORWORT SEITE 29

Geschichte

SONO 'STRIANO SEITE 31

Ein Neben-, Mit- und Gegeneinander – das große Durcheinander der Geschichte in einem kleinen Land. Streifzüge durch die Zeiten.

Rot

TERRA ROSSA SEITE 46

Entlang des Flusses Mirna durch das Landesinnere, wo das Herz Istriens schlägt: Pazin, Motovun, Hum, Labin.

ES SCHMECKT SO GRÜN SEITE 64

Renaissance einer Frucht, die schon die Römer in Istrien schätzten: die Olive. Ein Neuanfang, der in Familienbetrieben mit großem Engagement umgesetzt wird.

BODENSCHÄTZE SEITE 72

Im Herbst dreht sich in Istrien alles um einen Pilz, der im Verborgenen heranwächst, bevor er auf dem Silbertablett präsentiert wird: Die Trüffel lockt Feinschmecker aus Nah und Fern.

CHARAKTERSTUDIEN SEITE 78

Die Istrianer sind Patrioten. Die Winzer bleiben den landestypischen Weinsorten Malvasier und Teran treu und punkten damit in der internationalen Liga.

SCHLAG ZU, MICHAEL SEITE 84

Viele Kirchen und Kapellen sind mit mittelalterlichen Malereien geschmückt: Hrastovlje, Beram. Ein besonderer Ort ist die Kirche von Vodnjan.

Weiß

DER KARST SEITE 94

Faszinierende Erscheinungsformen des Karstes formen die Landschaft. Der Kalkstein wird seit dem Altertum gebrochen und schmückt zahlreiche europäische Baudenkmäler.

VERSTEINERTER SCHREI SEITE 104

Wer sie einmal gesehen, kommt nicht mehr davon los. Die Karstlandschaft als Spiegel der Leere ebenso wie als Quell der Seele in literarischen Beispielen.

STEIN AUF STEIN SEITE 110

Der Stein prägt das Land. Ein Streifzug entlang den Trockensteinmauern der Insel Cres und die Suche nach den berühmten Hirtenhütten.

DIE SALZGÄRTEN SEITE 118

Salz ist Meer, das nicht in den Himmel zurückkehrte. Die Salzgärten an der slowenischen Küste.

Blau

ENTLANG DER KÜSTE SEITE 126

Die Hafen- und Küstenstädte sind Kulminationspunkte von Geschichte und Gegenwart: Piran, Novigrad, Umag, Poreč, Vrsar, Rovinj, Pula, Lovran, Opatija.

PARKLANDSCHAFT FÜR PRIVATIERS UND POLITIKER SEITE 172

Vor über 100 Jahren vom österreichischen Industriellen Paul Kupelwieser erworben, später Titos Privatsitz, heute Nationalpark: das kroatische Inselarchipel Brijuni.

DIE INSELN CRES UND LOŠINJ SEITE 186

Von den schroffen Berghängen auf Cres bis zu den seidenen Kiefernwäldern von Lošinj. Von den Königen der Lüfte und dem Lächeln des Meeres.

Zeittafel SEITE 204
Quellen, Dank, Bildnachweis SEITE 206

Gegenüber: Blick auf Motovun.

Oben: Der prominenteste Ort von Istrien – Opatija (Abbazia). Postkarten, um 1910.

Folgende zehn Doppelseiten:

Das abendliche Rovinj von der Katarineninsel aus gesehen.

Schafe auf der Insel Cres.

Glöcklerumzug in Matulji mit bis zu fünf Kilo schweren Glocken.

Spiegelglattes Steinpflaster am Hauptplatz von Poreč.

Der Limski-Kanal zwischen Rovinj und Vrsar.

Winterlicher Blick auf die Bucht von Kvarner und Rijeka.

Wenn Schnee fällt, warten Kellner in Opatija auf Gäste.

Immer seltener werden die Frauen, die in Opatija ihre Spitzenware verkaufen.

Trockensteinmauern auf der Insel Cres unterteilen Schafweiden.

Zwanzig Kilometer südlich von Pula ist der Leuchtturm Porer.

OPATIJA - MATULJI

Vorwort

Vor über zwanzig Jahren, an einem feuchtkalten Frühlingstag in Wien, überkam uns ein zwingender Wunsch, in den Süden zu reisen. Mangels Schlafsäcken packten wir Bettdecken in einen klapprigen Mercedes, schnappten die Pässe – und fuhren los. Regen begleitete die Reise von der Steiermark bis weit ins Slowenische. Doch nach Postojna wurde die Luft merklich milder. Über der Landschaft lag schon die Ahnung von Rosmarin und Lorbeer. Die Menschen gingen um einen Schritt langsamer, die Terrassen der Gasthäuser sandten dieses verführerische Licht-und-Schatten-Spiel jener nackten Glühbirnen, die im Laub einer Pergola schaukeln. Damals aß man noch überall zwischen Maribor, Rijeka und Skopje Čevapčiči; ich liebe diese jugoslawische Reminiszenz bis heute. Der Wein wurde in Karaffen serviert, der Mond spazierte auf den flachen Dächern. Die Silhouette eines Glockenturms hob sich gegen den samtigen Nachthimmel ab, und in der Erde lagen die Steine wie fahle Brotlaibe.

Die Nacht verbrachten wir am Rande eines Dorfes. Hunde kläfften in der Ferne, ansonsten herrschte dunkle Stille. Morgens erwachten wir unter einem Olivenbaum. Unter uns rote Erde – und Ameisen, die uns weckten. Über uns das erstaunte Gesicht einer Frau, in deren Garten wir ahnungslos geschlafen hatten. Es muss irgendwo in der Nähe von Kanfanar gewesen sein. Ich hatte mich in ein Land verliebt: in Istrien.

Das istrianische Erwachen hat mein Bild dieses Landstriches geprägt: eine Steinmauer, die einen Garten umschließt; darin ein paar Olivenbäume und die winkenden Blätter des Kukuruz; dahinter das steinerne Dorf, erstarrt in der Geschichte. Und rundum ein trockenes Buschland, in denen Straßen wie lichtgrüne Tunnels ein verwirrendes Netz bilden. Hinter alldem die Ahnung des nahen Meers. Hätte ich ein Haus in Istrien, es müsste genau dort stehen. Den Platz habe trotz zahlreicher Reisen durchs Land nicht mehr gefunden …

Dafür aber ein Land im Spannungsfeld zwischen römischer, slawischer, venezianischer und kakanischer Vergangenheit, die eine eigenständige istrianische Lebenskultur schuf. Sie verbindet das Land zu einer bunten Mischung: so rot wie die Erde, so weiß wie der Fels und so blau wie das Meer.

Gegenüber: „Message in a Bottle" – oder doch nur Schwemmgut an der Küste bei Savudrija?

Opatija (Abbazia) an der Kvarner Bucht, im Hintergrund Istriens höchster Berg: der Učka. Postkarte, um 1910.

Österreichische Riviera.

Buchhandlung „Mandria" Abbazia.

Sono 'striano

Ein Neben-, Mit- und Gegeneinander – das große Durcheinander der Geschichte in einem kleinen Land. Streifzüge durch die Zeiten.

Istrien ist ein Gemisch an Geschichte, Kultur und Sprache. Es ist ein Lebensgefühl, das sich das Geflecht slawischer und romanischer Kultur zu Eigen macht. Hier treffen das von Seeleuten und Fischern geprägte Leben und die daraus resultierenden Einflüsse auf das der Land- und Bergbewohner mit ihren eigenen Traditionen: ein Nebeneinander von bäuerlichen und städtischen Strukturen auf engstem Raum. Istrien bedient sich aus der reichen, aber – durch das Aufeinanderprallen – keinesfalls immer friedlichen Vergangenheit. Das Selbstverständnis der Istrianer wird aus diesem Schmelztiegel genährt. Das Land ist wie eine Projektionsfläche. Für die Italiener hat es Italianitá, für die Kroaten ist es das Land der eigenen Schriftkultur, der Glagoliza. Für Slowenen ist der Karst Heimat, für Österreicher ist es hinreichend kakanisch, für Franzosen noch balkanisch – und für die moderne Gesellschaft einfach multikulti.

Istrien ist eine Projektionsfläche der Träume. Oder ein Westentaschenparadies: eine Halbinsel, die von einem blauen, sauberen Meer umspült wird. Ein Land, das vom Gipfel des Učkas bis zu den welligen Bergen um Buje, von Wein- bis zu Salzgärten, von lebhaften Küstenstädten bis zu verträumten Bergdörfern alles in sich vereint: römische Tempel und frühchristliche Mosaike, venezianische Palazzi und Wiener Cafés, frühgotische Fresken und archaische Steinhäuser.

Istrien wurde durch den illyrischen Stamm der Histrer besiedelt. Spuren dieser Besiedelung sind in den Ausgrabungen der ehemaligen Hauptstadt Nesactium zu sehen. Wallburgen, die die Histrer erbauten, wurden von den Römern übernommen, erneuert und sind oft die Siedlungsgrundlagen von Bergstädten und -dörfern. Um 400 v. Chr. kamen aus dem Norden Kelten in das Gebiet der Illyrer. Die Kelten waren eine agrarisch ausgerichtete Gemeinschaft und brachten den Pflug mit. Sie verschmolzen mit den Histrern zu einer illyrisch-keltischen Bevölkerung.

Die römische Eroberung beginnt mit dem Ersten Histrischen Krieg 221 v. Chr. gegen die Liburner – einem Stamm der Illyrer. Im Jahr 177 v. Chr. wird der Zweite Histrische Krieg entfacht; nach dem Sieg der Römer über die Illyrer wurden 15.000 Legionäre im Land angesiedelt und die illyrische Hauptstadt Nesactium zerstört. Pula entwickelte sich zu der größten römischen Stadt in Istrien, dessen landwirtschaftliche Produkte im Römischen Reich und seinen Provinzen gehandelt wurden. Die spätere Destabilisierung des Reiches durch die Einfälle germanischer Stämme erfasste auch Istrien. Das Gebiet wurde durch die Wellen der Völkerwanderungen erschüttert und fiel nach der Teilung des Römischen Reichs Ostrom zu.

Mit der Stärkung und Ausdehnung des Frankenreichs war das mittelalterliche Istrien in kleine Herrschaften zersplittert; man wandte sich der Seerepublik Venedig zu, die die Küstenregionen vor feindlichen Angriffen schützte, sich aber großzügig der Ressourcen des

Gegenüber: Zu Zeiten der Donaumonarchie fuhr man noch mit „offenen" und „geschlossenen Karossen". Postkarte, um 1910.

KLEINER SPRACHFÜHRER

Istrianisch ist eine Mischform aus kroatischen und italienischen Wörtern. Die Sprachmelodie ist dem Italienisch manchmal näher als dem Slawischen. Einige Beispiele aus dem Alltag:

Istrianisch	Kroatisch	Deutsch
kamara	soba	Zimmer
jaketa	jakna	Jacke
buština	vrećica	Einkaufstasche
kariola	tačke	Scheibtruhe
cimitar	groblje	Friedhof
komanda	zapovijed	Befehl
dištin	sudbina	Schicksal
lampadina	žarulja	Glühbirne
ulika	maslina	Olive
vetura	vozilo	Auto
pitura	boja	Farbe
jušto	ispravno	richtig
škatola	kutija	Schachtel
maja	džemper	Pullover
pijat	tanjur	Teller
šugaman	ručnik	Handtuch

Landes bediente. Die geistliche Macht wurde vom Patriarchen von Aquilea ausgeübt. Ihm unterlagen die Bistümer Istriens. Das Patriarchat hatte aber ebenso weltliche Macht. Der Patriarch Sigehard erhielt im 11. Jahrhundert Herzogsrechte für ganz Friaul und wurde mit großen Teilen Istriens belehnt. Mit der Hinwendung zum aufstrebenden Venedig und dem gleichzeitigen Machtverlust des Patriarchats war Istrien über vier Jahrhunderte – von 1420 bis zum Beginn des 19. Jahrhunderts – zweigeteilt. Die Küstenregionen waren venezianisch, Inneristrien fiel den Habsburgern zu.

Flottenspaziergang

Handelsbeziehungen der istrianischen Küstenstädte mit Venedig bestanden schon seit frühester Zeit. Ein schriftliches Zeugnis ist der Vertrag der Kommune Koper (Capodistria) aus dem Jahre 932. In der Wissenschaft hat sich Meinung gefestigt, dass der so genannte „Flottenspaziergang" des Dogen Pietro Orselo II. im Jahre 1000 nicht nur eine demonstrative Geste zur Anmeldung des Herrschaftsanspruchs war, sondern schon ein konkretes Eingreifen in politische Ereignisse auf der Halbinsel.

Das Balbitor in Rovinj mit dem Löwen von San Marco wurde im Jahre 1680 errichtet.

Je stärker der Druck der territorialen Herrscher auf die Hafenstädte war, umso verlockender wurde der Handelspartner Venedig. Ab Mitte des 12. Jahrhunderts kommt es zu engeren Beziehungen mit Venedig. Es werden „Treueverträge" abgeschlossen, durch die venezianische Geschäftsleute zu großen Privilegien gelangten. Mit diesen Treueverträgen wurde der Boden für die spätere Dominanz Venedigs gelegt. Der Kampf um den wirtschaftlichen Einfluss in Istrien endet im politischen Konflikt zwischen Aquilea und Venedig. Mit dem Frieden von Treviso 1291 wird das Primat Venedigs in den umstrittenen Territorien besiegelt. Zwei adelige Familien aus Pula zeigen die Situation stellvertretend für viele andere Städte. Die Sergier de Castropola waren Anhänger des Patriarchen von Aquilea, die Familie Jonatasi hingegen unterstützten Venedig. Nach der Ermordung der Familie Castropola in Pula 1331 begann die Welle der Stadtübergaben an Venedig. Die letzten Städte, die ihre Unterwerfung erklärten, waren Pula, Bale und Vodnjan.

Das zentrale Istrien und die Region um Rijeka waren im Besitz verschiedener Adelsfamilien – die Grafen von Gorizien in Pazin, die Grafen von Duino und deren Nachfolger; die Herren v. Wallsee –, die ab dem 12. Jahrhundert im Dienst des Patriarchen und Lehensherren des Bischofs von Pula oder Poreč standen. Diese Besitzungen fielen im 14. Jahrhundert an die Habsburger. Sowohl auf der kroatischen bzw. habsburgischen als auch auf der venezianischen Seite ließ sich die Zentralmacht ständig durch militärische und administrative Instanzen vertreten. Die Küste der Ostadria war Grenzterritorium. Diesem Status ist die Durchdringung von Einflüssen in vielen Bereichen des Lebens und eine gewisse politische Freizügigkeit zu verdanken. Was aber nicht heißt, dass Istrien von peripherem Interesse war.

Die täglichen Ereignisse in Istrien und Dalmatien wurden in der politischen Szene Venedigs wie Börsenberichte gehandelt, weil das Leben des Staates von der ständigen Bewegung der materiellen Güter abhing. Der rege Schiffsverkehr übernahm auch die Funktion der Post und des Meldewesens. In Venedig bildeten sich Expertenkreise, die mit den einzelnen Regionen gut vertraut waren. Vor allem die wirtschaftlich dominanten Küstenstädte entwickelten sich ab dem 11./12. Jahrhundert zu eigenständigen Kommunen. Anstelle des Alleinherrschers bildeten sich bürgerliche Organisationen; die Selbstverwaltung wurde in Statuten festgelegt. Die Eigenständigkeit gab im günstigen Fall eine gute Verhandlungsbasis mit der aufstrebenden Schutzmacht Venedig.

Doch vom wirtschaftlichen Aufschwung im 15. und im 16. Jahrhundert profitierten allerdings nur die höheren, gebildeten Schichten. Venedig betrieb zur Sicherung seiner Herrschaft die Politik der gesellschaftlichen Spaltung und der kulturellen Entwurzelung durch Umsiedlung sowie die Dezimierung des einheimischen Adels, wie es das Schicksal der Familie Castropola in Pula zeigt. Die Historikerin Marija Anderle resümiert: „In Anbetracht der über ein halbes Millennium währenden venezianischen Herrschaft lässt sich schwer beurteilen, ob der hoffnungsfrohe Aufbruch der Kommunen an der Ostadria aus eigener Kraft Formen des Lebens und der Herrschaftsstrategien hervorgebracht hätte, die den Zugriff des mächtigen Nachbarn auf die Naturressourcen hätte stoppen können."

Mit der Aufhebung der Republik Venedig durch Napoleon war Istrien eine paar Jahre Teil der von ihm geschaffenen Illyrischen Provinz. Unter napoleonischer Regierung wurde Istrien erstmals einheitlich verwaltet. Nach diesem Intermezzo kam das gesamte Istrien zu Österreich und wurde vorerst von Triest verwaltet, dann jedoch zur autonomen Provinz mit der Hauptstadt Pazin (Pisino, Mitterburg) erklärt. 1813 reichte Istrien von Triest bis nach Abbazia (Opatija), einschließlich der Inseln Cres und Krk. Zwischen Opatija und Rijeka verlief die innere Reichsgrenze, die den Staat in die zwei Reichshälften Österreich und Ungarn aufteilte. Rijeka hieß Fiume und war der Freihafen der ungarischen Reichshälfte. Im Norden grenzte es an das Herzogtum Krain und die Grafschaft Görz, östlich von Triest war die einzige Außengrenze zu Venetien.

Zahlreiche Kriege und Naturkatastrophen hatten die istrianische Bevölkerung im Lauf der Jahrhunderte dezimiert. Ein sehr anschauliches Beispiel für das stete Auf und Ab ist Pula (Pola): Unter römischer Kolonisation im 1. Jahrhundert n. Chr. zählte es 5000 Einwohner. Zur wirtschaftlichen Blüte unter den Römern hat die Stadt 30.000 Einwohner. Nach Überfällen der Uskoken und der Pest verblieben im 17. Jahrhundert gerade noch 300 Bewohner in Pula. Der Aufschwung kam wieder mit dem Bau des österreichisch-

Uskoken, Tschitschen, Dalmatiner, Montenegriner, Illyrier – die k. u. k. Ethnographen fanden ein reiches Forschungsfeld. Postkarte, um 1910.

Der Augustustempel in Pula (Pola) wurde während der Herrschaft von Kaiser Augustus (2 v. Chr.–14 n. Chr.) gebaut und ist der Göttin Roma gewidmet: „An Rom und Augustus Cäsar, den göttlichen Sohn, Vater des Vaterlandes“. Postkarte, 1901.

ungarischen Kriegshafens: Im 19. Jahrhundert wuchs die Stadt in wenigen Jahren auf 20.000 Einwohner. Heute leben in Pula 67.000 Menschen.

Sowohl die venezianische Verwaltung als auch die habsburgischen Herren sahen sich veranlasst, Neubesiedlungen zu verordnen: Menschen kamen aus den umliegenden Gebieten Friaul, Görz, Venetien, Kärnten und Kroatien, aber vor allem aus dem südlichen Dalmatien und dem Balkan. Von Illyrern und Römern, Venezianern und Österreichern ist hier vielfach die Rede. Wo aber bleibt Kroatien in der Geschichte Istriens?

Im 10. Jahrhundert verteidigte der kroatische König Tomislav sein Reich, das aus Zentralkroatien, Slawonien und Teilen Dalmatiens und Bosniens bestand, erfolgreich gegen die Ungarn. Durch ein Bündnis mit Byzanz bekam Kroatien die Adriainseln und die Städte Split, Trogir und Zadar zugesprochen, die bis dahin formell unter byzantinischer Herrschaft gestanden hatten. Tomislavs Staat umfasste somit bis auf Istrien alle heutigen kroatischen Gebiete.

Unter Petar Krešimir IV. wurde Kroatiens Macht geschwächt und es geriet durch Venedig und Ungarn in Bedrängnis. Im Jahre 1000 besiegte eine venezianische Kriegsflotte Dalmatien – die Venezianer herrschten nun über den gesamten östlichen Adriaraum. Der kroatische König Zvonimir I. (1075–1089) war mit einer ungarischen Prinzessin verheiratet, starb aber, ohne Nachkommen zu hinterlassen, so dass Ungarn Erbansprüche auf Kroatien anmeldete.

Durch verwandtschaftliche Verhältnisse mit der kroatischen Herrscherdynastie anerkannte die ungarische Krone die Einheit des kroatischen Königreiches von der Drau bis zur Adria und wurde durch die *pacta conventa* in Personalunion König von Kroatien. Die Verwaltung Kroatiens übernahm der Ban, ein kroatischer Vertreter. Die Personalunion mit dem Königreich Ungarn blieb, mit Ausnahme der Türkenkriege, bis 1918 bestehen. Istrien kam erst nach dem Ende des Ersten Weltkrieges mit der Gründung des Königreiches der Serben, Kroaten und Slowenen – dem „Königreich SHS“ – zu den anderen kroatischen Gebieten und wurde umgehend von Italien besetzt.

Das kulturelle Selbständigkeit der Kroaten in Istrien manifestierte sich in der Pflege der eigenen Kultur und der glagolitischen Schrift, die eine frühe Form des Kyrillischen ist und von den Brüdern Kyrill und Method entwickelt wurde, um die slawischen Sprache in Schrift zu fassen und dadurch den Glauben Christi zu verbreiten. Außer in Teilen Kroatiens und vor allem in Istrien geriet diese Schrift alsbald in Vergessenheit. In Istrien wurden Messbücher bis zum Beginn des 20. Jahrhunderts in glagolitischer Schrift gedruckt: ein Zeichen der Selbstbestimmung und Eigenständigkeit. Das erste kroatische Gymnasium auf istrianischem Boden entstand in Pazin erst 1899.

Der Nationalismus setzte sich in Istrien später durch als in den zentralen Räumen Europas. Doch die Nationalbewegungen waren die treibenden Kräfte des 19. Jahrhunderts – nicht zuletzt in einer Region wie Istrien, mit seinen vielen Völkern und verschiedenartigsten Grundlagen von Politikverständnis: hier die Bürger freier Kommunen, dort die Leibeigenschaft innerhalb strenger Herrschaftsstrukturen. Die Spannungen der Kroaten, Slowenen und Italiener in Istrien gegen den habsburgischen Vielvölkerstaat verstärkten sich. Umso mehr, als die in der Monarchie verbliebenen Italiener nach dem Wegfall des Veneto 1866 die kleinste Nation darstellte. Für die Italiener war Istrien „irredenta“, der „unerlöste“ Teil ihrer Nation. Der nationalen Bewegung schlossen sich die Irredentisten an.

Ökonomische und kulturelle Differenzen zwischen Italienern, Kroaten und Slowenen waren eine sozialpolitische Realität. Im Jahre 1904 waren weniger als 50 Prozent der italienischen Bevölkerung Analphabeten, bei den Kroaten hingegen betrug die Analphabetenrate 75 Prozent; beim slowenischen Bevölkerungsanteil lag sie ein wenig darunter. Die mehrheitlich italienischen Gemeinden zahlten an direkter Staatssteuer 1,214.905 Kronen und an Konsumsteuer 273.655 Kronen, während die Slawen zusammen nur 695.700 Kronen Staatssteuer und 77.346 Kronen

Konsumsteuer ablieferten. Wirtschaftlich schwach waren die ländlichen Gebiete durch die Kleinstruktur der Bauern aufgrund der Freiteilbarkeit der landwirtschaftlichen Grundstücke. Die Realtrennung führte zu kleinteiligen Parzellen, deren Auswirkungen bis heute zu sehen sind.

Hochseilakt des Vielvölkerstaates

Im österreichischen Küstenland war in der Statthalterei Triest, den Bezirkshauptmannschaften, Finanz- und Eisenbahnverwaltung die „innere" Amtssprache Deutsch. Die „äußere" Sprache richtete sich nach den Gegebenheiten der Kommunen, man sprach mehrheitlich und unhinterfragt Italienisch, auch wenn im Hinterland Slawisch, Rumänisch, ja sogar Albanisch und Ladinisch gesprochen wurde. Italienisch war die „lingua franca" von Handel, Verwaltung und öffentlichem Leben. Die k. k. Seebehörde in Triest sowie Schifffahrtsgesellschaften verkehrten amtlich in italienischer Sprache. Doch die Korrespondenz mit den Hafenämtern wurde in Kroatisch geführt. Die Gerichtssprache waren die landesüblichen Sprachen Italienisch, Deutsch, Kroatisch und Slowenisch. Im Revolutionsjahr 1848 lehnte das österreichische Innenministerium den Antrag der italophonen Parlamentarier ab, Italienisch auch weiterhin als einzige offizielle regionale Verwaltungssprache anzuerkennen; man brach damit die Hegemonie der Italophonie im administrativen Raum.

Im Jahr 1867 wurde der österreichisch-ungarische Ausgleich festgeschrieben und das Gesetz erlassen, das allen Völkern des Reiches das Recht zugestand, die eigene Nationalität und Sprache zu pflegen. Die Ethnologin Elke-Nicole Kappus schreibt dazu: „Die k. u. k. Monarchie setzte damit ein deutliches Zeichen, dass sich die Verhältnisse zwischen Staat und Volk auch in Istrien geändert hatten bzw. ändern sollten."

Das römische Forum und die umliegenden religiösen, juristischen und administrativen Bauten sowie der Marktplatz waren das Zentrum von Pula.

LOGGIA

Die Loggia war die Bühne des öffentlichen Lebens und der kommunalen Verwaltung. In vielen Städten und Dörfern Istriens steht der von Säulen getragene Steinbau an den schönsten Plätzen mit einem weiten Blick über Meer oder Land. Die Loggia bestimmt wie der Campanile und der Löwe von San Marco das Stadtbild.

Die Loggia gehört zum Inventar jeder Stadt. Sie wird von Säulen getragen, ist mit steinernen Bänken und Tischen bestückt und mit aufwändiger Steinmetzarbeit geschmückt. Sie ist die Weiterentwicklung der antiken Agora, dem Versammlungsplatz der Bürger. Schön ausgeführte Loggien stehen in Oprtalj und Novigrad, Motovun, Hum, Plomin oder Labin und in vielen anderen Städten und Dörfern des Landes. Ausschlaggebend für den Bau einer Loggia war das Vorbild oberitalienischer Städte. In der Zeit der Kommunen traten an die Stelle des Alleinherrschers die öffentlichen Gremien und die Bürger als Hauptakteure der gesellschaftlichen Organisation. Die Selbstverwaltung wurde in Statuen festgelegt und entwickelte sich vor der Zeit der venezianischen Herrschaft in Istrien. Loggien zu bauen und damit öffentliche Plätze zu besetzen, demonstrierte gegenüber den bisherigen adeligen oder geistlichen Machthabern die eigene Präsenz und Stärke. Das Geschick der Stadtregierungen ab dem 12. Jahrhundert bestand in der Bereitschaft, sich der Spezialisten aus Italien zu bedienen und deren Kenntnisse auf den Gebieten Verwaltung, Recht und Verfassung zu nutzen.

Die älteste Loggia steht in Piran und wurde 1273 gebaut – zehn Jahre bevor der symbolische Akt der Schlüsselübergabe an die Venezianer erfolgte. Im Gegensatz zu Italien, wo Loggien von einzelnen Interessengruppen genutzt wurden (z. B. Loggia di Mercanti in Siena, Loggia di Cavalliere in Teviso, Loggia di Priori in Verona), ist die Loggia in Istrien ein kommunales Bauwerk. Die Loggia war ein multifunktioneller Raum. Durch die Nutzungsvielfalt gab es regelrecht Stundenpläne, wie, wann und von wem die Loggia genutzt werden konnte. Sie hatte eine wichtige strategische Funktion.

In der Loggia

- traten Richter und Notare zusammen; ein Richtergremium bestehend aus Bürgern und Rechtsvertretern tagte unter Vorsitz der Podestą (des Stadtoberhaupts), um öffentliche Angelegenheiten zu beraten und Streit zu schlichten;
- traten staatliche Würdenträger mit dem Volk in Kontakt;
- wurden Proklamationen der Gesetze und andere schriftliche Bekanntmachungen verlautbart;
- wurden Versteigerungen und Verkäufe bei unvorhergesehenem Tod oder Überschuldung durchgeführt;
- konnten Schuldner auch festgehalten werden;
- konnte man Fundsachen deponieren;
- konnte man frisches Brot kaufen (in Buje);
- wurden städtische Maße und Gewichte aufgehoben, sie waren in der Wand eingelassen und wurden regelmäßig kontrolliert.

Die Loggia war aber kein Unterstand für Waren. Darauf wurde ausdrücklich hingewiesen. Eine Loggia hat immer offen und zentral zu liegen. Von hier aus konnte kontrolliert werden, welche Güter in die Stadt getragen wurden und vice versa.

Eine Besonderheit der Loggien in den Bergstädten Istriens ist, dass sie am Rande der Siedlung, meist im Westen mit freier Aussicht ins Tal oder zum Meer gebaut wurden. Beispiele dafür sind Motovun, Višnjan, Oprtalj und Mošćenice.

In Buzet steht die Loggia exponiert an der Stadtmauer. In Novigrad steht die Loggia aus dem 17. Jahrhundert zum Meer. Sie wird ob ihrer schönen Aussicht „Belvedere" genannt.

Die Architektursprache der Loggia ist offen und lichtdurchflutet. Säulen und Treppen gelten als Hoheitszeichen.

Die Inneneinrichtung ist aus Stein, der die Dauerhaftigkeit der Selbstverwaltung unterstreichen soll. Die Sitzbänke sind in der Mauer verankert, die Tischbeine im Boden. Die unverrückbaren Bänke zementieren auch Sitzordnung und somit die Hierarchie bei Versammlungen.

Die solide Einrichtung war auch notwendig, um einen öffentlichen und nicht versperrbaren Ort vor Vandalenakten zu schützen. Ist kein Mobiliar vorhanden, kann man davon ausgehen, dass die Loggia nicht für Amtshandlungen genutzt wurde, sondern lediglich für öffentliche Versammlungen, Festlichkeiten und Märkte.

Um die Bürger zu Proklamationen zu rufen, wurde die Glocke der Loggia – wie es in Pula oder Kastav zu sehen ist – angeschlagen. Stand die Loggia in der Nähe des Gotteshauses, wurden die Kirchenglocken geläutet. Ab dem 17. Jahrhundert wurden keine Urteilsverkündungen mehr in der Loggia abgehalten; Rathäuser und Gerichte erfüllten die Funktion.

Gleichwohl fand weiterhin das öffentliche Leben in den Säulenhallen statt. Die Loggia war der öffentliche Ort, an dem die neuen Normen in die Praxis umgesetzt wurden. Die bunte Durchmischung der Sprachen ist in den Stadtstatuten zu sehen, die in Latein, Kroatisch, Italienisch sowie in lateinischer und glagolitischer Schrift abgefasst waren.

Im 19. Jahrhundert wurden in vielen Loggien im Sinne von Altertumspflege und historischem Bewusstsein Steinsammlungen eingerichtet, wie es im kleinen Lapidarium in Motovun zu sehen ist. Heute sind die Loggien Restaurants (wie in Buzet), Galerien, Bushaltestellen – oder einfach schöne Plätze zum Verweilen.

Reste einer römischen Residenz in der Bucht von Verige auf Brijuni (Brioni). Postkarte, 1911.

Mit dem Ausbruch des Ersten Weltkrieges brach der Hochseilakt, auf dem der Vielvölkerstaat balancierte, abrupt ab. Österreich und Italien standen gegeneinander an der Front. In den istrianischen Küstenstädten wurden italienische Bezeichnungen von Ortschaften, Straßen etc. gegen deutsche ausgewechselt, das italienische öffentliche Leben verstummte. So genannte „Reichsitaliener" wurden aus Pula und Umgebung ausgesiedelt und in innerösterreichischen Lagern interniert, wie sie zum Beispiel vielfach im Waldviertel zu finden waren. Der Kriegsmarinestützpunkt Pula wurde ab 1916 von einer Regierungsdiktatur verwaltet. Der Festungskommandant hatte seinen Wirkungskreis über den gesamten politischen Bezirk Pula und Rovinj ausgeweitet. Ortsnamen wurden auf die kroatische und slowenische Benennung umgewechselt, mit Ausnahme der Stadt Abbazia – „unter Rücksichtnahme auf ihren Weltruf", wie es begründet wurde. Aus dem italienischen Rovigno wurde Rovinj, aus Capodistria Koper, Dignano wurde Vodnjan, Pola bekam seinen kroatischen Namen Pula usw.

Italienisch sollte aus dem Sprachenkosmos der Donaumonarchie eliminiert werden. Die Spannungen stiegen. Doch Kaiser Karl I. hatte nach seinem Regierungsantritt 1916 zugunsten des historisch gewachsenen Staus quo entschieden und eine Prestigefrage mit möglicherweise verheerenden Folgen für die Nachkriegszeit entschärft. Die Sprachenfrage wurde bis zum Ende des Krieges nicht mehr angetastet.

Der rund 150 Millionen Jahre alte Fußabdruck eines Dinosauriers auf Brijuni.

Istrianer definierten sich nicht ausschließlich über die Sprache – die nationale Zugehörigkeit stand nicht im Vordergrund. Über Jahrhunderte entwickelte sich eine regionale Identität zwischen der romanischen und slawischen Welt. Die Historikerin Sylvia Blaschitz bemerkt: „In Istrien kam es, zusätzlich zur Identifikation des Einzelnen mit seiner ethnisch-kulturellen Gruppe, zu Bildung eines gemeinsamen Wissensvorrates, der über die ethnische Dimension hinausgeht und sich in völliger Übereinstimmung mit Mitgliedern anderer Gemeinschaften dieser Region zeigt: die supra-ethnische Identität." Im besten Falle war und ist es auch heute so: „Sono 'striano". Welcher Nationalität man auch immer angehören möge – zu allererst ist man Istrianer.

Istrien war für die k. u. k. Ethnologen dank zahlreicher ethnischer Gruppen und der „Rückständigkeit" aus Wiener Sicht ein weites Feld. Für Hobby-Ethnologen war es das auch, wie in einem Führer *Rund um die Adria* von 1883 nachzulesen ist: „Wir begegnen in Pisino Slovenen mit langen, auf die Schultern herabhängendem Haar und breitem Hute, Tschitschen mit platter Nase und pechschwarzen, in Strähnen schlicht herabhängendem Haupthaare, wahre Indianergesichter, dann wieder blonde Tschitschen mit slovakischer Stülpnase, kroatischen ‚Stokavcen' aus der Gegend von Pola, Morlaken von den Ufern der Arsa, Montenegriner aus Peroi, Dalmatiner aus der Gegend von Montana, Skipetaren, Berkinern, Bressanern, Illyriern, Bisiaken, Uskoken, serbisirten Kroaten, kroatisirten Serben, kroatisirten Italienern, italienisirten Slovenen …" Die Tschitschen als rumänische Ethnie genossen immer wieder eine besondere Faszination. Dem Erhalt ihrer Sprache und Kultur hat es nichts genützt. Sie unterlagen einem wachsenden sprachlichen und kulturellen Assimilationsdruck und bezeichneten sich zunehmend als Kroaten, Slowenen oder als Istrianer. Es gibt keine schulischen Einrichtungen, bis heute ist ihre Sprache nur mündlich erhalten. Der einzige Kulturverein der „Rumeri" befindet sich in Triest. In Istrien werden neben Kroatisch noch italienische Dialekte gesprochen: Istrianisch, Venezianisch und Istrorumänisch – alle drei sind aber vom Aussterben bedroht.

Stadttor in Koper (Capodistria) in Slowenien. Postkarte, um 1910.

Mare nostrum

Nach dem Zerfall der Monarchie 1918 kam Istrien zum Königreich der Serben, Kroaten und Slowenen. Damit war

das slawische Istrien erstmals – allerdings nur theoretisch – mit Kroatien und Slowenien vereint. Italienische Kriegsschiffe lagen in den Häfen; Istrien wurde unverzüglich von Italien besetzt und nach dem Vertrag von Rapollo 1920 auch de jure dem Königreich Italien zugesprochen. Der italienische Traum von der Adria als „Mare nostrum" war ein Stück näher gerückt.

Die Halbinsel – von Triest bis Rijeka – war italienisch geworden. Das Land wurde italienisiert. Der Schulunterricht erfolgte nur mehr in italienischer Sprache, viele neue Schulgebäude entstanden in dieser Zeit. In Hum, der kleinsten Stadt der Welt, ist die unter italienischer Zeit gebaute Schule das einzige Haus, das in den letzten Jahrhunderten errichtet wurde. Im Gegenzug wurden alle kroatischen Vereine und Kultureinrichtungen aufgelöst; Namen wurden italienisiert. Die Zeit war geprägt von Unruhen – und die allgemeinen Wirtschaftstendenzen widerspiegelten sich auch in Istrien. Von italienischer Seite wurde wenig investiert und

Byzantinisches Kastell auf Brijuni, im Hintergrund Titos Villa.

Gegenüber: Straßenszene nach dem Krieg in Rijeka (Fiume). Postkarte, um 1920.

die Infrastruktur geschwächt. Mussolini ließ die Bahn von Triest nach Poreč abbauen, um den Stahl in Abessinien (Äthiopien) einzusetzen. 1922 übernahmen die Faschisten die Macht.

Die Stadt Rijeka (Fiume) nimmt in der Geschichte eine Sonderstellung ein. Der einstige Freihafen der ungarischen Reichshälfte wurde zum faschistischen Versuchsmodell unter dem italienischen Schriftsteller Gabriele d'Annunzio. Nach der österreichischen Niederlage im Ersten Weltkrieg etablierten sich in der Stadt zwei rivalisierende Verwaltungen: eine italienische und eine des SHS-Königreiches, die beide die Souveränitätsrechte beanspruchten. Die Stadt selbst hatte eine Mehrheit an Italienern, das Umland hingegen war kroatisch. Während die Pariser Friedensverhandlungen noch im Gange waren, wurde die Stadt im September 1919 von italienischen Freischärlern unter der Führung von Gabriele d'Annunzio besetzt. Rijeka wurde unter d'Annunzio zum ersten faschistischen „Staat", den man als wichtigen Vorläufer des faschistischen Systems ansehen kann. Das offizielle Italien blieb zurückhaltend, nur die Faschisten stellten sich hinter d'Annunzio und konnten dies zu einer innenpolitischen Frage hochspielen. 1920 kam ein Vertrag zwischen Italien und dem SHS-Königreich zustande, bei dem Rijeka zur Freistadt erklärt wurde. D'Annunzio erklärte daraufhin Italien den Krieg. Die italienische Regierung wagte es aber nicht, gegen den populären Dichter vorzugehen. Im Januar 1921 wurde die Stadt von der italienischen Flotte besetzt. Auch danach dauerten die Unruhen an, und im März 1922 kam es sogar zu einem Putsch der lokalen Faschisten.

Venezianische Anmutung am Domplatz von Koper (Capodistria) in Slowenien. Postkarte, um 1910.

Rijeka wurde geteilt: Die Stadt kam an Italien, die Nachbarstadt Sušak wurde dem SHS-Königreich zugesprochen und der Fluss als Grenze bestimmt. Der Hafen wurde gemeinsam verwaltet. D'Annunzio wurde von der italienischen Armee aus der Stadt vertrieben, aber 1924 von König Vittorio Emanule III. mit dem erblichen Titel „Fürst von Nevoso" geadelt, was als späte Anerkennung der Besetzung von Rijeka zu sehen ist.

Bei Ausbruch des Zweiten Weltkrieges ist Istrien ein stilles Land. Die Fronten waren weit weg, die politischen Zentren ebenfalls. Doch die Risse zeigten sich nicht nur zwischen den verschiedenen Nationalitäten, sondern in den politischen Werten: Die italienische, kroatische und slowenische Bevölkerung teilte sich in Kommunisten und Faschisten, wobei die kroatischen Kommunisten als Tito-Partisanen gegen italienische Faschisten und Nationalsozialisten kämpften.

Der in Materada (Matterada) geborene Schriftsteller Fulvio Tomizza beschreibt eine istrianische Kindheit im Krieg. Tomizza verließ 1954 das Land und lebte bis zu seinem Tod 1999 in Triest. Im Roman *Die fünfte Jahreszeit* geht im Dorf Giurizzani alles mehr oder weniger seinen gewohnten Lauf, die einzigen Schüsse, die zu hören sind, sind die der Kinder, die Krieg spielen. Das Zusammenleben im Dorf hat noch mehr Gewicht als politische Ideen. Doch der Krieg wird mit dem Sturz Mussolinis und dem Einmarsch deutscher Truppen immer realer. Partisanen verstecken sich im Wald und werden in den Dörfern verköstigt:

„Es versammelten sich immer mehr Leute, Olivio stieg auf das Mäuerchen und begann zu sprechen. Er erhitzte sich

KAROLINA VON RIJEKA

Liebe in Zeiten des Krieges. Oder wie Karolina den englischen Kommandanten John Leard umstimmte.

In Rijeka, jener Stadt, die Napoleon für eine seiner besten strategischen Bastionen an der adriatischen Küste hielt, dämmerte am 3. Juli 1813 ein düsterer, bewölkter Morgen. Während der frühen Morgenstunden war auf dem Gestade von Rijeka, vor dem Stadtturm, alles noch vollkommen leer, nur wenige Männer schauten sich die ans Land gezogenen Boote an. Die Stille des Morgens und graue Wolken voller Ungewissheit wurden erst durch Stimmengewirr durchbrochen. Es sind die Brazeras, die schon in aller früh von den Inseln nach Rijeka kommen. Mit Nahrungsmitteln beladen, brachten sie aufregende Neuigkeiten über den Kurs der englischen Flotte in der Adria. Die Engländer hatten schon von Vis aus Hvar und Korčula bombardiert – und nun waren sie hier, in der Nähe der Kvarner Bucht.
Eine Stimme bewegte wie ein Donner die ganze Stadt, Menschen, Häuser, Straßen und Plätze: die englische Flotte vor dem großen Tor! Die Neuigkeiten über das Nahen der englischen Kriegschiffe versetzten die ganze Stadt in Aufruhr.
Es waren ein paar größere englische Fregatten, und auf einem der größten Schiffe, „Master of Navy", war John Leard, der Oberbefehlshaber. Er wird auch derjenige sein, der die erste Kanonensalve auf Rijeka abfeuern wird. Es ist genau derselbe Leard, der einige Jahre später – durch eine Ironie des Zufalls – nach Rijeka kommt und erster britischer Botschafter wird. Er wird eine Einheimische aus der Familie Zanchi heiraten und Familienoberhaupt einer angesehenen und verdienstvollen Familie aus Rijeka. Als er an jenem Tag Rijeka durch sein Fernglas betrachtete, ahnte er natürlich keinesfalls, dass er eine Stadt bombardiert, in der, genau zu diesem Zeitpunkt, auch seine künftige Frau vor seinen Kanonen um ihr Leben bangte.
Die in Rijeka stationierte französische Flotte, die sich gerade im Hafen befand, war nicht einmal im Stande, in der Stadt für Ordnung zu sorgen, geschweige denn, den Kanonen auf den mächtigen englischen Schiffen standzuhalten, zumal sie auch über Besatzungen verfügten, welche jede Sekunde vom Schiff aus die Stadt anzugreifen vermochten. Der Herzog von Otranto und Gouverneur der Illyrischen Provinz, Joseph Fouchet, schickte keine Hilfe aus Ljubljana.
Die französische Flotte verließ schon am selben Morgen die Stadt – gemeinsam mit ihr war auch der gesamte französische Verwaltungsapparat geflüchtet. Nur jene französische Truppe, die aus kroatischen Soldaten zusammengesetzt war, hielt sich noch einige Zeit auf Trsat auf, aber auch sie zog sich in Richtung Sveti Kuzma zurück, nach dem die ersten englischen Granaten auf die Stadt gefallen waren.
Die französischen Batterien, die entlang der Küste von der Kapuzinerkirche bis zum Fluss Rječina verteilt waren, reagierten auf das englische Feuer nicht. Die ersten englischen Soldaten konnten mühelos das Festland in der Nähe der Kapuzinerkirche betreten, und sie gingen weiter in Richtung Rječina, wo sich die Hauptlager befanden.
Da Rijeka zu dieser Zeit der wichtigste kroatische Hafen war, befanden sich hier viele Schiffe. Es war nicht schwer, einen Brand zu stiften, da es überall mit Öl gefüllte Gefäße und entlang der Küste zahlreiche Bretterstapel gab. Die Schiffe brannten schnell, und das Feuer, das sich mit großer Geschwindigkeit im Hafen ausgebreitet hatte, ergriff nun auch die Häuser im Zentrum der Stadt.
Beinahe wäre die ganze Stadt im Rauch verschwunden, während von den englischen Schiffen Kanonensalven donnerten. Alles geriet in Panik; nur wenige schafften es, ins Hinterland zu flüchten. Die alte Gemeindeglocke kündigte durch das Läuten den Alarmzustand an, jedoch vermochte ihr Klang durch das laute Donnern und das panische Frauen- und Kindergeschrei kaum durchzudringen. Sie alle waren Hilfe suchend auf die Straße geflüchtet.
Und genau in diesem Moment wurde die Geschichte von Karolina Belinić geboren, der Retterin von Rijeka, die weder Plebejerin noch eine Adelige war. Damals, am Ende der französischen Herrschaft in Rijeka, war Karolina Belinić 24 Jahre alt. Sie war eine junge und besorgte Mutter von drei Mädchen.
Karolina Belinić reagiert auf die Geschehnisse des 3. Juli 1813 sentimental und menschlich, mehr wie eine betrübte Mutter als wie eine historische Größe. Menschen, die sich in jenem allgemeinen Chaos auf dem Korso vor dem Stadttor versammelt hatten, erblickten auf einmal eine schwarz gekleidete Frau, wie sie, begleitet von einem ihrer Cousins, entschlossen in die Richtung schritt, wo sich englische Batterien und der englische Kommandeur befanden. Mitten im Rauch und Feuer bat sie ihn, die Stadt und alle Mütter und Kinder zu begnadigen. Der Kommandeur John Leard, ein ruhmreicher Seemann aus der Schule von Admiral Nelson, hatte vor sich eine elegante Stadteinwohnerin mit feinem weißen Teint und außerordentlich tiefen schwarzen Augen, die um Gnade baten.
Was sie damals auf Französisch dem englischen Seemann gesagt und was sie ihm angeboten hatte, werden wir niemals erfahren. Das Einzige, was wir wissen, ist, dass der englische Kommandeur nach dem kurzen Dialog mit ihr das Feuer und die Brandstiftung eingestellt hat. Die Stadt wurde vor dem sicheren Untergang gerettet – und der Kommandeur kehrte nach ein paar Jahren als Freund und Schwiegersohn zurück.
Es ist uns bekannt, dass der Kommandeur John Leard nach seiner Begegnung mit Karolina Belinić alle Kriegsoperationen unmittelbar eingestellt hat. Er hisste die Segel und fuhr mit seinem Schiff Richtung Bakar und Kraljevica.
Karolina Belinić, die Heroine von Rijeka, starb 15 Jahre später in ihrer Geburtsstadt, geehrt und bereits zu Lebzeiten besungen.

zusehends, und mehrmals fiel in seiner Rede das Datum Erster Mai. Bei jedem anderen hätten die Leute zu lachen angefangen; aber er war viele Jahre fort gewesen, und auch jetzt sprach er halb in Hochsprache. Er ließ eine Tirade gegen die Faschisten los – ‚die man einzeln umbringen müsste' –, als an weiteren Jackenkrägen Sterne auftauchten. Stefano bemerkte vor allem die Abzeichen auf der Brust von Gevatter Doro Pètrovich und an der Weste von Roz, während Gevatter Cosma kurz entschlossen mit dem Fingernagel eine rote Nelke am Stiel abgezwickt hatte. An die Mauer gelehnt, mit den Füßen im Straßengraben, begann Stefano zu ahnen, dass Stern und Nelke den Keim einer neuen Uniform darstellten, mit der sich eben die repräsentativsten Persönlichkeiten der Pfarre kleiden mussten. Und wiederum war er enttäuscht, auf Papas Jacke jenen roten Tupfen nicht zu sehen. Er war ganz vertieft in die Rede des Freundes. Wieso begriff er nicht? Warum ließ er immer die Pètrovich zuvorkommen? Wie gern wäre er selbst zum Garten der Großmutter Fedora gelaufen – da er bei Mama ziemlich sicher im ganzen Haus keinen roten Fetzen finden würde – und hätte hinter dem Drahtzaun eine Geranie oder Nelke gepflückt, seinetwegen auch eine rosarote. Im Grunde ging es um Blumen und um eine leuchtende Farbe im Gegensatz zu dem düsteren Schwarz der Faschisten, die von Umago und Pola ihre Befehle herabdonnern ließen: um etwas, das seinen Ursprung hier im Dorf hatte und auf die Tradition des Ersten Mai zurückging, wenn die jungen Burschen die Fenster der heiratsfähigen Mädchen mit Glyzinien- und Fliedersträußen schmückten. Olivio schloss mit dem ersten ‚smrt fašizmu' – Tod dem Faschismus –, das durch Giurizzani hallte. Es folgte ein Schweigen, aber Gevatter Pètrovich, der wie sie alle die Feste liebte, feierte, wie sie fielen, und stets bereit war, eine Einzelstimme zu unterstützen, klatschte als Erster in die Hände und rief: ‚Bravo Olivio! Salut der ganzen Kompanie!' Der Gruppe schlossen sich ältere Männer an, von denen jeder ein Dorf vertrat; sie alle trugen Sterne, umarmten einander und sprachen Slawisch."

Die Auswanderungswellen ziehen sich über die erste Hälfte des 20. Jahrhunderts hin. 1910 hatte Istrien 345.000 Einwohner. Mit der Unterdrückung der kroatischen Bevölkerung unter italienischer Herrschaft wandern 17.000 Slawen (so die Geschichtsschreibung) bzw. 70.000 (so die jugoslawische Version) aus.

Der Niedergang der Italianitá begann schon während des Krieges nach dem Sturz von Mussolini. Ab 1943 verließen hauptsächlich die in den zwanziger Jahren angesiedelten Italiener die Grenzgebiete in Scharen aus Furcht vor den Partisanen. Nach 1945 traf vor allem die jugoslawische Wirtschaftspolitik (nicht nur) die italienische Minderheit hart.

Links: Restauratoren arbeiten nicht nur mit Pinsel und Farbe an den römischen Mosaiken der frühchristlichen Basilika von Poreč.

Rechts: Als Zeichen von Ordnung und Sicherheit schützen Wachmänner in altösterreichischer Uniform das Grab Christi in einer kleinen Dorfkapelle.

Manches erinnerte an die Maßnahmen, die das faschistische Regime in den zwanziger Jahren ergriffen hatte. Gleichwohl war der Tito-Regierung nicht daran gelegen, alle Italiener aus Jugoslawien zu vertreiben.

Doch Diskriminierung, Zukunftsängste, Repressalien im Bildungssektor und wirtschaftliche Not führten zur Auswanderung. Wiederum gibt es stark unterschiedliche Zahlen die von 40.000 bis 250.000 italienischen Auswanderern schwanken. Der italienische Exodus trifft hauptsächlich Istrien und die dalmatinischen Küstengebiete. Vornehmlich italienisch geprägte Städte wie Capodistria (Koper), Pola (Pula), Albona (Labin) und Fiume (Rijeka) wurden fast von ihrer gesamten romanischen Bevölkerung verlassen. Das Jahr 1955 markierte das Ende der italienischen Lokalkultur in Istrien.

Trotz Zuwanderungen aus anderen jugoslawischen Gebieten zählte Istrien 1970 um 100.000 Menschen weniger als 1910 (345.000 Einwohner). Die Zahlen sind jedoch schwer zu vergleichen, da Istrien kein festgeschriebener Begriff ist. Zu Istrien zählten in der k. u. k. Monarchie Teile des Triestiner Hinterlandes sowie die Inseln Cres und Krk. Istrien reichte unter italienischer Zeit bis Rijeka (Fiume).

Nach dem Zerfall Jugoslawiens wurde Istrien durch die Verwaltungsgrenze zwischen Slowenien und Kroatien geteilt. Der slowenische Teil Istriens nennt sich Primorska. Das kroatische Istrien endet am Fuße des Učka-Gebirges. Die Küste zwischen Brseč, Lovran, Opatija und Rijeka sowie die Inseln Krk und Cres gehören zu der Region des Golfes von Kvarner.

Nach dem Zerfall Jugoslawiens und dem Abgang des kroatischen Präsidenten Franjo Tudman ist in den Staaten Slowenien und Kroatien die italienische Minderheit anerkannt. Es gibt – wie zum Beispiel in Piran und in Koper – italienische Schulen, zweisprachige Ortsbezeichnungen wurden wieder eingeführt und Familien pflegen offen und selbstbewusst die italienische Sprache.

Das römische Amphitheater als Freilichtbühne und Schauplatz des Filmfestivals von Pula.

Im Klassizismus begann das Interesse für das Amphitheater von Pula (Pola) zu erwachen. Postkarte nach einem Stich von Louis F. Cassas, 1914.

Rot

Terra rossa

Entlang des Flusses Mirna durch das Landesinnere, wo das Herz Istriens schlägt: Pazin, Motovun, Hum, Labin.

Vorhergehende Doppelseite: Der Karstschinken – eine istrianische Spezialität.

Wie die Hand fünf Finger hat, so verbinden sich fünf Quellen zum Fluss Mirna. Die Mirna schlängelt sich durch die Vielfalt der istrianischen Landschaft, entspringt am Fuße der Ćićarija, durchquert das weiße, das rote, das graue Istrien, bis sie ins Meer mündet. Am Oberlauf bahnt sich die Mirna mit Stromschnellen krumme Wege, doch bald verliert sie ihren „Gebirgscharakter" und fließt ohne Eile dem Meer entgegen. Mirna bedeutet „die Ruhige".

Beim kleinen Städtchen Roč liegt das Gebirgsmassiv Učka im Rücken. Und davor beginnt die Landschaft hügelauf und hügelab zu schwingen. Die Straßen schaukeln über die Kuppen, verzweigen sich im grünen Buschwerk, werden schmäler, wohl auch löchriger, schlingen sich in Serpentinen und führen zu einem Haus. Ein roter Traktor und ein ausgedienter R4 stehen davor. Darin picken die Hühner die letzten Keksbrösel aus den Ritzen. Natürlich bellt ein Hund. Die Netze, die im Herbst unter die Ölbäume gelegt werden, trocknen jetzt auf der Wäscheleine. In einem Kompottglas steht ein Bund wilder grüner Spargel. Er wächst entlang der Straßenränder, auf Wiesen- und Weideflächen, die mit Büschen und Mauern begrenzt sind und die Erde wie ein Puzzle bedecken – da und dort ein Feld, nicht größer als ein halber Fußballplatz. Gerade, dass der Opa seine Erdäpfel erntet und genug Kukuruz für den Winter zum Trocknen aufgehängt werden kann.

Von den wenigen Erdäpfeln kann niemand leben, so verkauft man den Spargel im Frühjahr und die Trüffel im Herbst, auch Honig, Nüsse und Schnaps. Dass Schnaps nur unter strengen Kontrollen und Beschränkungen gebrannt werden darf, finden die Hausleute komisch – hier wird gebrannt, wenn der Maischebottich voll ist. Gut gereifter Karstschinken hängt im Keller. Und nicht vergessen: Hier sind noch die allerletzten Flaschen des Olivenöls der letzten Ernte! Sofort wird ein kleiner Plastikbecher mit einer Kostprobe gereicht. Das Aroma ist grün, fruchtig und herb.

Die Presse steht übrigens in der Garage. Sie ist nirostanagelneu und eine genossenschaftliche Anschaffung einiger Olivenölproduzenten.

So ganz nebenbei wird der istrianische Herd entzündet, das folkloristischen Faktotum jedes guten, echten und geschäftstüchtigen Istrianers. Es ist noch kühl im Steinhaus; die Mauern haben noch Winter, Bora und Nebel gespeichert. Brot wird aufgeschnitten und der Schinken in die Zange genommen. Dann zückt die Hausfrau ein langes Messer und schneidet ihn an. „Falsch!", ruft ihr Mann, verdreht die Augen und nimmt ihr das Messer aus der Hand. Er zieht es knapp vor seinen großen Bauch. Hauchdünn geschnitten liegt ein Berg Schinken auf dem Brett. Eingelegte Peperoni, Pilze und Käse werden gereicht. Wein wird

Im Zentrum der istrianischen Weinlandschaft liegt Buje.

Gegenüber: Der italienische Dichter Dante Alighieri (1265–1321). Gemälde.

Folgende Doppelseite: Ein Krug kühler Teran, ein Dudelsack – und die Frau kocht Kaffee.

geöffnet. Man verlässt das Haus mit zwei voll gepackten Taschen. Der Rücken ist noch heiß vom offenen Feuer, das Gesicht vom Wein. Nur den Spargel hat man vergessen. Der steht draußen im Kompottglas und wird den Nächsten hereinwinken, der sich auf den kleinen Straßen in den Hügeln vergessen hat und vor dem Haus mit dem roten Traktor stranden wird.

Die Schatten des Frühjahrs sind hell: silbrig unter den Ölbäumen und gesprenkelt im Eichenwäldchen, wo die Köstlichkeiten gleich zu einem Picknick ausgebreitet werden. Dort drüben zieht sich eine Steinmauer krumm in die Landschaft, wo es sich ebenso schön rasten ließe. Und hier beginnt ein Weg, über den sich ein grünes Gewölbe aus Buschwerk legt. Sollte man hier entlanggehen? Oder doch den Weg den Berg hinauf nehmen, der von Zypressen im saloppen Spalier gesäumt wird? Vorerst eine kleine Nachmittagsruhe halten – die Luft trägt Geräusche zum Träumen herbei. Bienen summen das Thema, dann der Diskant von Hundegekläff und die Witze der Arbeiter in einem Weingarten. Das Finale furioso ist das Scheppern eines Lastwagens. Die Reise geht weiter.

Wer den Weg zum Ziel macht, lässt sich vom Augenblick leiten – von der Anmut eines Gartens oder den Linien einer Steinmauer, vom Klang eines Ortsnamens am Wegweiser oder dem Wink eines Glockenturms. Laufend wird man mit einem Ausblick über ein grünwelliges Land mit dunklen Zypressenstrichen und tiefroten Furchen der Kukuruzfelder beschenkt. Rundum liegt das Land im blauen Dunst des späten Nachmittags.

Auf die zweifärbigen Steine der romanischen Kapelle St. Eliseus fallen die langen Schatten der Friedhofsmauer. Der erste Weg für den Besucher ist der letzte Weg für die Bewohner – denn es gibt nur eine Straße in Draguč. Sie passiert den Friedhof und endet beim Dorfplatz. Das Dorf liegt auf einer Bergnase und öffnet sich zu einem Platz wie aus einem Bilderbuch. Zwischen dem Steinpflaster haben sich Löwenzahn und andere unermüdliche grüne Kämpfer eingerichtet. In der Mitte ein Brunnen. Eine steinerne Richterbank daneben. Das ist die einfachste kommunale Einrichtung, wenn es für den Bau einer säulengeschmückten Loggia nicht reichte. Tische der Gostonica unter einer Pergola. Vor den Haustüren haben sich die Alten sich zum Schauen niedergelassen. Die Kirche Zum Heiligen Kreuz ist aus dem 15. Jahrhundert und der Campanile daneben. Eine Amsel sitzt im Glockenbogen. Aber nicht mehr lange. Denn bald wird Frau Marija kommen und sie durch das Geläut vertreiben. Neben der Kirche steht der ehemalige Schüttkasten des Dorfes, in dem Getreide lagerte. Die Reste eines Kastells und seine Mauer sind hinter dem Platz zu sehen. Draguč lag im österreichisch-venezianischen Grenzland: Der Markus-Löwe zeugt davon, dass die Venezianer siegten. Hinter den Häusern gehen die Hausgärten in Obstgärten, Weingärten, Äcker und Wiesen über.

Auf einer dieser Wiesen steht eine Kapelle, die den Pestheiligen geweiht ist. Das Innere der Kirche ist mit Malereien des Meisters Anton von Padua geschmückt. Hier, so wie für viele Kapellen Istriens, liegt der Schlüssel der Kapelle in den Händen von Frauen – es genügt, im Gasthaus danach zu fragen. In Draguč ist Frau Marija zuständig. Sie begleitet die Gäste zur Kapelle, sperrt auf, zeigt auf bekannte Bibelszenen, auf die glagolitischen Schriftzeichen. Man verliert sich in dem lebhaften Treiben auf den Wänden, welche im Kontrast zu der archaischen Form des Steinaltars stehen. Aber plötzlich wird Frau Marija nervös. Schnell scheucht sie alle raus, sperrt zu, sitzt im Auto auf Nadeln, rennt über den Dorfplatz zum Campanile und hängt sich in die Seile: das Abendläuten.

Eine Schotterstraße, ein Wegweiser, der nach Grimalda führt. Der Weg führt bergan, auf 447 Meter – oben liegt das Dorf, in dem sich seit Jahrzehnten nicht viel verändert hat. Die Haustüren sind offen. Man sieht in die Küchen, die jetzt verlassen sind, weil in der warmen Jahreszeit in den Sommerküchen der Innenhöfe gekocht wird. Verlassen und verfallen sind viele Häuser – sie wecken Träume, so wie der weite Blick über das innere Istrien. Auf den Bergkuppen

liegt das letzte Abendlicht, während in den Schattentälern schon hier und dort Lichter aufflackern.
Der Oberlauf der Mirna ist im Gegensatz zum begradigten Unterlauf gewunden und zeigt, wie das Wasser den Kalkstein formt. Kotli liegt am Oberlauf, der hier pittoreske Kesseln, Wannen und Grotten in den Kalkstein geformt hat. Das Dorf bekam den Namen nach seinen Kesseln, die sich im Flussbett vertiefen. Im Sommer laden die Steinbassins zum Baden im flaschengrünen, kühlen Wasser ein. Das verlassene und nun wieder besiedelte Dorf war früher ein Zentrum für Handwerker, die hier ihre Mühlen für Gattersägen, Schmieden und Schleifereien betrieben. Eine dieser Mühlen wurde kürzlich renoviert: Dicht an den Fels gebaut, sieht sie aus, als ob sie damit verwachsen wäre.
Weiter durch die Landschaft schaukeln. Alles scheint sich zu drehen; man verliert die Orientierung – das macht nichts. Man entdeckt dafür Neues. Vrh taucht auf der flachen Kuppe eines Berges auf. Vom Glockenturm der Pfarrkirchen Maria Himmelfahrt sehe man, so heißt es hier, die meisten Ortschaften Istriens. Sie liegen eingebettet in eine Kulturlandschaft, in der die Weingärten sorgfältig den Hügellinien folgen, und im Norden baut sich in voller Breite der Karst wie eine Mauer auf. Hier beginnen die istrianischen Weinbaugebiete, die bis Buje reichen und weiter zur Küste von Savudrija und Poreč. Vrh ist für seinen Sekt bekannt; in der nicht weniger malerisch gelegenen Ortschaft Sovinjak soll in der Antike der „Pucinum" gekeltert worden sein. Dieser Wein wurde von römischen Kaisern getrunken, namentlich von Livia Augusta. Vom „Castellum Pucinum" ist nichts erhalten, ebenso wenig von den folgenden Burgen. Im Mittelalter war Sovinjak von einer Stadtmauer umgeben; zwei Tore führten in das Dorf, das zur venezianischen Verteidigungskette gehörte.
Nicht weit vom Stausee Butoniga, der Istrien mit Trinkwasser versorgt, liegt Zamask. Der Ort liegt heute malerisch, früher nannte man so eine Lage strategisch. Drei Täler sind von hier zu überblicken. Zamask lag an der Grenze des venezianischen und österreichischen Teils Istriens und war für beide Seiten strategisch so bedeutend, dass das Dorf geteilt wurde. Es hatte zwei Verwaltungen und für uns noch sichtbar zwei Kirchen, die jeweils einem anderen Bistum angehörten. Und zwei Namen: Zamasco der österreichische Teil, Zumesco die venezianische Hälfte.
Bei Istarske Toplice rücken die Felsen zusammen; das Tal, in dem die Mirna fließt, wird eng. „Eiserner Vorhang" nennen die Istrianer den Eingang in die Schlucht, die das Tal von Buzet von dem von Motovun trennt. Die größte dieser Steinformationen ist der 81 Meter hohe Fels von Sv. Stjepan. Darunter entspringt eine warme Quelle mit schwefelhaltigem und radioaktivem Wasser. Die Sage erzählt von einem unschuldigen Mädchen, dem allerhand Unschickliches nachgesagt wurde. Vor Kummer sprang es vom Felsen – als Zeichen ihrer Tugend sprudelt das Wasser am Fuße des Felsens hervor.
Archäologische Funde deuten darauf hin, dass die Quelle von den Römern genutzt wurde. Die Römer schätzten die Vorzüge ihrer Provinz an der östlichen Adria. Sie bauten sich Villen und Sommerhäuser an der istrianischen Küste, bezogen das gerühmte Olivenöl und den Wein und nützten das natürliche Wellness-Angebot.
Tommasini, Bischof von Novigrad, berichtete im 17. Jahrhundert, dass in den „Wäldern von Motovun warmes Wasser mit Schwefel entspringt, dessen Bach in die Mirna fließt, und in diesem Wasser waschen sich die Bauern und heilen damit ihren Rheumatismus und verschiedene Hautkrankheiten".
Im Jahre 1842 ließ die Familie Gravisi das erste Badehaus bauen – und in medizinischen Fachkreisen wurde die Quelle von Istarkse Toplice als eine der besten Thermalwasser der Monarchie gepriesen. Von den Kureinrichtungen des 19. Jahrhunderts ist nichts mehr zu sehen. Eine Modernisierung in den 1970er Jahren hat aus dem kleinen Kurbad leider einen gesichtslosen Platz gemacht. Waren einst die Hänge oberhalb des Bades frei und terrassiert, sind sie heute längst zugewachsen. Einzig der mächtige Fels von Sv. Stjepan durchbricht die grüne Waldwand.

DANTE UND PAZIN

Der Schlund von Pazin hat schon lang vor Jules Vernes Dichter inspiriert. So nimmt man an, dass Dante Alighieri (1265–1321) im XII. Gesang der *Divina Commedia* die Felsschlucht vor Augen hatte:

So nahmen wir den Weg durchs Steingerölle;
Und unter meinen Füßen gab's oft nach,
Da ungewohnt die Last war für die Hölle.

Ich ging ganz in Gedanken, und er sprach:
„Du denkst wohl an den Sturz, wo Wacht gehalten
Der Zorn des Untiers, den ich eben brach.

Erfahre nun, als meine Füße wallten
Das erste Mal zum tiefen Höllenschlund,
War noch der Felsen nicht wie jetzt gespalten.

Doch sicher kurz bevor, wenn recht ich kund,
Derjenige kam, der dies' hat fortgetragen
Die große Beute aus dem höchsten Rund,

Erzitterte derart in allen Lagen
Der garstige Schlund, dass ich gedacht, das All
Empfände Liebe, die, wie manche sagen,

Gebracht die Welt schon mehrmals zum Zerfall;
Das war es auch, als diese alte Höhe
Hier und anderswo tat solchen Fall.

Doch schau ins Tal; wir kommen in die Nähe
Des Blutstroms nun; dort kocht in seinem Blut,
Wer durch Gewalt dem Nächsten eint, tat wehe."

Aus der Burg von Pazin flüchteten Jules Vernes Romanhelden und trieben durch den unterirdischen Flusslauf der Foiba bis an die Küste der Adria. Xylografie aus dem *Kronprinzenwerk*, 1891.

Wenn sich am Morgen der Nebel aus der Mirna hebt, schwimmen darin Hügel losgelöst von aller irdischen Schwere. Darauf Städte und Dörfer als steinerne Kronen. Aus dem Grün entwachsen Häuser: verwinkelt und altersgrau. Über allem ein Glockenturm. Die Zeiger der Turmuhr stehen schon lange still, ein Löwenmäulchen hat sich am Zifferblatt festgewachsen. Aus leeren Fensterhöhlen bricht der Morgenhimmel herein. Das Dachgebälk der verlassenen Häuser wird von der Waldrebe zusammengehalten. Das mittelalterliche Završje schläft den Schlaf der Jahrhunderte, doch dann kriecht der Frühbus die Straße hinauf und ein paar Schulkinder steigen ein.

Wie in vielen Orten im istrianischen Hügelland stand an der Stelle der mittelalterlichen Siedlung ein prähistorisches Kastell, welches von den Römern übernommen wurde. Die Burgsiedlung des 12. Jahrhunderts wurde von den Grafen von Pazin verwaltet, von den Venezianern besetzt und fiel wieder in österreichische Herrschaft. Danach kamen abermals venezianische Soldaten, es folgte eine türkische Besatzung; ab 1535 fällt Piemont – so der italienische Name von Završje – an die Venezianer. 250 Jahre dauerte ihre Herrschaft: bis zum neuerlichen Machtwechsel zur österreichischen Grafschaft Istrien.

Hoch über dem Mirnatal thront Grožnjan, das durch Aus- und Abwanderung dem Verfall preisgegeben war. Doch der Stein, aus dem die Häuser gebaut sind, scheint der Ewigkeit Stand zu halten. In den 1970er Jahren wurde Grožnjan Leben eingehaucht. Künstler öffneten in den pittoresken Häusern ihre Ateliers, stellten Staffeleien auf die buckligen Steine der Gassen. Musik klang durch die Bögen der Loggia und über die Mauer der Stadt nach draußen ins Tal. In das internationale Zentrum der kroatischen Musikjugend kommen alljährlich Studenten aus aller Welt. Zwanzig Ateliers haben ihre Tore geöffnet und präsentieren Kunst, Kunsthandwerk und Kitsch. Cafés und Gaststätten haben ihre Tische auf der Straße und auf den Terrassen stehen, wo es sich stundenlang ins Land schauen lässt.

Alles hat Charme: die Blechtöpfe, aus denen Ringelblumen wachsen, und die Winkelzüge der Gassen; die krummen Stiegen, die direkt in die Küchen hinter bunten Plastikstreifen führen, und die Mischmaschine, aus der Unkraut wuchert; die Steinbänke unter Kastanienbäumen und die Zisternen mit Eisendeckeln – die Mischung ist unwiderstehlich. Einerseits ist es das Land, das über die Stadtmauer hineinblickt, andererseits besticht das urbane Lebensgefühl eines Platzes. Wie in Oprtalj: Vor dem Tor des Städtchens befindet sich die vielleicht schönste Loggia Istriens.

Wenn die Bora übers Land fährt, ist der Himmel aus Glas und die Luft wird kalt wie Eis. Die Schatten zeichnen scharf, das Licht zeigt alles gleichzeitig. Dörfer, Täler, Hügel, Kapellen, Bausünden, Olivengärten, Glockentürme, Zypressen, Steinmauern liegen zum Greifen nah: Istrien wird eine Reliefkarte. Bei Bora ist das Meer von beinahe jeder Hügelkuppe, von jedem Glockenturm zu sehen, als drängte es ins Land. Es ist hart und dunkelblau. Alles beginnt sich zu drehen und wird ein bisschen verrückt. Erst wenn am nächsten Morgen der Nebel aus der Mirna steigt, rückt alles auf seinen Platz zurück.

In Ponte Porton, beim Gasthof an der Brücke, wird das Mirnatal eben – der Fluss läuft in einem regulierten Bett. Ihr Gefälle ist auf ein Promille zurückgegangen. Nicht umsonst wird der Fluss „die Ruhige" genannt. Die Venezianer gaben dem Gewässer seinen Namen. Die Venezianer waren es auch, die den Fluss bis Ponte Porton schiffbar machten. Davor fuhren die Römer sogar noch ein Stückchen weiter bis nach Buzet.

Die Straße, die aus dem Landesinneren kommt, verlässt den Flusslauf. Bei Ponte Porton mündet sie in die große Straße, die südlich nach Pula oder Richtung Koper führt. Dem Fluss folgen Schotterstraßen ins Mirna polje. Nahe dem Ufer steht die kleine Kirche Zur hl. Maria von Baštija.

Hier war eine der Schiffsanlegestellen, als die Minra das Meer mit dem Hinterland verband. In der fruchtbaren Ebene liegen Felder, die einer EU-Norm näher kommen als die Fleckerlteppiche im Hügelland und die Felder in den Dolinentrichtern im Karst. Mitten in den Agrarflächen steht jeder Bauernhof für sich.

Der Flusslauf wurde unter italienischer Regierung in der Zwischenkriegszeit reguliert. Trotzdem bietet der Schilfgürtel Lebensraum für Vögel; im Wasser finden sich Salzwasserfische wie Seebarsch und Meeräschen. Wegen des fehlenden Gefälles steigt bei Flut das Wasser bis Ponte Porton an.

Bevor die Mirna ins Meer mündet, kreuzt hoch oben auf Betonstelzen das Istrarski-Ypsilon das Tal. Das Istarski-Ypsilon ist die neue Schnellstraße, die sich über Istrien wie ein Ypsilon aus Asphalt und Geschwindigkeit legt. Bei Antenal mündet die Mirna in das Meer. Auf der einen Seite ist ein großer Steinbruch, in dem der weiße Stein Istriens abgebaut wird, auf der anderen die Bucht von Tar mit ihrem reichen Fischwasser.

Tinjan über dem Limskital – eines der kleinen Dörfer im Landesinneren.

Der Sitz der Grafen von Mitterburg (Pazin), im Hintergrund die Stadt um 1679. Xylografie aus dem *Kronprinzenwerk*, 1891.

Pazin – Inspiration des Schreckens

Triest 1867 – durch Verrat werden drei Männer zum Tode verurteilt: Der ungarische Graf Mathias Sandorf und seine beiden Mitstreiter Ladislaus Szathmáry und Stefan Báthory werden im Turm der Paziner Burg gefangen gehalten. Ihr Plan, Ungarn von der Herrschaft Österreichs zu befreien, ist verraten worden. Von Triest werden die drei Gefangenen über Buje nach Pazin gebracht. So beginnt Jules Vernes Roman *Mathias Sandorf*: „Der Weg führte über ein vom Monte Maggiore überragtes, sehr unebenes, steiles Gelände bergab bis Pisino. Obwohl diese Stadt ziemlich hoch über dem Meeresspiegel lag, erweckte sie, von Bergen umgeben, den Eindruck, in einer tiefen Talsenke verborgen zu sein. Aus der Ferne schon grüßte den Reisenden ihr hoher Glockenturm, der sich über den malerisch terrassenförmig gelegenen Häusern erhob. Im Hof der Burg, in der die österreichische Verwaltung untergebracht war, hielt die Postkutsche am 9. Juni …" Jules Verne hat Istrien und Dalmatien als Schauplatz gewählt: Dubrovnik, Rovinj – aber vor allem Pazin (Pisino, Mitterburg).

Pazin ist anders als alle anderen istrianischen Städte: kein geflügelter Löwe am Rathaus, keine Loggia am Stadttor. Die Stadt stand auch nicht unter jahrhundertelangem Einfluss Venedigs, sondern war die südlichste Stadt des Heiligen Römischen Reiches Deutscher Nation, der Herrschaftssitz der Grafen von Istrien. Inmitten des Hügellandes liegt Pazin am Kreuzungspunkt alter Handelswege. Mit dem Bau der Festung um 900 kam die Stadt in den ausgedehnten Besitz der Bischöfe von Poreč. Mit dem Lehnsherren Mainhard von Schwarzenburg kommt erstmals die Bezeichnung „Graf von Istrien" auf. Seine Tochter heiratete den Verwalter des Patriarchen von Aquilea: ein Vorläufer von „tu felix austria nube".

Das gesamte Istrien kam in eine Hand – ausgenommen Pula, das 1331 venezianisch wurde. Im 14. Jahrhundert sank der Einfluss des Patriarchen, Habsburg erwarb die Grafschaft im Jahre 1421. Damit begann die über vier Jahrhunderte währende Aufteilung Istriens zwischen Venedig und Österreich. Eine blühende Entwicklung konnte nicht einsetzten, denn die Lehnsherrschaft über Pazin wechselte über 20 Mal. Im Jahre 1574 bekam Pazin das Recht, Märkte abzuhalten; bis heute wird die Tradition am ersten Dienstag im Monat fortgeführt.

Die Uskoken zogen im 17. Jahrhundert gegen Istrien. Diesen Aufstand nahm das habsburgische Reich zum Anlass, militärisch gegen die Venezianer vorzugehen. Das brachte nur Schulden ein, und die Idee, Pazin den Venezianern zu verkaufen, war erfolglos – das Angebot war zu teuer. So blieb die Stadt bei Österreich-Ungarn. Und in dieser Stadt warten Jules Vernes Abenteurer auf das Todesurteil. „Davor wurde ihnen gestattet, die letzten Stunden ihres Lebens gemeinsam in einer ziemlich geräumigen Zelle des gleichen Stockwerks zu verbringen, die am Ende der großen Achse der Ellipse, die den Korridor bildete, lag."

Durch eine Besonderheit der Akustik in der Burg von Pazin konnten die Gefangenen Mathias Sandorf, Ladislaus Szathmáry und Stefan Báthory erfahren, wer die Verräter ihrer Sache waren. Jetzt wollten sie nicht mehr ihren Tod in Kauf nehmen, jetzt galt es, die Verräter ihrer gerechten Strafe zuzuführen, dazu mussten sie aber fliehen. Die Flucht gelingt. Sie klettern die Turmwand hinab – bis sie der dunkle Schlund mitreißt. Es ist, als ob graue Felswände ins Bodenlose stürzten. „Die Einheimischen nennen diesen Abgrund Buco. In ihn mündet die Foiba, die sich im

Laufe der Zeit ein Bett durch den Felsen gegraben hat. Niemand kannte das Ziel der unterirdischen Gewässer, niemand wusste, an welcher Stelle sie wieder an die Oberfläche gelangten." 130 Meter tief ist die Schlucht, in dessen Mund das Flüsschen Fojba im Inneren Istriens verschwindet. Über dem Naturspektakel trutzt die Burg. Dicke Vegetation hängt über dem Schlundbogen; verwegen, als ob sie nichts fürchteten, stehen am Fels auch ein paar Häuser. Die Schatten und Geheimnisse beflügelten nicht nur Jules Verne. Die Schlucht inspirierte möglicherweise Dante zur Beschreibung des Hölleneingangs in seiner *Divina Commedia*.

Im Wasser der Fojba treiben die Fliehenden sechs Stunden durch den istrianischen Untergrund, dann erblicken die Romanhelden Mathias Sandorf und Stephan Báthory das Licht im Limski-Kanal. Zu dieser Zeit vermutete man, dass nach dem spektakulären Verschwinden der Foiba ihr Wasser im Limski-Kanal wieder zu Tage tritt. Der Limski-Kanal bei Rovinj ist ein eingesunkenes und vom Meerwasser geflutetes Tal. „Inzwischen wurden die hohen Felswände, die die Foiba umgaben, niedriger und wichen immer mehr zurück. Trotzdem wurde das Blickfeld durch scharfe Biegungen auf wenige hundert Fuß eingeengt, und man konnte sich nicht zurechtfinden, geschweige denn erkennen, wo man sich befand. ... Er wusste nicht, dass sich die Foiba weder in eine Lagune noch in einen See ergoss, sondern, als Lemo-Kanal bezeichnet, direkt in die Adria, und zwar an der Westküste Istriens." Sie verstecken sich in dem Haus eines Fischers aus Rovinj. Die österreichischen Wachleute sind ihnen dicht auf der Spur, doch Mathias Sandorf entkommt durch einen Sprung ins Meer. 15 Jahre später taucht der ungarische Graf als mysteriöser, reicher Dr. Antekirtt in Dubrovnik wieder auf. Er will das Schicksal seiner beiden Mitstreiter aufklären.

Jules Verne hat nicht nur in der Reihe *Voyages Extraordinaires* kroatische Gegenden und Menschen immer wieder als Vorlage genommen. Im berühmtesten Verne'schen Roman *20.000 Meilen unter den Meeren* gibt es Querverbindungen zu Istrien. Das fiktive U-Boot „Nautilus" ist nicht nur ein Vorläufer seiner Art, es ist mit einer brandneuen Technik ausgestattet, die ihren Ursprung doch in Motovun nahm: die Schiffsschraube von Josef Ressel, der als k. u. k. Forstbeamter in Motovun an seiner Erfindung tüftelte. Im *Karpatenschloss* trägt die Tänzerin und Sängerin La Stalla die Züge der zu ihrer Zeit in Paris gefeierten Balletttänzerin Carlotta Grisi (1819–1899). Grisi ist gebürtige Istrianerin aus Vižinada. Wie kam der Franzose Jules Verne zu all den Plätzen und Gestalten, die mit Istrien und Kroatien in Zusammenhang stehen? Bei La Stalla aus dem *Karpatenschloss* ist die Verbindung leicht nachzuvollziehen, denn Verne kannte die berühmte Balletttänzerin Grisi höchstwahrscheinlich persönlich. Wie kam er auf Pazin, eine verschlafene Provinzstadt in Österreich-Ungarn?

Pazin wird in *Mathias Sandorf* exakter beschrieben als alle anderen Plätze. Die Burg von Pazin ist mit ihrer über 1000-jährigen Geschichte weit über die Grenzen bekannt. Sie wurde 983 erstmals erwähnt. Dazu kommt ihre Lage über dem atemberaubenden Abgrund. Dieses geschichtliche und landschaftliche Denkmal wurde vom französischen Autor Charles Yriarte 1878 beschrieben und illustriert. Details aus der Burg finden darin Erwähnung, ebenso das unterirdische Karstsystem, das aus Höhlen und Seen besteht. Yriarte beschreibt eine tatsächliche Begebenheit, in der ein junger Graf Esdorff mit einem Boot den Schlund von Pazin erforscht. Und er dokumentierte, was die Bevölkerung von Pazin darüber erzählte. Eine Theorie besagt, dass Verne und Yriarte einander kannten; eine andere, dass Verne dessen Buch gelesen hatte und es als Vorlage

Die Formen der Landschaft sind so wehrhaft wie ihre Bauten: die Wehrkirche von Hrastovlje in Slowenien (links) und die Schlucht unterhalb der Stadt Pazin (rechts).

Jules Verne (1828–1905) war selbst niemals in Istrien, was dem Romancier und Utopisten nicht davon abhielt, die Karstschlünde in *Mathias Sandorf* detailliert zu beschreiben. Fotografie von Félix Nadar, um 1885.

Gegenüber: Mumifizierte Heilige und deren Fragmente hinter dem Hochaltar in der Pfarrkirche von Vodnjan.

nahm. Wahrscheinlich ist Vernes Held Mathias Sandorf dem realen Grafen Esdorff nachempfunden. Aber es war nicht die einzige Information, die Verne über diesen – aus französischer Sicht – weit entlegenen Winkel Europas holte. Der berühmte französische Dichter korrespondierte mit dem Bürgermeister von Pazin: Giuseppe Cech – und dieser sandte ihm Fotografien und Informationen von Burg und Schlund zu. Verne hat dem Bürgermeister von Pazin ein Exemplar des Buches geschickt mit der Widmung: „Au Podestat de Pisino – Hommage de l'auteur – Jules Verne – Paris, 22. novembre 1885". Allerdings ging dieses Exemplar in den Wirren des Zweiten Weltkriegs verloren.

Noch einmal Jules Verne als Reiseführer durch Pazin: „Der Wachturm stand auf jener Seite der Terrasse, an der die Stadt ohne Übergang endete. Wenn man sich über die Brüstung beugte, verlor sich der Blick in einem gähnenden Abgrund. Seine senkrechten Wände waren von einem Gewirr langer Ranken bedeckt. Hier gab es keinen Vorsprung, keine Stufe, auf die man den Fuß setzen, keine Stelle, wo man Atem schöpfen konnte, keinen Stützpunkt, nichts. Nur das eigenwillige, täuschende Strauchwerk an der steilen Felswand, über einem Abgrund, dessen Tiefe zieht und lockt und nie hergibt, was sie einmal verschlungen hat. Über diesen Abgrund ragt eine Seitenmauer des Wachturms, von einigen wenigen Fenstern durchbrochen. Würde ein Gefangener sich aus diesem Fenster hinausbeugen, dann würde er entweder voll Angst zurückweichen oder, von einem jähen Schwindel erfasst, in die Tiefe stürzen. Sein Körper würde an den Felsen zerschellen und von dem reißenden Strom erfasst werden, dem zur Zeit des Hochwassers niemand widerstehen kann."

Mathias Sandorf wurde nach seinem Erscheinen als Theaterstück adaptiert und schon zwei Jahre später sowohl in Paris als auch in New York aufgeführt. Der Stoff wurde dreimal verfilmt: 1920 und 1963 für das Kino und 1980 als TV-Serie. Leider wurde bei keinem Film Pazin als Originalschauplatz gewählt. Die erste Ausgabe in kroatischer Sprache erschien dann erst in den 1980er Jahren.

Aber es gibt in Pazin seit einigen Jahren einen aktiven Jules-Verne-Club. Mit den alljährlichen Jules-Verne-Tagen soll dem Vater der Science-Fiction-Romane gedacht werden. Obwohl er, wie Literaturwissenschaftler meinen, nicht das Genre Science-Fiction erfand, sondern vielmehr die Fakten und Bestrebungen des 19. Jahrhunderts erfasst und porträtiert hat. Lesungen, Vorträge, Ausstellungen, Theateraufführungen und Übersetzungen ins Kroatische organisiert der Club aus Pazin. Als großes Spektakel wird die Gerichtsverhandlung in Originalkostümen nachgestellt und die Route der Romanhelden nachgegangen – vorerst nur oberirdisch …

Mit dem Roman *Mathias Sandorf* brachte Verne den Begründer der modernen Höhlenforschung, Edouard A. Martel, auf die Spur. Animiert durch Vernes Buch, reiste Monsieur Martel 1893 erstmals nach Pazin. Wie der Graf Esdorff 40 Jahre zuvor drang auch er nicht weiter als 200 Meter in den unterirdischen Flusslauf der Fojba vor, aber er brachte die ersten wissenschaftlichen Daten und Skizzen aus der Schlucht mit. Viele Speläologen forschten nach ihm in Pazin. Experimente mit gefärbtem Wasser und markierten Fischen wurden durchgeführt, um das Geheimnis des Wasserlaufes zu lüften. Das Ergebnis war ein anderes als die Fantasien des Dichters: Das Wasser tritt nicht im Westen Istriens wieder zu Tage, sondern im östlichen Teil. Drei unterirdische Seen sind bis dato entdeckt: der Kleine, der Mittlere und der Große See. Noch weiter wie Mathias Sandorf kam keiner. Längst sind nicht alle unterirdischen Höhlensysteme, Wasserläufe und Seen entdeckt.

Motovun – Die Steinkrone

In der Blauen Stunde lösen sich die Konturen der Berge zu vagen Schatten. Nur die Terrassenmauern der Oliven- und Weingärten und die Mauern der Stadt Motovun (Montona) behalten ihre geschwungenen Linien. Alles wirkt leicht – Motovun schwebt.

Motovun, heißt es, ist die schönste aller istrianischen Bergstädte. Schönheitswettbewerbe sind subjektive Bewertungen, denn alle Städte Istriens zeigen auf ihre Weise Unverwechselbarkeit, Charakter: Sie haben ihre steinerne Würde bewahrt. Motovun ist eine ausgeglichene Schönheit, wo die Proportionen zwischen Berg und Stadt stimmen, die Balance von Revitalisierung und Verfall, wo das Verhältnis zwischen Geschäftssinn und Kitsch nicht ins Ungleichgewicht kippt, wo der Blick rundum keine auffälligen Zeichen der Modernität wahrnimmt und ungestört in fernere Jahrhunderte schweifen kann. Wenn die Saison im September endet, wird Motovun still und leer. Im Sommer schwappen die Besucher wie Wellen in die Gassen der Stadt und fluten abends wieder zurück zum Meer – nächtens bellen dann nur mehr die Hunde in den Dörfern rundum.

Die Geschichte der Besiedlung beginnt in prähistorischer Zeit. Den Römern diente es als befestigte Legionärssiedlung. Es folgt die Zeit der Völkerwanderung und somit das Ende des römischen Einflusses. Im 10. Jahrhundert sind es die mächtigen Bischöfe von Poreč, die die Stadt beherrschen. Diese belehnen es an die Grafen von Istrien: Die Stadt kommt in die Einflusssphäre des Patriarchen von Aquilea. Eine Rebellion gegen diesen endet mit der Hinwendung zur Republik Venedig im Jahre 1278.

In venezianischer Zeit entstehen die Stadtpalais. Und die Sammlung von Markus-Löwen im Tordurchgang zum Unteren Platz kündigt von der Präsenz Venedigs. Bevölkerungszuwachs macht eine Stadterweiterung notwendig. Ein zweiter Mauerring wird gebaut und die Stadtmauer mit Vorwerken verstärkt, denn die habsburgische Stadt Pazin ist nicht weit – hier verläuft die Grenze der beiden Staaten, die immer wieder in Auseinandersetzungen verwickelt sind. Um 1500 verließ Andrea Antico (1470/80–1540) seine Heimatstadt, um in Rom unter Papst Leo X. und in Venedig zu einem bekannten Organisten und Komponisten der Renaissance zu werden. Auf Renaissancemusik und seine Kompositionen hat sich der Motovuner Chor „Nota Bene“ spezialisiert. Die Erweiterung der Kirche St. Stefan wird Andrea Palladio zugeschrieben. Auffällig ist der mit Zinnen bewehrte Campanile, welcher einst in die Kette von Wehrtürmen integriert war und als letzter Turm der Stadt erhalten blieb. Zum Wohlergehen der Stadt trug auch bei, dass der Flusslauf der Mirna im 17. Jahrhundert schiffbar gemacht wurde. 1797 kamen die venezianischen Teile Istriens zu Österreich. Die selbstbewusste Stadt Motovun, die bereits im 13. Jahrhundert ihren eigenen Bürgermeister wählte und diesen von der Lehnsherrschaft bestätigen ließ, ergriff die Revolution 1848, die im gesamten habsburgischen Reich rigoros niedergeschlagen wurde.

Wenige Jahre vor den revolutionären Unruhen kommt einer der letzten Universalisten nach Motovun, um hier als Forstbeamter seinen Dienst anzutreten: Joseph Ressel (1793–1847) ist der Erfinder der Schiffsschraube. Er wurde in Böhmen geboren, studierte in Wien Landwirtschaft und Veterinärkunde, Chemie und Apothekerchemie, allgemeine Technologie und Mechanik, Naturgeschichte, Hydraulik und Zivilarchitektur. Aus finanziellen Gründen musste er das Studium aufgeben und konnte dank eines Stipendiums und unter großen Entbehrungen die Forstakademie abschließen. Seine Forstlaufbahn führte ihn schließlich 1835 nach Motovun. Aus Motovun stammt auch seine erste Frau Jakomina Orebich, die er 1821 heiratete.

Mit der Schiffsschraube hatte er bereits in Wiener Studienjahren Versuche unternommen, näher zum Meer kam er dann als Waldagent der Kriegsmarine in Istrien. Ihm oblagen die Aufforstung der Wälder sowie die Auswahl des Holzeinschlages für den Schiffsbau. Der Staatswald von Motovun umfasste 1347 Hektar und war für den Bedarf der Kriegsmarine reserviert, bevor die Schiffe aus Stahl gebaut wurden. Ressel widmete sich auch dem großen Projekt der Wiederaufforstung verkarsteter Gebiete in Istrien und auf der Insel Krk. Er arbeitet unentwegt an der Entwicklung zahlreicher Ideen. Ein Auszug aus dem Patentbuch: „Presswalzen-Maschine, 1826, n. 428; Mechanismus zur Befahrung der Flüsse stromaufwärts und seitwärts, welcher die Wasserkraft ausnützt, 1826, n. 742; Wein- und

Auf einer Breite von dreißig und und einer Länge von hundert Metern finden sich alle Merkmale einer mittelalterlichen Stadt – Hum, die kleinste Stadt der Welt.

Ölpresse mit Schraube ohne Mutter ..., 1827, n. 1274; Dampfmühle nach einem neuen System mit hohlen metallenen Zylindern zur Vermahlung des Getreides, 1827, n. 743; einfacher Apparat, um aus den geeigneten Vegetabilien den Färbe- und Gärbestoff zu extrahieren ..., 1828, n. 744 ..." Weiters stellte er Überlegungen zu einem Mechanismus an, der Dampfschiffe nach dem Fischschwanzprinzip bewegte, dachte über den Vorläufer des Aufzuges nach, über ein Rollsystem, welches Eisenbahnschienen ersetzen sollte, und auch über einen Finanzplan zur Tilgung der Nationalschuld.

Die „Schraube ohne Ende zur Fortbewegung der Schiffe" (Schiffsschraube) ist nur eine seiner Erfindungen. Da der Großversuch 1829 in Triest an einem Materialgebrechen scheiterte, wurde darin kein Geld mehr investiert. Nach Ressels Tod wurde an der Entwicklung der Schiffsschraube in England und anderen Ländern weitergearbeitet, ohne Hinweis auf den Erfinder – ein österreichisches Erfinderschicksal. Ressel starb an den Folgen einer Malaria in Ljubljana (Laibach). In Motovun ist ihm eine Gedenktafel gewidmet.

An der Mauer eines schon fast in sich zusammengesunkenen Hauses ist eine weitere Erinnerungstafel zu finden. Der Oldtimerclub „Pula" hat sie angebracht. Hier wurde 1940 der Formel-1-Pilot und Profirennfahrer Mario Andretti geboren. Vom US-amerikanischen *Racer*-Magazin wurde Andretti zum Rennfahrer des Jahrhunderts ausgerufen, der als einziger Fahrer sowohl das „Indi 500" als auch das „Dayton 500" gewonnen hat – und 1978 einen Formel-1-Gesamtsieg errang. In Andrettis Geburtsort endet Geschwindigkeit vor den Toren der Stadt. In den Gassen holpern Handwägen über die polierten Steine, quälen sich Mopeds über Stufen. Träumte er hier von Beschleunigung und Geschwindigkeit?

Nach dem Krieg verließ der größte Teil der italienischsprachigen Bevölkerung die Stadt. Von 2500 Einwohnern wanderten 1400 aus. Zurzeit leben an die 490 Menschen in der Stadt. Auch die Familie Andretti verließ 1959 die alte Heimat und emigrierte in die USA. Andretti lebt heute in Napa Valley und produziert Weine.

Die Straße führt vom oberen Friedhof steil bergan durch das Stadttor zum Unteren Platz und von dort weiter durch ein Burgtor zum ehemaligen Kastell. Spiralförmig ziehen sich die Gassen durch die Stadt. Entlang der doppelten Stadtmauer ist ein Weg angelegt: Außerhalb baut sich die Landschaft wie ein Panoramabild auf. Die Spirale als Architekturmerkmal war das Thema von Architekturstudenten, die über zeitgenössische Bauten für historische Städte Istriens Entwürfe ausarbeiteten. „Das Ziel ist die Revitalisierung des Landesinneren, damit die weitere Abwanderung verhindert wird", so Sven Glöcker und Stefanie Waßner zu ihrem Entwurf. Die Straße, die sich den Berg hinauf windet, und die Mauern und Gassen, die bis zum höchsten Platz von Motovun immer engere Kreise ziehen, werden in der Spirale weitergedacht.

„Die Spirale ist das Hauptstrukturelement der Stadt Motovun, sie verbindet die unterschiedlichen Teile der Stadt in einer Art fließendem Raum miteinander. Sie ist allerdings nur zum Teil als solche erlebbar. Die meisten freien Räume sind nicht gut angebunden oder verkommen und werden nicht benutzt. Um eine Revitalisierung des Dorfes zu erreichen, soll die Spirale als Lebensraum (Wohnzimmer) Motovuns ausgebaut werden. Sie soll verschiedenen Anforderungen entsprechen und damit eine breitere Nutzerschicht ansprechen. Ungenutzte oder verwahrloste Freiräume werden an die Spirale angebunden und mit öffentlichen Funktionen belegt. Somit wird die Spiralstruktur komplettiert und belebt. Ein Gebäude, das in den ersten Mauerring integriert ist, dient als Anlauf- und Verteilerstelle innerhalb der Spirale, da es von der Spirale umspült wird und die drei Höhenniveaus der Spirale verbindet. Es soll

So wie in Motovun sammeln überall im Land die Zisternen das Grund- und Regenwasser, abenteuerliche Regenrinnenkonstruktionen führen dorthin.

der Öffentlichkeit (Stadtbewohner, Touristen) zugänglich gemacht werden, die durch das Innere des Gebäudes die unterschiedlichen Niveaus der Spirale erreichen. Zusätzlich werden im Inneren neue Funktionen (Bibliothek, Museum, Café, Mediathek, Information) angeboten. Außerdem verbindet es die drei Niveaus visuell miteinander."

Urbanität bringt das alljährliche Filmfestival Anfang August nach Motovun. Bis zu 20.000 Besucher reisen für das Ereignis an, das für Tage die Stadt beherrscht. Unter freiem Himmel werden unabhängige Produktionen aus aller Welt gezeigt. Der dänische Filmmacher Lars von Trier ist einer der Gewinner des „Propeller". Volkstümlich geht es beim „Bacanje roga" zu. Am Aschermittwoch werfen die Männer Holzstücke so nah wie möglich an ein Ochsenhorn. Es wird in mehreren Etappen gespielt, von der Spitze am Oberen Platz bis zum Fuße des Motovuner Berges.

Hum – Die kleinste Stadt der Welt

Heckenrosen umschlingen ein verlassenes Gehöft. Zärtlich wie fest mögen ihre Umklammerungen sein, dem der Stein nur seine Ausdauer entgegenzusetzen hat. Die Heckenrose dringt in die ehemalige Küche, rankt sich um den Balkon, erklimmt die letzten Reste des morschen Dachstuhls. Das Haus steht in Hum, der kleinsten Stadt der Welt mit 16 Einwohnern. Hum liegt im Landesinneren, wo die Erde rot und der Karst weiß ist. Wo der Himmel so blau ist wie das nahe Meer. Nur um das Učka-Gebirge im Osten sammeln sich graue Wolken – ab und zu fährt die Bora mit ihrem kalten Atem durch das Land. Sanfte Hügel bestimmen den Rhythmus der Landschaft. Den Ton tragen die Zikaden. Im Tal entspringt die Mirna: Istriens längster Fluss.

Hum hat sich mit dem Prädikat der kleinsten Stadt und der Pflege der frühslawischen Schrift, der Glagoliza, eine neue Identität schaffen können. Obwohl vor ein paar Jahren noch um eine Hand voll Menschen mehr in dem Städtchen wohnten, muss man um das Aussterben nicht bangen. Neben den verfallenden Häusern gibt es welche, die liebevoll restauriert werden. Aus alten Steingefäßen, in denen einst das selbst gepresste Olivenöl bewahrt wurde, wachsen Rosmarin und Oleander. Glyzinien schlingen sich um Veranden, auch die Wäsche an den Leinen sendet Lebenszeichen.

Die Straße nach Hum wird von der sieben Kilometer langen Glagoliten-Allee gesäumt. Ein Besuch Hums ist zugleich eine Begegnung mit der Glagoliza, der ältesten kyrillischen Schrift, in der die ersten Bücher in slawischer Sprache geschrieben wurden. In Kirchen und auf Grabplatten, auf Glockentürmen und Zisternen sind die eckigen, rätselhaften Schriftzeichen zu finden: Az ist der Buchstabe A, Buki der Buchstabe B und Thita steht für T. Die glagolitische Schrift wurde von den Brüdern Kyrill und Method im 9. Jahrhundert geschaffen, um den Slawen das Wort Christi zu verkünden und sie zum christlichen Glauben zu bekehren. Für diese Mission entschlossen sich die Brüder, Liturgiebücher ins Altslawische zu übersetzen. Und da die Wörter dieser Sprache nicht in griechischer Schrift, aber auch nicht in Latein geschrieben werden konnten, erfand Kyrill eine entsprechende neue Schrift. Die Glagoliza wurde in Mähren ab dem Tod von Kyrill und Method nicht mehr verwendet, die Schüler der beiden Brüder verbreiteten die erste kyrillische Schrift aber im Süden und Osten Europas. „Glagoljati" ist ein altslawisches Wort, das mit „Verkündung" übersetzt werden kann – die Glagoliza ist die Verkündung: Die Schrift verkündet das Wort.

Auf Dauer bewahrten nur die Kroaten die frühslawische Schrift. Für sie war und ist die Schrift auch Ausdruck von Eigenständigkeit im gesellschaftlichen, politischen und kulturellen Leben. Die ursprünglich für alle slawischen Gebiete gedachte Schrift des hl. Kyrill blieb nur im kroatischen Teil der slawischen Welt erhalten. Ab dem 12. Jahrhundert wurde das glagolitische Alphabet nur noch in kroatischen Gebieten benutzt. Bis zum 15. Jahrhundert wurden alle schriftlichen kroatischen Dokumente in glagolitischer

Oben: Die Kirche von Sterna im Landesinneren.

Mitte: Markttag am letzten Donnerstag des Monats im Wäldchen von Višnjan.

Unten: Blick auf die Bahntrasse bei Hrastovlje in Slowenien.

Schrift geschrieben, auch lasen die Priester die Messe nicht in lateinischer Sprache, sondern in kroatischer. In den Kirchen Istriens las und sang man aus Messbüchern, die mit glagolitischer Schrift in altslawischer Sprache bis in die 1920er Jahre gedruckt wurde.

Das Land zwischen Hum und Buzet war das Zentrum mittelalterlichen Schrifttums und Literatur Kroatiens. Eine bedeutende Handschrift um 1500 aus dem nahe bei Hum gelegenen Städtchen Roč befindet sich in der Wiener Nationalbibliothek. Inschriften, Grabschriften und Gesetzbücher in glagolitischer Schrift sind in ganz Istrien zu finden. Während der Jahrhunderte dauernden Entwicklung der Schrift bildeten sich mehrere Typen heraus; die runden Buchstaben gehören zur ältesten Form und stammen aus der Zeit bis zum 12. Jahrhundert, die jüngere Schrift ist die eckige Glagoliza. Ihre Form ist um Hum am häufigsten anzutreffen. Die Buchstaben waren gleichzeitig die Ziffern; zur Unterscheidung, ob die Glagoliza auch einen Zahlenwert hatte, wurde mit einem Punkt markiert.

Die Glagoliten-Allee, die nach Hum führt, besteht aus elf Steinskulpturen, die sich mit der Schrift und der damit verbundenen Geschichte Kroatiens befassen. Sie wurde 1977 vom Bildhauer Zelemir Janes begonnen und steht auch für das Wiedererstarken der kroatischen Nationalität. So fährt man an den mit glagolitischen Schriftzeichen gemeißelten Skulpturen vorbei, tief in die Einsamkeit der Landschaft. Weiter entlang der steinernen Allee liegen verödete Einzelhöfe am Weg. Es gibt aber Zeichen der Wiederbelebung. Das Dorf Kotli war vor wenigen Jahren noch vollkommen verlassen, jetzt werden die Steinhäuser renoviert und auch ein Gasthof hat schon geöffnet.

Eine weitere Station der in Stein gehauenen Schrift-Allee ist das Lapidarium. In der Kirchhofmauer von Brnobiči sind Steine (Kopien) der ältesten in Kroatien gefundenen glagolitischen Inschriften eingemauert. Steinsessel unter einer schattigen Eiche versinnbildlichen die erste slawische Universität, die in Ohrid (Mazedonien) gegründet wurde. Im Stein bei der Aussichtswarte ist das lateinische, kyrillische und glagolitische Alphabet eingemeißelt. Die letzte Station ist das mit Kupfer beschlagene Tor von Hum. Die braven braunen Hühner bilden das Begrüßungskomitee. Kein Neubau außerhalb der Stadtmauer stört das mittelalterliche Ensemble in der unberührten Natur – auch das ist eine Besonderheit der kleinsten Stadt. In allen anderen Bergstädten Istriens, in denen ein Campanile den Mittelpunkt markiert und eine Stadtmauer die alten Häuser zusammenhält, haben sich die Bewohner bequeme und moderne Häuser vor den Toren der Altstadt gebaut. Sie hatten genug von der Mühsal unzähliger Treppen, von verwinkelten

Auf der Insel Cres trifft man ab und zu einen Schafhirten.

Gassen und mittelalterlicher Architektur. Nur die Alten und die Wirte der landestypischen „Konoba“ blieben in der Stadt, alle anderen haben sich außerhalb angesiedelt oder sind fortgezogen.

Unter schattigem Kastanienlaub tritt der Gast durch das Tor und gelangt auf den kleinen Stadtplatz. Hum wird 1102 in einer Schenkungsurkunde an den Patriarchen von Aquilea als Castrum Chlom erwähnt. Wo einst das Kastell stand, ist heute die Pfarrkirche. Die Burg wurde während der Uskoken-Kriege 1612 schwer beschädigt: Im 18. Jahrhundert entstand an ihrer Stelle die Pfarrkirche. Der massive Verteidigungs- und Glockenturm ist aus dem 15. Jahrhundert. Rund um die Stadt führt die Stadtmauer, Verteidigungswälle und -türme sind noch zu sehen. Im Stadtpalast ist auch die Loggia von Hum. Um den Steintisch der Loggia spielte sich einst das öffentliche Leben der Stadt ab, hier versammelte sich die Kommune, um administrative, gesellschaftliche und kulturelle Fragen zu klären.

Auch heute wählen die 16 Einwohner immer im Juni ihr „Stadtoberhaupt“ – die tatsächliche Verwaltung hat sich freilich in die Kreisstadt Buzet verlagert. Alljährlich wird ein neuer „Zupan“ gewählt. Die Prozedur hat folkloristischen Charakter. In einen Holzstock („raboš“) werden die abgegebenen Stimmen gekerbt: an einem Ende die Stimmen für den ersten Kandidaten, am anderen Ende des Holzes die für den anderen. Das sichelförmige Messer, das dafür gebraucht wird, nennt sich „kosir“. Und wer am Ende mehr am Kerbholz hat, ist das Stadtoberhaupt. Renis Grzinic, gekerbtes Stadtoberhaupt von Hum und Autoverkäufer, bekennt: „Jetzt dient das Amt mehr der Unterhaltung und als Fremdenverkehrsattraktion. Aber ich habe auch viele Verpflichtungen. Seit meiner Wahl wurde eine Straße ins Nachbardorf asphaltiert und der Glockenturm repariert.“

Drei enge Gassen führen durch Hum. Zwischen den glatten, abgetretenen Steinplatten auf den Straßen von Hum wachsen Löwenzahn und Ackerwinde. Es fehlen die eiligen Schritte, die das Kraut in Zaum halten könnten. Neben liebevoll gepflegten Häusern starren traurige Fensterhöhlen auf die Gasse. Löchriges Emailgeschirr und zerfetzte Schuhe wurden achtlos in die einstigen Zimmer gekippt. Die Heckenrose hält den Verfall mit ihren starken Armen auf.

Der Kolo ist einer der Volkstänze des Landes.

Labin – Die bunte Stadt

Die Stadt liegt auf einem 320 Meter hohen Hügel, von wo aus das nahe Meer ebenso schön hinter der Stadtmauer heraufblitzt, wie die Berge des Hinterlandes sich als Kulisse aufbauen. Die Pflastersteine der Stadt glänzen frisch poliert und spiegeln die bunten Palazzi mit Renaissance- und Barockfassaden. Labin (Albona) war schon 2400 Jahre v. Chr. bewohnt. Die Überreste einer solchen Hügelsiedlung aus der Bronzezeit befinden sich in der unmittelbaren Nähe von Labin. Sein alter Name Albona ist keltisch-illyrischer Herkunft und bedeutet „Stadt am Hügel“. Die Stadt wurde im 4. Jahrhundert v. Chr. von den Kelten gegründet, die Bewohner gingen der Seeräuberei nach. Das brachte Konflikte mit der aufstrebenden römischen Macht. Im Jahre 177 v. Chr. fiel Labin unter römische Herrschaft; der Fluss Rasa bildete die Grenze der Provinz Illyrien. Labin erstritt sich einen hohen Grad an Autonomie. Als römisches Municipium war es mit der Verwaltung umliegender Orte betraut. Das älteste schriftliche Dokument über Labin ist ein Relief aus dem 3. Jahrhundert n. Chr. mit der Aufschrift „RES PUBLICA ALBONESSIUM“.

Unter dem Glyzinien-Dach der Café-Terrasse lässt sich das stetige Treiben am Hauptplatz beobachten. Nach steiler

Auffahrt schwappt der Verkehr auf den Platz, wo alles in Bewegung ist: Gemüsehändler, Gäste und Geschäftsleute. Den Eingang in die alte Stadt markiert die Porta Sanfior aus dem Jahre 1589. Oberhalb des Tores befinden sich das alte Labiner Wappen und der venezianische Löwe. Die Kanone aus der Zeit der österreichischen Herrschaft wurde zum zweiten Mal in der Geschichte 1995 auf die Bastion Torjon positioniert. Von den Palästen wirkt der der Familie Battiala-Lazzarini besonders venezianisch, allerdings provinziell verkleinert. Hier ist das Museum mit ethnologischen Sammlungen und der Geschichte des Bergbaus untergebracht. Der Palast der Familie Scampicchio ist durch eine Kapelle mit der Kirche Maria Geburt verbunden. Die Kirche wurde 1336 auf den Ruinen einer Kirche aus früheren Jahrhunderten erbaut. Das gotische Radfenster bildet das Zentrum der Fassade. Die Altäre in der dreischiffigen Kirche zeigen venezianischen Barock.

Weit entfernt von der Kirche steht der Glockenturm auf dem Gipfel des Stadtberges. Dass seine Bedeutung nicht nur die eines Glockenturmes, sondern ebenso die eines Wehr- oder Wachturmes war, macht die Lage abseits der Pfarrkirche deutlich. Für den Bau des Turmes war die strategische Lage, von der man die Umgebung überblickt, wichtiger als die Nachbarschaft zum Gotteshaus.

Eine Inschrift erinnert daran, dass Labin die Geburtsstadt eines bedeutenden Mitstreiters von Martin Luther ist: Mattia Vlačić wurde hier 1520 geboren. Der latinisierte Name Matthias Flacius Illyricus ist von zweierlei Bedeutung. Zum einen ordnet er den Träger in die geistigen Bewegungen der Renaissance, des Humanismus und der Reformation ein; zum anderen weist er auf die väterliche walachische Abstammung und Herkunft von der östlichen Adriaküste hin, die im 3. vorchristlichen Jahrhundert Illyrien genannt wurde. In seinen späteren Schriften fügte Mattia Vlačić noch seine Geburtsstadt hinzu und zeichnete sie mit M. F. I. A. – Matthias Flacius Illyricus Albonensis. Die lutherische Bewegung lernt er bei seinem Onkel Baldo Lupetina kennen, der deswegen in Venedig eingekerkert wurde. Dieser Onkel gab ihm den Anstoß, in Deutschland zu studieren. In Wittenberg lernte er Martin Luther kennen. Luther schickte ihn nach Venedig, um dem Dogen und dem Senat eine Botschaft des Bundes überbringen zu lassen, damit das Leben des eingekerkerten Baldo Lupetina gerettet werde. Allerdings misslang der Vermittlungsversuch – Baldo Lupetina wurde ertränkt.

Matthias Flacius Illyricus beginnt seine wissenschaftliche Laufbahn an verschiedenen Universitäten, wo er Griechisch und Hebräisch lehrt. Wegen Differenzen im protestantischen Lager muss er seinen Lehrstuhl abgeben und wird schließlich Pfarrer der protestantischen Gemeinde in Antwerpen. Das grausame Schicksal seine Onkels bleibt ihm erspart: Er stirbt mit 55 Jahren in Frankfurt am Main.

Die natürliche Verbindung zwischen Stein und Skulptur wird auch in der Stadt Labin geplegt. Karstgestein und Marmor sind für Künstler herausfordernde Materialien. Alljährlich werden zum mediterranen Bildhauer-Symposium von Dubrova nahe Labin Künstler eingeladen. Während 33 Jahren nahmen internationale Künstler daran Teil, deren an die 100 Skulpturen im Park ausgestellt sind. Im Rahmen des Symposiums wird seit zehn Jahren an dem Projekt der „Weißen Straße" gearbeitet. So wie zuletzt Ivan Kožarić und Bogdan Bogdanović das zehnte und elfte Teilstück der „Weißen Straße" ausführten: Jeder Künstler gestaltet bildnerisch ein Teilstück der Straße, deren Gesamtlänge 850 Meter betragen wird. Neun Teilstücke von je 25 Metern wurden bereits fertig gestellt.

Dunkel bleiben mittags nur die Zypressen vor Oprtalj.

Es schmeckt so grün

Renaissance einer Frucht, die schon die Römer in Istrien schätzten: die Olive. Ein Neuanfang, der in Familienbetrieben mit großem Engagement umgesetzt wird.

Neonlicht flutet aus der Halle hinaus in die Novembernacht. Mitternacht ist schon lange vorbei, aber in der Ölmühle nahe von Buje herrscht Hochbetrieb. Die Maschinen laufen ohne Unterlass 24 Stunden am Tag. Gute Qualität wird dann erreicht, wenn die Ernte so bald als möglich verarbeitet wird. Jede Stunde zählt, um aus frischen Früchten ein aromatisches Olivenöl zu pressen.

In der Halle dominiert eine Maschinerie aus blankem Nirosta. Sie beginnt mit einem Trichter, in dem die Oliven geschüttet werden, und endet mit einem Rohr, aus dem dunkelgrünes Öl in Kanister abgefüllt wird. Dazwischen rütteln Apparaturen, um restliche Blätter und Verschmutzungen zu entfernen und die Früchte zu waschen. Im nächsten Arbeitsschritt werden die Oliven samt den Kernen mit ihren wertvollen Konservierungsstoffen zerkleinert und eine halbe Stunde bei einer Temperatur von 23 °C zu einer Paste gerührt. Diese Masse kommt in eine hydraulische Zentrifuge, die das Öl abscheidet. Die Wartezeit vertreiben sich Bauern und Produzenten – und immer mehr junge Frauen – mit plaudern, Zeitung lesen und telefonieren. Alle halten einen Plastikbecher in den Händen. Mitnichten ist darin schwarzer Kaffee, um der fortgeschrittenen Nacht ein Schnippchen zu schlagen – man nippt am frischen Olivenöl: verkostet das der Nachbarin, des Cousins oder der Konkurrenz; vergleicht Sorten oder Lagen und bespricht Absatzmöglichkeiten und Aussichten.

Der Ölbaum gehört zu den ältesten Kulturpflanzen des Mittelmeerraumes. In homerischen Gedichten werden sein immergrünes Laub, sein hohes Alter und sein hartes Holz oft besungen. Odysseus hat sogar sein Ehebett auf den Wurzelstock eines Olivenbaumes gezimmert. Durch die weit reichenden Wurzeln gilt der Baum als dauerhaft, was auf die Verbindung zwischen Penelope und Odysseus übergehen sollte. Das Öl, das zum Einreiben des Körpers verwendet wird, gilt noch als Luxusgut aus dem Orient und wird von Telemachos in seinen Schatzkammern neben Gold und Wein aufbewahrt. Wann die Wildform kultiviert wurde, ist unbekannt. Erst später wird in Griechenland von der „zahmen", der kultivierten Olive berichtet.

Archäologische Funde deuten darauf hin, dass dies um 4000 v. Chr. in Kreta geschah. Nach einer griechischen Sage hatten die Götter Athene und Poseidon einen Wettstreit ausgetragen: Als Gewinner sollte derjenige gelten, der den Bewohnern von Athen das sinnvollere Geschenk überbringt. Athene setzte sich mit dem von ihr erschaffenen Olivenbaum durch, der den antiken Griechen als heilig galt – in zahlreichen griechischen Stadtstaaten war es per Gesetz verboten, Olivenbäume zu fällen. Der Zweig des Ölbaumes ist auch ein Zeichen des Friedens. Besiegte, die um Frieden baten, trugen einen Zweig in den Händen; die UNO hat die Zweige in ihrer Flagge. Und der Ölbaum gilt als Symbol von Leben und Kultur im ursprünglichen Sinne des Wortes: Als Noah eine Taube aussandte, brachte sie in ihrem Schnabel den Zweig eines Ölbaumes – die Sintflut war zu Ende und Land in Sicht.

Die Geographen haben den Ölbaum zur Leitpflanze des Mittelmeerraums ernannt. Über die griechische Welt kam die Olive nach Rom und von dort weiter in die Provinzen des Reiches. Der Baum liebt das Klima des Meeres und dazu den Kalkboden, so wie er an den Küsten des Mittelmeeres zu finden ist: vom Bosporus bis nach Gibraltar. Olivenbäume können über 2000 Jahre alt werden. Es sind

widerstandsfähige Lebewesen – und mit dem Alter kommt der Charakter. Der gewundene Stamm, die knorrigen Äste und die wolkigen Kronen machen jeden Baum zu einem Unikat. Ein 1600 Jahre altes Exemplar wächst auf der Insel Brijuni und trägt bis heute Früchte; es ist der älteste Ölbaum Kroatiens. Auf den meisten Olivenplantagen hingegen stehen junge Bäumchen, denn die Renaissance des Öls in Istrien hat vor wenigen Jahren begonnen. Hier wachsen ca. 600.000 Olivenbäume, davon sind rd. 400.000 fruchtbar. In den letzten zehn Jahren hat sich die Anzahl der Bäume verdoppelt. Nach fünf Jahren trägt der Baum mit den weißen und unscheinbaren Blüten die ersten Früchte. Die Blätter des Ölbaums sind schmal, lanzettförmig und ledrig; die Oberseite ist blaugrün, die Unterseite silbrig. In der Kulturlandschaft Istriens nehmen sich die Olivengärten wie silbrige Bänder auf rotem Grund aus.

Das Land trägt wieder Früchte: Oliven, Wein, Kräuter. Und Brachen werden rekultiviert – immer öfter kehren Menschen in die Steinhäuser und zur roten Erde Istriens zurück. Die Landwirtschaft verkümmerte durch Aussiedlung, Vertreibung, Auswanderung, Industrialisierung, Landflucht und Überalterung. Die in der Region übliche Realteilung fügte das ihre hinzu. Ein anständiger Besitz verzettelte sich in kleine Parzellen Land, bis gerade noch ein Erdäpfelacker hier und halb verfallene Steinterrassen dort übrig blieben. Um 1950 kam die Erzeugung von Olivenöl ganz zum Erliegen. Aber staatliche landwirtschaftliche Förderprogramme beginnen nun in Kroatien zu greifen. Die Unterstützung für verkauftes und geliefertes Olivenöl beträgt derzeit 4 Kuna pro Liter; ökologische Produktion wird dementsprechend höher gefördert. Die Erträge steigen langsam, denn die jungen Bäume tragen vorerst noch wenige Früchte. Im Jahr 1993 wurden in Istrien 2014 Hektoliter Olivenöl produziert, 2004 waren es bereits 3700 Hektoliter.

Ein Dorf namens Ipši: Ein paar Häuser in einem Landstrich, wo Istrien am reifsten ist. Feigen wachsen beim Fenster hinein. Den Küchen entströmt ein strenger Duft nach Trüffel. Auberginen – so prall, als müssten sie gleich platzen.

Nur sorgfältige Handarbeit bürgt für die Qualität von „extra vergine“: Olivenernte bei der Familie Ipša.

Paradeiser glühen hinter dem verwelkten Laub der Stöcke. Die Luft schmeckt süß wie reife Trauben. Obgleich der Oktober zu Ende geht, ist das Land grün und saftig. Terrassenkulturen folgen den Linien des Hügellandes zwischen Oprtalj und Motovun. In Ipši produziert die Familie Ipša eines der besten Olivenöle des Landes. „Einst lebten hier viele Ipša, daher der Dorfname Ipši", klärt die Hausherrin Irena Ipša auf. Für ihr Öl sind ihnen alljährlich Auszeichnungen und eine Erwähnung im *Who's Who* der Olivenölproduzenten sicher: im *L'extravergine Guida ai migliori oli del mondo di qualita accertata*.

Es ist Ende Oktober und die Ernte in Istrien noch nicht voll angelaufen. Die Ipšas zählen zu den Ersten. Eine frühe Ernte bringt mehr Qualität und weniger Quantität. Und hier wird konsequent auf Ersteres geachtet. In den Olivengärten der Familie Ipša werden Netze unter die Bäume gebreitet. Mit Rechen, die so aussehen, als wären sie einer Kindersandkiste entwendet, wird Ast um Ast gekämmt. Die kleinen grünen Früchte fallen ins Netz. Wenn keine Olive mehr am Baum hängt und Ivan, der Sohn des Hauses, vom Wipfel steigt, werden die Früchte vom Netz in Kisten geschüttet. Alles wird händisch geerntet – eine Voraussetzung für das Qualitätszertifikat.

Klaudio und Irena Ipši haben 1000 Ölbäumchen auf 5 Hektar Terrassenlagen gesetzt. Sie würden gerne expandieren, aber es ist schwer, Land zu bekommen. Frau Ipša berichtet: „Seit Jahren ist hier keine Grundstücksbewegung. Viele Besitzungen sind zersplittert und gehören dann mehreren Familien. Es gibt die Fälle von leintuchgroßen Parzellen, die 22 im Grundbuch vermerkten Besitzern gehören. Diese Leben in Amerika und Italien, in Pula und Zagreb oder sind längst verstorben. Die Verhandlungen ziehen sich dann über Jahre …"

Die Olivenhaine stehen auf windstillen Hängen des Mirnatales. Soeben wird die istrianische Sorte Bjelica geerntet. Die Früchte sind hellgrün und klein. Diese heimische Sorte pflanzten auch schon die Großeltern der jungen Landwirte. Die Generation der Großeltern ist es, die noch Erfahrung mit dem Olivenbau hat, bevor er für ein halbes Jahrhundert aus Istrien verschwand. Weiteres Know-how wird in der landwirtschaftlichen Fachhochschule in Poreč gelehrt. Seit einigen Jahren gibt es das dreijährige Baccalaurats-Studium der mediterranen Landwirtschaft, das seine Schwerpunkte in Oliven- und Weinbau sowie Kräuterkulturen setzt.

Istrien ist eines der nördlichsten Anbaugebiete für Oliven in Europa. Der Unterschied zwischen warmen Tagen und kühlen Nächten steigert das Aroma. Allerdings müssen die Landwirte hier am äußeren Rand des Anbaugebietes in manchen Wintern um ihre Bäume zittern. Sie erfrieren bei Temperaturen um minus 14 °C. Um die Bestände zu schützen, werden in kalten Nächten Feuer zwischen den Bäumen entzündet, damit der Rauch den strengen Frost vertreibt. Neben der hellen Sorte Bjelica werden die dunklen heimischen Sorten Crnica und Buža sowie die italienischen Sorten Leccino, Frantolo und Pendolino kultiviert.

Auf der Insel Cres muss die Erde unter großem Aufwand den Steinen abgetrotzt werden. Steile Hänge wurden schon vor Jahrhunderten terrassiert, um zwischen Meeresküste und Berghöhen fruchtbare Gärten zu schaffen. Darauf stehen knorrige alte Ölbäume. Die Ernte im unwegsamen Terrain wird zum Geduldspiel. Mit der Leiter wird Stück und Stück vom Baum geholt. Dabei haben die Männer von ihren Frauen genähte Taschen umgehängt, in die sie die Früchte pflücken, und die Frauen klauben die Oliven vom Boden auf. Der Olivenanbau erreichte auf Cres im 19. Jahrhundert seinen Höhepunkt. Es wird geschätzt, dass zwei Millionen Bäume kultiviert wurden. Der Olivenbaum liefert neben Öl noch Heizmaterial, Holz fürs Werkzeug und Blätter als Viehfutter. Ergänzend zu den vielen

In der modernsten Ölmühle des Landes in Baredine treffen einander die Olivenbauern von Pula bis Buje, von Oprtalj bis Sovinjak.

alten Ölmühlen wurde im 19. Jahrhundert in der Stadt Cres eine Dampfölpresse errichtet. Heute stehen etwa 300.000 Bäume auf der Insel. Sie wachsen vor allem an der klimatisch begünstigten Westseite. Auf den Abhängen, die sich zur Hauptstadt Cres neigen, ziehen sich von den Römern angelegte Steinterrassen wie Stufen eines weiten Amphitheaters herab – hier wachsen 100.000 Ölbäume. Die Stadt ist wieder der größte Olivenölhersteller der Insel.

Villae rusticae

Ölbäume kamen im 1. Jahrhundert v. Chr. in den Raum der östlichen Adria. Schon in den ersten Jahrzehnten der kaiserlichen Periode wurden Oliven und Weinbau die wichtigsten landwirtschaftlichen Zweige und deren Erzeugnisse Öl und Wein die Hauptexportartikel. Das Olivenöl aus Istrien ist in der antiken Welt nicht unbekannt. Lateinische Chronisten und Autoren erwähnten es mit Bewunderung. Plinius d. Ä. merkte in seinem Werk *Naturalis historia* an, dass das Öl aus Istrien gleich nach dem italienischen kam und mit dem spanischen um den zweiten Platz wetteiferte. Der Geschichtsschreiber Strabo kommentierte pointiert: „Uncto Corduba laetior Venafro, / Histra nec minus absoluta testa." („Córdoba, fetter noch als das öltriefende Venafrum / und nicht weniger vollkommen als der istrianische Ölkrug.") Strabo schreibt in weiteren Quellen, dass in Aquilea Öl gegen Vieh, Häute und Sklaven gehandelt wurde und von dort in die illyrischen Donauländer kam. Es ist anzunehmen, dass das Öl aus Istrien kam. Interessant scheint es, dass die Barbaren nicht nur den Wein begehrten, sondern schon das Öl – wenn vorerst auch nur als Brennöl für die Lampen.

Seit Beginn der römischen Herrschaft wurde in Istrien eine ökonomische Struktur entwickelt, die sowohl ein starkes allgemeines Wirtschaftswachstum brachte als auch eine

In der Balini-Ölmühle in Foškići bei Lovran kann man noch die Produktion zu vorindustriellen Zeiten schauen: Die Oliven kommen in einem Korb aus Hanfseilen in die Steinmühle, wo sie zerkleinert werden. Früher wurde sie von zwei Menschen oder einem Esel angetrieben, der im Göpel ging.

Olivengärten auf Terrassen bei Piran (Pirano). Im 19. Jahrhundert wurden in Istrien auf 11.000 Hektar Ölbäume kultiviert. Xylografie aus dem *Kronprinzenwerk*, 1891.

gut gedeihende Landwirtschaft. Die römischen Küstenstädte, die einen Rang als Kolonie oder Municipium besaßen, und größere Orte im Landesinneren waren gleichzeitig Sammelzentren für alle landwirtschaftlichen Erzeugnisse, die für den Innen- oder Außenhandel vorgesehen waren. Das größte Handelszentrum der nördlichen Adria war Aquilea mit den Hafenanlagen in Grado. Die gleichnamige römische Kolonie wurde 181 v. Chr. gegründet. Dank seiner geographischen Lage war es ein Verkehrsknotenpunkt von Land- und Seewegen. Die Via Flavia verband Aquilea mit Tergeste (Triest) und führte, der istrianischen Küste entlang, bis nach Dalmatien. Mit den angrenzenden nördlichen Provinzen Noricum und Pannonien konnten Güter gehandelt werden, die das dortige Klima nicht gedeihen ließ.

Römische Siedler und andere Einwanderer haben durch das Abholzen von Wäldern und das Kultivieren der Flächen im neu eroberten Istrien allmählich weite landwirtschaftliche Flächen geschaffen. Istrien galt den Römern als Getreidekammer, auch Oliven, Wein und Fisch aus Istrien war auf den cisalpinen Märkten gegenwärtig. Scherbenfunde, die dank der Stempeln der Töpfereien lokalisiert werden können, belegen die Handelswege – mit Wein und Öl gefüllte Amphoren schafften es sogar bis an die Küsten von Nordafrika. Funde von Amphorenscherben mit dem Stempel „C. Laecanius Passus" aus Fažana bezeugen ein reges Handelsaufkommen.

Ein anderer Scherbenfund aus Österreich – der römischen Provinz Noricum – zeigt einen Stempelabdruck, der Qualität, Menge und Hersteller des Olivenöls vermerkt. Die spitzfüßigen Amphoren, die in jedem Stadtmuseum Istriens zu sehen sind, wurden in großen Manufakturen hergestellt. Eine große Töpferei befand sich in Fažana, die andere in Loron. Es waren Betriebe ausgedehnter Ländereien, zu denen Wirtschaftsgebäude, Lagerhäuser und Manufakturen gehörten. Die Latifundien in Fažana gehörten der Familie des Laecanius, deren Produkte bis nach Nordafrika kamen. Laecanius erwarb sich Reichtum und den Status eines Senators. Welche Umstände daran Schuld trugen, dass die Ländereien um 170 n. Chr. vom kaiserlichen Fiskus übernommen wurden, ist uns nicht überliefert. Ein anderer Großgrundbesitzer hieß Statilus Taurus. Er stammte aus dem engsten Mitarbeiterkreis von Kaiser Augustus und ließ die Ländereien von Loron bewirtschaften. Auch eine einflussreiche Freundin von Nero – Calvia Crispinilla – war Grundbesitzerin in Istrien. Sie produzierten vor allem Wein und Olivenöl. Bei römischen Kolonisten galt die Halbinsel Istrien nicht als ein Strafversetzungsort am Ende der Welt. Istrien hatte eine interessante geopolitische Lage und einen begehrten Boden. Es schloss an die schon erwähnten Provinzen Noricum und Pannonien an und hatte von der Südspitze des Landes attraktive Seerouten sowie eine gute Anbindung zum Imperium.

Landwirtschaftliche Produktionsstätten, die „villae rusticae", waren gleichzeitig die Sammelplätze der Erzeugnisse. Sie beeinflussten die Entwicklung der Handelswege und Straßennetze, auf deren Grundlage sich der Export der erzeugten Überschüsse vollzog. Eine große „Olivenölfabrik" stand auf der Insel Brijuni. In einem spätantiken Castrum (3.–5. Jahrhundert) entstanden Wirtschaftsanlagen mit Pressen, Öl- und Weinlagern. Es ist die Zeit, in der der älteste Olivenbaum des Landes gepflanzt wurde.

Das kostbare Öl wurde nicht nur in den schmalen, leicht zu transportierenden Amphoren gelagert, sondern auch in großen Gebinden, die 2000 Liter fassten. Nach der Größe der Ölfabrik ist zu schließen, dass etwa 50.000 Liter für den Export bestimmt waren. Kein Wunder, dass die römischen Herren, die in der kaiserlichen Sommerresidenz wohnten, um den Reichtum bangten und die Bucht mit Ketten absperren ließen. Zur Orientierung: Bei einer Betriebsgröße von 1000 Bäumen kann man mit einer Menge von 3000 bis 5000 Litern Olivenöl jährlich rechnen. Wiewohl sich die Bodenbearbeitung und das Pressen geändert und vereinfacht haben, ist die Erntemethode seit tausenden Jahren unverändert – bei guten Ölen werden die Oliven händisch gepflückt.

Nach dem Abzug der Römer blieb das Olivenöl bis ins Mittelalter von gleicher wirtschaftlicher Bedeutung. In der Zeit österreichischer Herrschaft wurde der Weinbau zu Lasten der Olivengärten forciert. Istrianische Weine waren in Wien gefragt, so wurden nach und nach Olivenplantagen gerodet. Das so genannte *Kronprinzenwerk* – das von 1885 bis 1902 in 24 Bänden erschienene Werk *Die österreichisch-ungarische Monarchie in Wort und Bild* – berichtet: „Ebensowohl für den heimischen Consum als für die Ausfuhr arbeiten die zahlreichen Ölpressen. Sehr wenige durch Dampf, die meisten mittels eines Pferdegöpels, manche auch durch Menschenarme getrieben, liefern sie ein geschätztes Product. Die Oliven werden auf eine cylindrische, drei bis vier Meter breite, mit behauenen Steinen gepflasterte Unterlage gebracht, auf welche ein 1,7 Meter hoher, 0,45 Meter dicker Mühlstein steht. Zwei Stunden lang wird derselbe gedreht, worauf die zerquetschte Masse in Säcke von Binsen, Cocosfaser und Halsa gefüllt, zuweilen mit heißem Wasser begossen, durch zwei Stunden gepresst wird, wobei das Öl abrinnt. Der rückständige Preßkuchen (polpame) wurde zum Theil in einem Etablissement in Pirano zur Fabrikation von Seife und Maschinenöl chemisch extrahirt, im übrigen aber dem Borstenvieh verfüttert. In vielen Orten besteht noch der alte Brauch (decima), den Ölmüller nicht in Geld, sondern durch Überlassung des zehnten Theils der Oliven zu bezahlen."

Steintröge, oval oder eckig, sind überall in den Dörfern zu sehen. Meist werden sie als Blumentöpfe genutzt oder stehen als Denkmal eines vergangenen Alltags vor den Häusern. In solchen Steingefäßen wurde das Öl aufbewahrt – es blieb kühl und war keinen Temperaturschwankungen ausgesetzt.

Die musealen Ölmühlen in Mošćenice und Sv. Petar in Slowenien zeigen noch die Herstellung in vergangenen Jahrhunderten. In Sovinjsko Polje steht ein kleines Presshaus aus dem 15. Jahrhundert. Davor breiten sich recht malerisch Olivenhaine und die grüne Landschaft Istriens aus.

Ein Denkmal seiner selbst: Der älteste Olivenbaum Kroatiens stammt aus römischer Zeit und steht auf der Insel Brijuni.

Nevio Sirotić führt in den alten Gemäuern ein exquisites und eigenwilliges Restaurant. Der kleine Raum wird von einer runden Steinschale beherrscht, in der die Früchte zermerschert wurden. Sie kamen samt den Körben, die aus Seilen geflochten wurden, in die Steinschale. Ein darüber liegendes Steinrad wurde vorerst von zwei Arbeitern, später von einem Transmissionsriemen bewegt. Danach kam die Paste in die Presse, die den zweiten Teil des Kellers beherrscht – eine schwere und dreckige Arbeit. „Ti xe sporco come un torciér“, so schmutzig wie ein Ölpresser, pflegt man in Istrien zu sagen.

Die Olivenernte begann einst am Festtag der hl. Katharina (25. November) und zog sich bis in den Winter hinein. Die Frauen klaubten die Oliven vom Boden in ihre Schürzen, die Männer holten die Früchte von den Bäumen. Das kalt gepresste Olivenöl war so wertvoll, dass es auch als Medizin verwendet wurde. Bei der zweiten Pressung wurde die Olivenpaste mit heißem Wasser vermengt und das „gemeine Öl“ gepresst. Schlechte Qualitäten dienten vor allem als Öl für Lampen; den Pressrückstand bekamen die Schweine zum Fressen.

Oliven haben ihren festen Platz im religiösen Brauchtum Istriens. Aus den Zweigen des Ölbaums werden die Palmbuschen gebunden, die am Palmsonntag, zu Beginn der Karwoche, geweiht werden. Sie erinnern daran, dass Jesus, als er in Jerusalem einzog, mit grünen Blättern gehuldigt wurde. Der geweihte Palmbuschen bleibt die ganze Karwoche über dem Eingang des Hauses. In der Osternacht werden die Zweige ins Haus, auf die Felder und in den Stall gebracht. Sie werden über die Betthäupter, in der Küche und in jedem Raum verteilt und sollen das Haus und ihre Bewohner vor Unwettern bewahren und vor Krankheiten schützen. Die geweihten Ölbaumzweige des vorigen Jahres werden danach verbrannt.

In der Ölmühle von Baredine bei Buje geht die Nacht dem Ende zu. Die Oliven der Familie Ipša sind nun an der Reihe: 330 Kilogramm beträgt die Ernte des Tages. Aus einem Kilogramm Frucht werden zwischen 9 und 14 Prozent Öl zentrifugiert – natürlich wird sortenrein gepresst. Obwohl die Ipšas mit 1000 Bäumen zu den größeren Betrieben des Landes gehören, kann man von diesem flüssigen Gold nicht leben. Die Hausfrau betreibt in Oprtalj ein Buffet und vermietet in der mittelalterlichen Stadt Gästeappartements. Das Öl fließt dick. „Es schmeckt so grün“, schwärmt Irena Ipša. Die früh geernteten Oliven geben dem Öl eine Note Pfeffer und ein kräftigeres Aroma. Im Keller in Ipši lagert das Olivenöl bei einer konstanten Temperatur zwischen 18 und 20 °C, denn das Öl mag keine starken Temperaturunterschiede. Alle paar Wochen wird es umgefüllt, weil sich Schwebepartikel absetzen. Da sich das Öl in größeren Gebinden besser hält, wird es erst kurz vor dem Verkauf in Flaschen abgefüllt.

So wie Winzer ihren Wein in urtümlichen, gestylten, repräsentativen oder in einfachen und authentischen Verkostungsräumen präsentieren, so haben auch die istrianischen Olivenölproduzenten ihre Kellerstüberl zur Degustation. Der offene istrianische Herd darf dabei nicht fehlen; auch nicht altes Arbeitsgerät an den Wänden: etwa die Körbe, in denen die Oliven einst in die Steinmühle kamen, oder die schmiedeeisernen Roste für das offene Feuer. Im Ipša-Keller gibt es auch Geschichte dazu: Das hinterste Eck, in dem die gefüllten Edelstahl-Kanister stehen, diente im Zweiten Weltkrieg als Versteck für Partisanen. Nur ein kleiner Einstieg führte in den Kellerraum, der mit einem Stein und großen Weinfässern verdeckt war.

Die Olivenölproduzenten Istriens vermarkten ihre Produkte ab Hof. Die grünen Schilder der Olivenölstraße, der „Ceste maslinova ulja Istre“, weisen den Weg. Zwischen Buje und Buzet, Savudrija und Vodnjan sind an die 40 Hersteller zu finden. Neben den istrianischen Sorten und den häufigsten italienischen Sorten wie Leccino und Pendolino gibt es Öl von Moraiolo, Morasola und Rosinjola. Eine Reise entlang der Olivenölstraße führt zu vielen versteckten Häusern und Höfen – die Erkundung des Landes wird so zu einer kulinarischen Reise.

DIE HELFER

Seitdem man die alten istrianischen Eselrassen wieder züchtet, muss um ihr Aussterben nicht gebangt werden.

Maria ist eine hantige, Nino ein ruhiger Typ, und das Fohlen Leonhard ist gleichermaßen seidenweich und staubig – es sind Esel aus dem „Reservat Liburna“ in Raša Most. Die Herde von etwa 40 Stück lebt in der Nähe von Labin. Seit 1995 werden die alten istrianischen Rassen gezüchtet, die schon vom Aussterben bedroht waren. Ihr Betreuer Ivan Perko hat nicht nur ein Herz für Esel, sondern auch für Kinder, die er durch das Reservat führt. In einer Scheune hat er eine Eselsschule und ein Museum eingerichtet, für das er alte Maultiersättel, Gespanne und Fuhrwerke gesammelt hat. Im Kronprinzenwerk wird extra auf die Bedeutung der Tiere hingewiesen:

„Die Saumthiere (Esel und Maulthiere) bilden in Istrien einen hochwichtigen Theil des ländlichen Viehbestandes. Da der Landmann nicht inmitten der Felder, sondern ausschließlich in Dörfern und Städten wohnt, so sind Saumthiere, besonders in den gebirgigen Gegenden, zum Tragen der Feldarbeiter sowie auch zum Befördern des Düngers und der Frucht unumgänglich notwendig.“

Damals gab es Zuchtstationen in Pula und Rijeka gab. Die istrianischen Esel sind kleiner als die griechischen und italienischen Rassen, sie haben ein braunes Fell und weiße Ringe um Augen und Schnauze. Neben dem Istrianischen Esel gibt es die Rasse der Kvarner Esel und dalmatinische Züchtungen. Alle alten Rassen haben sich optimal an die Gegebenheiten von Landschaft und Nutzung angepasst.

Gegenüber: Esel schreien nur, wenn sie unglücklich sind. Die istrianischen Rassen sind klein und haben ein braunes Fell.

Bodenschätze

Im Herbst dreht sich in Istrien alles um einen Pilz, der im Verborgenen heranwächst, bevor er auf dem Silbertablett präsentiert wird: Die Trüffel lockt Feinschmecker aus Nah und Fern.

Aus dem Tal quellen die Herbstnebel. Es ist still, dann beginnt ein Hahn zu krähen. Im zur steinernen Kulisse erstarrten Bergdorf Završje leben, neben dem Kleinvieh, gerade noch ein Dutzend Menschen. Die Befestigungsmauer hält die Häuser zusammen. Eine Frau schlichtet Brennholz. Ein Mann verlässt in derben Gummistiefeln und festem Ölzeug sein Haus. Um seine Knöchel schwänzelt ein Hund, die Schnauze tief am Boden. Sie sind unterwegs ins Tal und suchen jenen Pilz, um den sich hier im Herbst alles dreht: die Trüffel. In seine Jackentasche steckt der Mann einige Scheiben Weißbrot; damit kann er seine bescheidene Hündin bei Laune halten. Ansonsten hat er sich eine kleine Schaufel umgehängt und eine Taschenlampe bei sich. Trüffeln findet man nächtens am besten, heißt es hier. Außerdem passt die nächtliche Geheimnistuerei gut zu den heiß begehrten Bodenschätzen Kroatiens.

Wenn der Mai feucht und regnerisch ist, verspricht die Suche im Herbst erfolgreich zu werden. Trüffeln wachsen etwa 30 Zentimeter unter der Erde. Dabei geht das Pilzgeflecht eine Liaison mit einer Baumwurzel ein – aber nicht mit jeder: Die Trüffel weiß scheinbar um ihre Besonderheit und ist wählerisch. Die besten Trüffelknollen erntet man im Wurzelwerk von Eichen; Weiden, Pappeln und Eschen sind weitere Bäume, die die Tuber magnatum Pico (weiße Trüffel) goutiert. Sie wachsen in Istrien ausschließlich auf den grauen Böden. Zwischen Motovun und Buzet wechselt der Boden seine Farbe. Er ist hier lehmhaltig und ohne Eisenoxid, welches dem Boden die rote Farbe gibt. Die weiße Trüffel hat eine rundliche Form, mit leicht ausgehöhlten Warzen, und ihre äußere Farbe ist gelblich bis ocker. Das Innenfleisch ist graubraun und mit verzweigten hellen Adern durchzogen.

Die weiße Trüffel ist die Kür, die schwarze die Pflicht. Die Saison der weißen Trüffel beginnt im Oktober und endet im Dezember; ein Kilo erzielt einen Preis zwischen 2000 bis 3000 Euro – auf dem ausländischen Markt verdoppelt sich der Wert. Die schwarze Trüffel ist weniger aromatisch und dementsprechend günstiger. Die schwarze Trüffel wächst vom Frühling bis in den Herbst und hat mehrere Arten, die in großen Teilen des Mittelmeerraums vorkommen: Tuber Melanosporum (edle französische Trüffel), Tuber aestivum

Vittadini und Tuber brumale Vittadini (Wintertrüffel). Die schwarze Trüffel stellt weniger spezielle Ansprüche an ihre Umgebung und wächst auch unter Kiefern und Haselnusssträuchern. Sie hat eine runde Form, mit Einbuchtungen, und pyramidenförmige Warzen. Das Innere ist hellrosa bis hellbraun und mit weißen Adern durchzogen.

Unter sozialistischer jugoslawischer Regierung machte niemand Aufheben um diesen dekadenten Luxus. Die staatliche Forstverwaltung in Buzet exportierte die Trüffeln in das westliche Ausland – vor allem nach Italien und in die USA –, um damit harte Devisen zu lukrieren. Da sich mit den kleinen, streng riechenden Pilzen schnelles Geld machen lässt, gibt es einen entsprechend großen Schwarzmarkt, dem die kroatischen Behörden mit rigiden Bestimmungen entgegenwirken. Hohe Ausfuhrsteuern und komplizierte Genehmigungen sollen das nächtliche Treiben zwischen den Bäumen kontrollieren.

Doch das kümmert den Mann aus dem Bergdorf und seine Hündin wenig. Sie haben die Lizenz zum Schnüffeln, die bei der örtlichen Forstbehörde gekauft werden kann. Er wird seinen Fund dem Händler in Livade übergeben, und das Geld ist ein willkommener Verdienst neben

Eine geheimnisvolle Pflanze mit einem strengen Duft: Trüffel entfalten ihr wundervolles Aroma erst auf warmen Speisen – Butter und Öl lassen den Geschmack zur Wirkung kommen.

Mischlinge, vor allem weibliche, sind intelligent und haben die besten Nasen zum Aufspüren der Trüffel.

der kleinen Landwirtschaft an den steilen Hängen um Završje.

Livade, der Umschlagplatz für istrianische Trüffel, ist ein unscheinbarer Ort am Fuße der berühmten kroatischen Burgstadt Motovun. Um seinem neuen Image gerecht zu werden, hat Livade seine Fassaden proper geputzt; statt der gewöhnlichen Kreuzung, die gleichzeitig das Zentrum des Dorfes darstellte, wird der Verkehr jetzt im Kreis geleitet. Den Mittelpunkt des Kreisverkehrs markiert eine Gipsskulptur der größten weißen Trüffel, die jemals auf der Welt gefunden wurde. Die Rekord-Trüffel wurde in Istrien und nicht im italienischen Alba gefunden. Die Trüffelskulptur schaut aus wie ein Gehirn; Gianfranco Zigante, Händler und kroatischer Großmeister der Trüffel, meint, es sei sein Gehirn. Er hat die 1,31 Kilogramm schwere Trüffel auch gefunden. Sie war ein eindeutiger Fall für das *Guiness-Buch der Rekorde*. Die Großtrüffel wurde nicht verkauft, sondern bei einem Essen für 100 geladene Gäste auf frische Gnocchi und Eierspeise gehobelt. Ein weiterer Abguss des sagenumwobenen Fundes findet sich im Restaurant Marino beim Momjan, Fotos und Zeitungsausschnitte davon sind in vielen Gaststätten im Land zu sehen. Wilder grüner Spargel, frischer Meeresfisch, Austern, Karstschinken, Wein, Maroni, Salz aus Portorož – aber die Trüffel ist die Krönung des istrianischen Feinkostladens.

Livade bereitet sich im Herbst auf einen Ansturm von Gourmets und Geschäftsleuten vor: Festzelte und Messestände werden aufgebaut. Trüffel-, Wein- und Agrarmessen locken gleichermaßen Händler, Gastronomen und Gäste nach Livade. Größter Händler und quasi Monopolist im Trüffelgeschäft ist Gianfranco Zigante. Die Produzenten und Vermarkter auf der Agrarmesse in Livade stört diese Vormachtstellung nicht – und wenn, dann nur hinter vorgehaltener Hand. Ihnen ist ein einheimischer Entrepreneur lieber als ein ausländischer. „Wenn Zigante das Trüffelgeschäft macht, so bleibt das Geld wenigstens im Land", ist die einhellige Meinung. Trüffel in Öl, Trüffelöl, Trüffelspaghetti, Trüffelravioli, Pesto, Salami, vegetarische Aufstriche – die Produktpalette ist umfangreich. Trüffelgeruch hängt in den Zelten – ein strenger Duft, der sich aber auf warmen Speisen so unvergleichlich entfaltet. Wer die Trüffel lieber pur kauft, bekommt Tipps zur Lagerung.

Die Trüffel hat ein sich schnell verflüchtigendes Aroma, so dass die Lagerung der weißen Trüffel ebenso speziell ist wie die Knolle anspruchsvoll. „Eine Trüffel ist dann frisch, wenn die Knolle noch fest ist", gibt Gianfranco Zigante seinen Kunden als Ratschlag mit. Um diese Frische zu erhalten, gibt es einen guten Trick: In ein Einmachglas legt man ein ganzes rohes Ei und gibt die Trüffel dazu. Das Ei spen-

Im Restaurant Marino in Kremenje: Eierspeis, Tagliatelle oder Beefsteak – je einfacher die Speise, desto besser entfaltet sich das Aroma des Pilzes.

det dem exklusiven Produkt Feuchtigkeit – und das ist wichtig: Da die Trüffel zu 73 Prozent aus Wasser besteht, verflüchtigen sich pro Aufbewahrungstag etwa fünf Prozent ihres Gewichtes. Länger als zehn Tage sollte man die unbedingt immer kühl gelagerte Trüffel nicht aufbewahren. „Der Trick mit dem Einmachglas hat noch einen großartigen Nebeneffekt: Das Ei nimmt durch die Schale hindurch den Geschmack der Trüffel an", so Zigante. Trüffeln können ebenso in Reis gelagert werden, der auch viel Geschmack abbekommt, aber nicht so viel Feuchtigkeit abgibt wie ein rohes Ei. Die Trüffel kann vor dem Hobeln vorsichtig mit einer Handbürste gereinigt werden – Feinschmecker nehmen aber lieber ein wenig istrianische Erde in den Mund, als dass sie etwas vom kostbaren Pilz verlieren würden.

Höhepunkt der Trüffelsaison ist das Trüffelfest Ende Oktober und die Prämierung der größten und schönsten Trüffel des Landes. Für bodenständiges Vergnügen sorgen Trüffelsucher und ihre Hunde: Die Schautrüffelsuche ist ein Wettschnüffeln um die meisten Pilze. Zu diesem Zweck werden in einem abgeernteten Feld Trüffeln vergraben. Jedes Paar, Herr und Hund, das innerhalb einer bestimmten Zeit die meisten Pilze findet, bekommt eine Auszeichnung und die Trüffeln dazu. Dass die Trüffeln von abgerichteten Schweinen gesucht werden, gehört zu den modernen Märchen. Das Schwein würde die Trüffel im Gegensatz zum Hund gleich selbst verspeisen. Rassehunde sind nicht gefragt, Mischlinge jedoch wegen ihrer Intelligenz erwünscht, insbesondere Hündinnen werden bevorzugt, und junge Hunde spannt man zu erfahrenen. Zum Trockentraining dienen vergrabene Stofflappen mit intensivem Käsearoma.

Während im Restaurant Tartuf in Livade Gnocchi, Tagliatelli und Fiorentina mit geriebenen Trüffeln bestellt werden, während die teuersten istrianischen Weine kredenzt werden und im Dorfwirtshaus unter der Weinlaube lieber zu deftigen Hauswürsten gegriffen wird, schiebt sich der Mond hinter die Kulisse von Motovun. Ein Hund kläfft aufgeregt. Vielleicht hat er soeben eine Trüffel gefunden – oder träumt von einem ordentlichen Knochen.

Oben: Oberhalb von Lovran reifen die besten Maroni Istriens. Die Edelkastanien sind bis zu 200 Jahre alt.

Folgende Doppelseite: Weinlese bei Baderna.

Charakterstudien

Die Istrianer sind Patrioten. Die Winzer bleiben den landestypischen Weinsorten Malvasier und Teran treu und punkten damit in der internationalen Liga.

„Der Herrgott wird dich strafen bei so einer Verschwendung", seufzt der Degrassi sen. jedes Mal, wenn Degrassi jun. mit der Schere durch die Rebzeilen geht und die Trauben unbarmherzig wegschneidet, um der verbleibenden Frucht alle Energie des Terroirs angedeihen zu lassen. „Wenn der Stock zehn Kilo trägt, schneide ich 7,5 Kilo ab", sagt Moreno Degrassi jun. Mit dem unbedingten Willen zur Qualität haben die Winzer Istriens den Anschluss an die internationale Liga der Weine geschafft. Seit fünf, sechs, sieben Jahren ist eine neue Winzer-Generation zu finden, die sich von alten Kellertechniken getrennt hat, nicht jedoch von den alten, autochthonen Weinsorten. Das Klischee, dass die Istrianer gute Weinbauern, aber schlechte Weinmacher sind, gilt längst nicht mehr. Das beweisen die zahlreichen Nennungen in renommierten Publikationen und Auszeichnungen ihrer Weine auf wichtigen Messen.

Moreno Degrassi ist ein Beispiel von vielen. In der Generation der Väter galt es vor allem, möglichst viele Trauben an die Genossenschaft in Buje, Brtonigla oder Poreč abzuliefern. Für den eigenen Gebrauch wurden ein paar Fässer gefüllt, und die Nachbarn kamen mit den Plastikflaschen, um sich ihre Ration zu holen. Die Plastikflasche, in der der rote Teran über die Gasse getragen wird, ist fast von der Bildfläche verschwunden, wie in unseren Breiten der gute alte Doppler. Moreno Degrassi aus Savudrija ist mit 15 Hektar einer der größeren Winzer des Landes. Im Presshaus und im Keller waltet modernste Technik, und da der Wein auch standesgemäß präsentiert werden muss, ist sein Haus in der Architektur irgendwo zwischen toskanischer Villa und einer Farm in Nappa Valley angesiedelt. Auch hier wird Degrassi sen. mehrmals geseufzt haben, aber der Erfolg gibt dem Sohn recht. Neben Malvasier, Muskat und Teran lagern im Keller Cabernet Sauvignon, Merlot, Chardonnay, Sauvignon Blanc mit zahlreichen Auszeichnungen.

Griechische Seeleute sollen erstmals Reben in Istrien entdeckt, sich mit Nachschub eingedeckt und die Kunde vom Wein weiter getragen haben. Eine Bucht an der östlichen Küste trägt noch heute den Namen Kalavojna – diese verdrehte Wortbildung von „kalos oinos" lässt sich mit ein bisschen Geschick aus dem Griechischen („guter Wein") ableiten. Die römischen Schriftsteller, allen voran Plinius d. Ä., strebten danach, einander mit der schönsten Hymne zum Lob des istrianischen Olivenöles und des istrianischen Weines zu übertreffen. Wein war ebenso wie Öl eine gut bezahlte Handelsware, die, in Amphoren gelagert, in weiten Teilen des Imperiums anzutreffen war. Ein wahres Rätsel blieb der sagenumwobene istrianische „Vinum Pucinum", der durch die römische Kaiserin Livia Augusta Berühmtheit erlangte. Die Kaiserin war immer davon überzeugt, ihre Kraft und ihr außergewöhnlich hohes Alter von 82 Jahren dem „Vinum Pucinum" zu verdanken. Dabei handelt es sich wahrscheinlich um einen Teran aus der Nähe von Sovinjak.

Als historischer Wein hat der weiße Ribolla zu gelten, der in mittelalterlichen Quellen als typischer Wein Istriens erwähnt wird. Fässer voll Ribolla wurden als Zollabgabe dem Patriarchen von Aquilea geliefert und später den neuen Herrschern in Venedig. Venezianische Kaufleute unterhielten Handelskontakte in die Levante, den Peloponnes, nach Zypern und Kreta und brachten aus dem östlichen Mittelmeerraum die Malvasier-Traube nach Istrien – eine der Grundlagen für den heutigen Weinanbau.

Im 19. Jahrhundert und zu Beginn des 20. war es die habsburgische Monarchie, die im Weinbau Zeichen und Impulse setzte. Zum einen führte die starke Nachfrage nach istrianischen Weinen zu einer enormen Vergrößerung der

Vor den Stockkulturen kletterten die wilden Reben auf dem Boden oder wanden sich gleich Girlanden zwischen den Bäumen. Xylografie aus dem *Kronprinzenwerk*, 1891.

Die letzte Ernte des Tages: Weinlese bei Gianfranco Kozlović in Momjan.

Anbauflächen, zum anderen sorgten Entwicklungsprogramme für den Aufbau der „Istrianischen Station für Önologie" im Jahre 1875 und wenig später zur Gründung von Produktionsgenossenschaften. Dadurch wurden die Anbaumethoden modernisiert und auch rationalisiert. Die Verbesserung des Pfluges, neue Wein- und Ölpressen wurden propagiert und durch die Agrargenossenschaften eingeführt. Der Erfinder, Forstmann und Tausendsassa Joseph Ressel, der den staatlichen Forst in Motovun leitete, hat nicht nur die Schiffsschraube entwickelt, sondern beschäftigte sich auch mit der Verbesserung landwirtschaftlicher Geräte. Ein genaues Bild der Landwirtschaft um 1890 zeichnet *Die österreichisch-ungarische Monarchie in Wort und Bild*: „Die Methoden, die Reben zu pflanzen, zu ziehen, zu beschneiden und zu stützen, weisen eine große Mannigfaltigkeit auf. Während auf den Inseln des Quarnero (Cres, Krk usw., Anm. d. A.) und hauptsächlich auf der sandigen Insel Sansego (Susak, Anm. d. A.) die Rebe nicht gestützt wird, sondern bereits in von Columella beschriebener Weise am Boden hinkriecht", sind in „anderen Gegenden, besonders im Süden und im Inneren noch Vergils sich hinaufwindender Weinstock, ‚der mit dem Ahorn vermählt ist', erhalten."

Bei der Weltausstellung 1873 in Wien war Motovun (Montona) mit einem 200 Jahre alten Weinstock vertreten, der die Aufmerksamkeit der Öffentlichkeit erregte. Weinbau wird zur Zeiten der Donaumonarchie in Istrien forciert, oft zu Lasten der Olivengärten. 1875 standen 33.000 Hektar Land für den Weinanbau zur Verfügung, das ist sieben Mal soviel Fläche als heute. Um 1900 wurden 15.000 Tonnen an Trauben in die Kernländer der Donaumonarchie transportiert. Ein Rückschlag war die Reblausplage, die die Weinwirtschaft stagnieren ließ. Ganze Weingüter mussten aufgeben und die Fläche reduzierte sich dramatisch. Die Trendumkehr hat erst vor wenigen Jahren, dafür mit umso größerem Erfolg eingesetzt.

Landwirtschaftliche Mischkulturen im 19. Jahrhundert: Wein und Schilfrohr bei Poreč (Parenzo). Xylografie aus dem *Kronprinzenwerk*, 1891.

Für den Charakter des Weines ist das Zusammenspiel von Klima, Lage und Boden von elementarer Bedeutung. Die wichtigsten Komponenten des Terroir sind (wie das Wort selber schon besagt) der Boden und die lokale Topographie sowie ihre Wechselwirkungen untereinander und die Wechselwirkungen von Makro- und Mikroklima auf die Rebe. Das Klima wird von der offenen Lage zum Meer einerseits und durch die Winde des Karstgebirges andererseits bestimmt. Der Wechsel zwischen warmer Meeresluft und kalter Bergluft wirkt sich stimulierend auf die Trauben aus. Die ganzheitliche Kombination dieser Faktoren verleiht also jedem Weingarten sein bestimmtes Terroir, das sich dann in ihren Weinen über die Jahre hinweg mehr oder weniger einheitlich ausdrückt, und zwar unabhängig von Variationen in den Weinbau- und Weinbereitungsmethoden.

Istrien wird von der Terra rossa, der roten Erde geprägt. Die Anfänge der Terra rossa liegen weit zurück: in der geologischen Vorzeit. Im verwitterten kalkigen Gestein entsteht zunächst ein karger, flachgrundiger Boden. Mit fortschreitender Zeit kommt es zur Verbraunung der oberen Bodenschichten, das vorläufige Resultat ist die Terra fusca, die Braunerde. Aus dieser wird im mediterranen Raum dann jene typische Terra rossa: ein humusarmer Kalksteinrotlehm, der bei genügend Bewässerung sogar ausreichend fruchtbar ist. Seine intensive Rotfärbung geht auf Eisen, genauer gesagt: auf die beiden Mineralien Goethit und Hämatit zurück. Das Mineral Goethit (Brauneisen oder Nadeleisenerz, ein wasserhältiges Eisenoxid mit hellgelber bis dunkelbrauner Farbe) wird nach Goethe benannt, der auch ein Mineraliensammler war. Hämatit ist reines Eisenoxid (Fe_2O_3). Der Name stammt aus dem Griechischen (haimatoeis = blutig); es wird daher auch Blutstein oder Roteisenstein genannt. Neben der Terra rossa gibt es im Norden des Landes die Flyschböden, die das „graue Istrien" prägen. Das Eisenoxid in der roten Erde beeinflusst im positiven Sinne die Struktur des Weins, die grauen Böden geben dem Wein mehr Buket.

Heute verfügt Istrien insgesamt über eine Anbaufläche von 5100 Hektar, davon 4800 in den bergigen westlichen Zonen, 200 in der Region um Buzet und Pazin sowie weitere 100 an der östlichen Adria um Labin. Derzeit kommen aus der Region Istrien etwa 250.000 bis 300.000 Hektoliter Wein. Die Vermarktung des Weines ab Hof wird durch gut ausgeschilderte Weinstraßen („Vinska cesta") gefördert. Die Weinstraße um Buje führt zu den malerischen Bergstädten und Bergdörfern Grožnjan, Završje und Momjan bis nach Brtonigla. Im inneren Istrien weist die Weinstraße den Weg zu den Winzern um Buzet, nach Sovinjak, Pazin und Krajoba. Die Weinstraße um Poreč liegt im Herzen der Terra rossa und geht über Tar nach Višnjan, Sv. Lovreč, Kaštelir und Vinžinada. Die kleinste „Vinska cesta" zieht sich durch den Süden der Halbinsel von Rovinj über Svetvinčenat bis nach Vodnjan.

Weißweine werden auf 60 und Rotweine auf 40 Prozent der Rebflächen angebaut. Die häufigsten Rebsorten für

Gegenüber: Neben den aufstrebenden Starwinzern gibt es den bodenständigen „domaci vino" (Hauswein) der Nebenerwerbsbauern.

Weißweine sind istrianischer Malvasier (70 %), Chardonnay (15 %), Pinot Blanc (6 %), Momjaner Muskat (3 %), Pinot Gray (3 %) sowie Brajdenica und andere autochthone Sorten (3 %); die häufigsten Rebsorten für Rotweine sind Teran (50 %), Merlot (20 %), Cabernet Sauvignon (20 %), Refrošk (8 %) sowie Hrvatica und andere autochthone Sorten (2%).

Innerhalb der heimischen Rebsorten ist der Malvasier der bekannteste und meistgetrunkene Wein Istriens. Regelmäßige und ertragreiche Fruchtbarkeit, üppiges Wachstum, Widerstandsfähigkeit gegen Krankheiten und vor allem die erzielbare Qualität haben ihn diesen Status erreichen lassen. Je nach Vinifizierung und Alter variiert er von strohgelber bis goldgelber Farbe, im Buket erinnert er an Akazienblüten. Der Malvasier ist ein mittel bis stark alkoholischer Wein (11,5–13,5 %) mit verfeinertem Aroma und frischem Geschmack. Er harmoniert glänzend mit einer ganzen Reihe von Fischen und Meeresfrüchten. Das beste Aroma erzielt der junge einjährige Malvasier.

Der landestypische Rotwein ist der Teran und seine Untersorte Refošk. Anders als in anderen Ländern bestellt man in Istrien keine Rotwein („cerveni vino"), sondern einen „crni vino": einen Schwarzwein. Dieser ungewöhnliche Sprachgebrauch ist auf die intensive dunkelrote und ins violette changierende Farbe des Teran zurückzuführen. Für *Die österreichisch-ungarische Monarchie in Wort und Bild* ist der Teran „gegenwärtig der typische Rothwein, welcher in großen Mengen nach Triest verkauft wird und schon im XV. Jahrhundert als edler Wein erwähnt wird".

Der Teran ist kein harmoniebedürftiger Wein. Er zieht an oder stößt auf Ablehnung – gleichgültig lässt er niemanden. Er gewinnt durch sein unverwechselbares Aroma und dem Trend nach lokalen, eigenständigen Produkten. Er zeichnet sich durch ausgeprägten Geschmack, lebhafte Fruchtigkeit und intensiven Duft aus und passt ebenso zu leichteren Gerichten wie auch zu Gulasch, Gnocchi und Wild. In der traditionellen Küche wird mit ihm die Istrianische Suppe zubereitet: Das geröstete, noch warme Weißbrot wird in den Krug mit Teran eingebröckelt und gelöffelt.

Als geheimer König der istrianischer Weine wird der Muskat aus der Gegend um Momjan unter den Weinkennern gehandelt, die immer häufiger die Verkostungsstuben der Weingüter frequentieren. Dagegen fühlt sich der Rote Muskat (Rosé) in der Gegend um Poreč wohl und wird traditionell kultiviert. Der Momjaner Muskat hat eine goldene Farbe und das intensive Buket nach wilden Nelken und anderen feinen Aromen – angeblich soll er auch aphrodisierende

Links: Die auskargenden Steine zwischen Erdgeschoß und erstem Stock tragen die Pergola, das romanische Rot der Fassade ist ausgebleicht, ebenso die italienische Schrift.

Rechts: Bei der Weinlese helfen Nachbarn, Verwandte und Freunde.

Wirkung besitzen. Der Muskat wird sowohl trocken wie süß ausgebaut und passt dementsprechend entweder zu eleganten Gerichten oder zu Desserts. Die Reben des Muskatellers profitieren von den weniger fruchtbaren Flyschböden. Der Muskateller kam im 17. Jahrhundert von Friaul nach Istrien. Unter österreichischer Herrschaft war der Momjaner Muskat bereits bekannt und wurde am Hof des Kaisers serviert.

Das klingt nach längst versunkener Geschichte. Wenn aber Gianfranco Kozlovič aus Momjan von seinem Großvater erzählt – der 1900 in den Zeiten der Donaumonarchie auf die Welt kam, sein Lebtag lang nicht die engere Heimat verließ, am heimatlichen Hof geboren wurde, wo er auch starb, und trotzdem in vier verschiedenen Staaten gelebt hat (Österreich-Ungarn, Italien, Jugoslawien, Kroatien) –, dann wird diese versunken gemeinte Geschichte wieder lebendig.

Die Luft riecht nach vergorenen Trauben; von der Hausbank der Familie Kozlovič lässt es sich gut ins Land hineinschauen. Zwischen der Lese hat Gianfranco Kozlovič Zeit für eine Verkostung, inklusive reden über Gott und die Welt. Die Geschichte hatte Kontinuität, denn zum Glück, so sinniert der Winzer, musste niemand von den Männern in den Krieg. Der Großvater war für den Ersten zu jung und der Vater für den Zweiten. Er selbst hatte im Jugoslawien-Krieg einen ausreichenden Grund, nicht eingezogen zu werden: die Weinlese.

1991 hat Gianfranco Kozlovič die elterliche Landwirtschaft übernommen und sich ganz auf Wein spezialisiert. Sein Gut umfasst 15 Hektar und bietet Malvasier, Chardonnay, Teran, Merlot und vor allem Momjaner Muskat. Er studierte an der önologischen Hochschule in Poreč, absolvierte eine Sommelier-Ausbildungen in Italien und ist auch Mitglied im ersten kroatischen Sommelierclub.

Apropos Italien: Zuhause sprechen Kozlovič so selbstverständlich italienisch, wie sie auswärts kroatisch sprechen. Doch für die verfeinerte Sprache des Weins, für die Beschreibung von Struktur, Aroma, Buket und Abgang, verwenden die meisten Winzer das Italienische, da im Kroatischen Ausdrücke dafür fehlen.

Das Weingut Kabola von Marino Markežić in Kremenje – der Boden hier ist bekannt für seinen gehaltvollen Muskat.

Schlag zu, Michael

Viele Kirchen und Kapellen sind mit mittelalterlichen Malereien geschmückt: Hrastovlje, Beram. Ein besonderer Ort ist die Kirche von Vodnjan.

Unterhalb der Ortschaft Beram steht unter Baumkronen das Kirchlein „Sv. Marija na Škriljinah“ („Maria auf den Felsen“). Der Schlüssel wird von einer Frau verwaltet, die allenthalben zu finden ist, wenn man den Dorfplatz von Beram betritt (oder bei Haus Nr. 33 anklopft). Über eine steinerne Loggia betritt man die Kirche. Über und über finden sich Malereien in sanftem Rot und Grün, in verblasstem Safrangelb und Kobaltblau. Die spätgotischen Fresken sind in ihrer Dichte und Ausdruckskraft besonders gut erhalten: Der kleine einschiffige Raum scheint zu leuchten. Bilder dienten nicht nur der Dekoration, sondern vor allem der Glaubensvermittlung – Kirchen waren illustrierte Bibeln. Daher wurde jedes Fleckchen Wand genutzt, um die Botschaft Gottes zu verkünden. Das Gotteshaus war das einzige Buch, das die analphabetische Landbevölkerung „lesen“ konnte.

Die istrianischen Kirchenmalereien sind bedeutende Zeugnisse der romanischen und gotischen Kunst. Für die Bebilderungen der Kirchen wurden hohe Geldsummen ausgegeben. Deswegen konnten nur reiche Mäzene, geistliche und profane Feudalherren und später auch volkstümliche Bruderschaften Aufträge erteilen.

Gut erhaltene Wandmalereien sind in den Kirchen des hl. Eliseus und hl. Rochus in Draguč, des hl. Hieronymus in Hum und in der des hl. Rochus in Roč zu besichtigen. Die Künstler sind uns – bis auf wenige Ausnahmen – nicht überliefert. Vincent und Giovanni aus Kastav (eine mittelalterliche Stadt oberhalb von Rijeka) sowie Antonio von Padua sind Maler, die im istrianischen Raum Aufträge erhielten und ihre Fresken signierten. Da die Künstler keine Theologen waren, gab es im Mittelalter Musterbücher mit Motivsammlungen, die den Malern als Vorlage dienten. Sie zeigten Motivgruppen und veranschaulichten Zusammenhänge zwischen den Geschichten des Alten und Neuen Testaments. Die Bilder wurden mit Titeln versehen und mit Hinweisen auf die Bibelstelle ergänzt, wie es in manchen Kirchen noch zu sehen ist. Obwohl für die istrianische Kirchenmalerei die Bezeichnung „Fresko“ gebräuchlich ist, ist sie irreführend. Nur die Grundzüge des Bildmotivs wurden „al fresco“ in den frischen und noch feuchten Putzgrund gekratzt. Die endgültige Farbgebung, Details und Modellierung geschah dann trocken: „al secco“.

Die Kirche Maria auf den Felsen gehörte zu einer Benediktinerabtei. Um 1470 gab die Bruderschaft der hl. Maria dem Meister Vincent von Kastav den Auftrag, die von den Benediktinern gegründete Kirche auszugestalten. Vom Sockel bis in die hintersten Winkel erzählt der Raum eine Fülle von Geschichten: Szenen aus dem Alten und Neuen Testament wurden in die Lebensrealität der Bevölkerung transferiert. Die Flucht nach Ägypten findet vor dem Panorama mittelalterlicher Städte statt, die auf Hügeln liegen. Die Menschen tragen istrianische Tracht; die Erde ist rot.

Menschen haben in früheren Zeiten Bilder intensiver erlebt als wir. Die leuchtenden Malereien, die in vergangenen Jahrhunderten noch nicht verblasst waren, beeindruckten die Bauern und Landarbeiter, die tagtäglich mit den erdigen Tönen der Natur lebten. Die Szenen sind so dargestellt, wie wenn sie gerade passieren würden. Aus diesem Grund hat jemand wohl in Wut und Empörung dem Herodes die Augen ausgekratzt. Der hl. Georg und der hl. Michael sind

Die Ruine der Kirche St. Germanius auf der Insel Veli Brijun.

keine Unbekannten aus fernen Ländern, sondern Menschen aus der Umgebung. Georg, Offizier und Drachentöter aus Kleinasien, gehört zu den beliebtesten Heiligen entlang der Küste und in den Bergen. Er ist der Beschützer der Erde, der Ernte und der Rinder; ihm gewidmete Kirchen sind meist sehr alt, da er eine vorchristliche slawische Gottheit ablöste. Beim Bildnis des hl. Michael steht „udri Miho“: „Schlag zu, Michael“. Er schützt vor allen Feinden. Da ist es nur recht und billig, ein wenig Stimmung zu machen und ihn ein bisschen anzufeuern …

Maria Muttergottes ist der Mittelpunkt der Bildgeschichten in der Kirche bei Beram. Schön erhalten ist die Szenerie der Heiligen Drei Könige. Sie kommen mit großem Gefolge, wie Adelige der mittelalterlichen Welt. Weitere Szenen aus der Bibel zeigen die Versuchung in der Wüste, den Einzug in Jerusalem sowie Passionsszenen und den Judaskuss. Auf der Südwand, oberhalb der Seitentür, befindet sich eine Inschrift in lateinischer Sprache, welche angibt, dass die Wandmalereien am „8. IX. 1474“ beendet waren. In der Barockzeit wurden die Fresken übermalt, aber 1913 hat

Die Euphrasiusbasilika in Poreč wurde im 6. Jahrhundert erbaut und gehört zum UNESCO-Weltkulturerbe.

Mittagsläuten in der Kirche Sv. Nikola in Karojba im Herzen des istrianischen Hügellandes.

man sie wiederentdeckt und freigelegt. Tanzende Skelette und grinsende Totenschädel, die auf ihren blanken Köpfen Fürstenkronen, Bauernhüte oder Bischofsmützen aufgesetzt haben – der Sensenmann führt den „bal macabre" an. Die schaurigen Darstellungen des Totentanzes durchbrechen die lebensfrohen Geschichten aus der Heiligen Schrift. In der Kirche Sv. Marija bei Beram sowie in der Wehrkirche von Hrastovlje in Slowenien finden sich eindrückliche Beispiele von Totentänzen. Diese Bilder beruhen auf einem alten Volksglauben, nachdem die Toten nachts auf Friedhöfen tanzen und versuchen, die Lebenden in diese Tänze einzubeziehen. Später sollte mit der bildlichen Darstellung der Totentänze ein Abwehrmechanismus gegen den Tod und eine neue kirchliche Moralinstanz geschaffen werden. Die Totentanz-Wandzyklen setzten die Bußpredigten in eine für jedermann verständliche Bildsprache um.

Die ersten Quellen der Totentanzdarstellungen liegen in den Vergänglichkeitsgedichten der einzelnen Stände im 13. Jahrhundert und in der Legende von der Begegnung der drei Edelmänner mit den drei Toten. Vor allem die Pest ist als Auslöser für die Entstehung von Totentänzen anzusehen. Die Seuche nahm alle mit, ohne auf Stand oder Geld zu achten.

In den bildlichen Darstellungen der Totentänze treten die Lebenden, nach weltlichen und geistlichen Ständen geordnet, dem Tod gegenüber. Die Bilder wurden stets mit Begleittexten versehen, die leicht verständlich und volkstümlich geschrieben waren. Später wurden den Bildern noch Motive der Heilsgeschichte angegliedert. Der Tod steht als Sensenmann zwischen den einzelnen Ständevertretern. Die Darstellung des Totentanzes in Sv. Marija wird von Motiven des Sündenfalls begleitet. Mit einer rationaleren Glaubensvorstellung wurden viele der monumentalen Totentanzbildfolgen im Laufe der Jahrhunderte zerstört. Die Faszination, die von den erhaltenen Bildern ausgeht, ist jedoch bis in unsere Zeit ungebrochen. Das Finstere und Unheimliche symbolisieren weiters die so genannten „Bestiarien". Auf verbleibenden Sockelzonen (so wie in Sveti Eliseus in Draguč) wurden gerne Bestiarien dargestellt. Gleichsam aus dem Boden kroch ein Repertoire aus exotischen Monstern, Kentauren, Sirenen und Dämonen, die durch Assimilierung fremder Kunststile in die romanische Malerei Einzug fanden.

Wie eine Wand steht der Karst; im Tal darunter steht das Dorf Hrastovlje. Am Rande der Ortschaft liegt die von einer Wehrmauer umschlossene Kirche Sv. Trojica: die Kirche Zur Heiligen Dreifaltigkeit. Frau Rozanna schaltet bei Besuch ein Tonband ein. Es erklärt in jeder gewünschten Sprache die spätgotische Malerei. Frau Rozanna braucht nur mit ihrem Stäbchen hierhin und dorthin zeigen und führt stumm – aber lächelnd – durch die Kirche. Sv. Trojica wurde 13. Jahrhundert aus behauenen Steinquadern erbaut. Die Wandmalereien sind mit 1490 datiert; hier war Meister Giovanni (Ivan) aus Kastav am Werk.

In Hrastovlje findet sich der umfangreichste und vollständigste Zyklus istrianischer Wandmalereien: 80 Szenen drängen sich in der dreischiffigen Kirche. Auch die Säulen,

Jeder Winkel der Kirche von Hrastovlje wurde genutzt, um die Botschaft Christi lebensnah und farbenfroh zu verkünden.

die die Seitenschiffe begrenzen, sind über und über bemalt. Ältere Malereien sind nur in Fragmenten erkennbar, die jüngere gotische Schicht ist in ihrer Ganzheit erhalten. In großer thematischer Geschlossenheit ist das Leben Christi dargestellt: von der Anbetung durch die Heiligen Drei Könige, den zwölf Aposteln, die den Apsisraum schmücken, bis zum Kreuzweg und Christi Himmelfahrt. Letzteres wird sehr anschaulich vermittelt – seine Füße sind in der Kirche gerade noch zu sehen, bevor er ganz entschwebt. Das Irdische wird durch die Sandalen symbolisiert, die am Boden zurückbleiben. Weitere Themenkreise sind die heiligen Frauen und die Darstellungen der Propheten. Auch die Schöpfungsgeschichte ist zu sehen. Bildungscharakter hatte der gemalte Kalender: Jeder Monat wird durch typische Arbeiten dargestellt. Der Totentanz entlässt die Besucher mit der Erinnerung, dass alle sterben müssen: Adel, Ärzte, Könige, Päpste – und auch Kinder.

Die Kirche von Hrastovlje steht auf einem strategischen Punkt, die Dorfbewohner fanden in unsicheren Zeiten Schutz hinter der Wehrmauer, die von zwei Türmen flankiert wird. Vom flachen Felsplateau bietet sich ein großer Ausblick über das Tal. Mit ein wenig Glück (oder bei genauer Kenntnis der Fahrpläne) ist von hier aus ein Spektakel für Eisenbahnliebhaber zu sehen und zu hören. Wenn ein Güterzug anrattert, zieht er rumorend und quietschend die Talflanke entlang und macht einen weiten Bogen, um auf der anderen Seite in Richtung Koper zu entschwinden.

Die Mumien von Vodnjan

Der Pfarrer von Vodnjan ist ein Eiliger. Bei Zungen und Zähnen von Heiligen, in Gold und Glas gefasst, will er sich nicht lange aufhalten. Auf den Stein mit einer Christusdarstellung aus dem 11. Jahrhundert klopft er kurz und bringt ihn so wundersam zum Klingen, doch Herr Pfarrer rennt schon weiter in den nächsten Raum der Schatzkammer. Er hat schließlich noch anderes zu tun, als neugierige Fragen von

Das Franziskanerkloster in der Stadt Cres ist eine Oase der Ruhe inmitten der geschäftigen City. Die Mönche bieten auch Zimmer für ruhesuchende Gäste an.

Gegenüber: Spätgotische Fresken in der Friedhofskirche Sv. Marija bei Beram.

Touristen zu beantworten. Es gibt eine Besprechung mit den Ministranten, ein Brautpaar wartet auf einen Termin – und die Beichte muss auch noch abgenommen werden. Trotzdem will man wissen, wie all die Reliquien der 290 Heiligen in die Pfarrkirche von Vodnjan kamen, vor allem aber, wie die Mumien hinter dem Hochaltar die Jahrhunderte überdauerten und wo sie in kommunistischen Zeiten waren. „Die satanischen Zeiten sind heute", antwortet der Mann knapp. Wenn der Pfarrer von Vodnjan damit Turbokapitalismus, Globalisierung und all die Zeitfressermaschinen meint, hat er wohl Recht. „Die Kommunisten", verteidigt er, „die hatten noch brave Mütter und Väter."

Vodnjan (Dignano) liegt an der südlichen Spitze der Halbinsel. Als letzte istrianische Kommune stellte sich Vodnjan unter den Schutz des geflügelten Löwen von Venedig. Gegenüber der nahen See- und Hafenstadt Pula gelegen, nahm das im Land gelegene Vodnjan beim Handel landwirtschaftlicher Produkte eine gewichtige Stellung ein. Jetzt wirkt die steinerne Hülle der Stadt zu groß für das verschlafene Leben.

Groß ist auch die Pfarrkirche St. Blasius, die den Platz vormittags mit ihrer flächigen Fassade und nachmittags mit ihren Schatten beherrscht. Nachts aber leuchtet über Vodnjan der Glockenturm in Violett. Die außerirdische Bestrahlung nimmt sich utopisch gegen den ländlichen Nachthimmel aus – immerhin steht dem Glockenturm das zu: Er ist mit 60 Metern der zweithöchste Istriens. Die einsturzgefährdete Kirche wurde im 18. Jahrhundert neu errichtet. Der barocke Bau ist eine Nachempfindung der venezianischen Kirche San Pietro, die wiederum unter Plänen des Renaissance-Baumeisters Andrea Palladio entstand. Durch die Ausgeglichenheit des Architekturkonzepts erscheint der Innenraum der Pfarrkirche, welche 5000 Menschen fasst, nicht drückend groß. Am Giebel der Kirche empfangen fünf heilige Männer die Besucher: Blasius in der Mitte, Peter und Lorenz sowie Paul und Quirinus an den Seiten.

Die Schatzkammer der Kirche ist weit und breit einzigartig. Unter Stürzen aus Murano-Glas und geschmückt mit filigranen Goldarbeiten werden Reliquien von 290 Heiligen gezeigt. Wie etwa die unverweste Zunge der hl. Marie von Ägypten. Die Hure aus Alexandrien schloss sich aus Neugier einer Pilgergruppe an, die auf dem Weg zum Grab Christi war. Bekehrt lebte sie als Büßerin in der Wüste, wo sie im Jahr 522 starb.

Die mumifizierten Körper, die Reliquien und Kunstschätze wurden vom Maler Gaetano Grezler aus Venedig nach Vodnjan transferiert. Nur spärliche Berichte über ihn sind überliefert: Er wurde wahrscheinlich 1769 in Verona geboren und war Professor der Kunstakademie von Venedig; nur wenige Werke sind von ihm bekannt. Zwei davon sind in der Pfarrkirche von Vodnjan zu sehen. Das eine zeigt den hl. Ante und das andere die Madonna mit Kind und Heiligen. Grezler war anscheinend viel mehr damit beschäftigt, Kunstwerke zu sammeln, als selbst zu malen. Er lebte in Venedig zu Zeiten der Auflösung der Republik und der napoleonischen Kriege, als zahlreiche Klöster und Kirchen mit Gewalt zugesperrt wurden.

Grezler rettete viele Kunstschätze, Reliquien und Mumien vor Plünderung und Raub. Seine imposante Reliquiensammlung im Palast Lezze alla Misericordia stammt aus den betroffenen Kirchen und Klöstern; daneben sammelte er eine große Anzahl an Gemälden. Sein Vorhaben war es, diese, nach der Beruhigung der Lage auf den Lagunen, wieder zu verkaufen, was jedoch nicht geschah. Es ist unbekannt, warum er mit diesem wertvollen Inventar nach Vodnjan kam. In der Pfarrkirche St. Blasius eröffnete er oberhalb der Sakristei sein eigenes Atelier, wo er malte und das Malen lehrte. 1818 vermachte er der Kirche und Kommune von Vodnjan seine Schätze und verließ kurz darauf den Ort.

Mumien und Fragmente der Heiligen liegen hinter dem Hochaltar. Unter einem roten Baldachin herrscht feierliche Stille. Hierher bettete Gaetano Grezler das Bein der hl. Barbara, Schutzpatronin der Bergleute; es liegt hinter dem Hauptaltar in Kristallglas. In seinem Hass auf die Christen schlug der Vater die eigene Tochter tot; das war im Jahre

270 in Kleinasien. Ihr Körper wurde viele Jahrhunderte später nach Italien gebracht – und ihr Bein gelangte nach Istrien.

Der hl. Sebastian ist uns als schöner Ritter vor Augen, der in barocken Statuen von goldenen Pfeilen durchbohrt wird, sein Kopf und das unversehrte Rückgrat, die im Glasschrein zu Vodnjan liegen, sind weniger ansehnlich. Sebastians Kampf um die Befreiung des Sklaven und für das Wort Christi wurde in Rom durch Marter mit Pfeilen bestraft. Die Pfeile steckten in seinem Leib, Sebastian aber überlebte und kämpfte weiter – schließlich wurde er erwürgt und in die Kanalisation geworfen.

Die sterblichen Überreste der hll. Leone Bembo, Giovanni Olini und Nikolosa Bursa wurden nach ihrer Exhumierung völlig unversehrt vorgefunden. Das Phänomen der unverwesten Körper ist bist heute wissenschaftlich nicht geklärt. Körper zerfallen nicht, wenn sie bei niedrigen Temperaturen aufbewahrt werden, wenn sie einbalsamiert werden, wenn sie mit Arsenik behandelt oder in ionenhaltiger Erde begraben werden. All das trifft auf die sterblichen Hüllen der drei Heiligen nicht zu.

Nikolosa Bursa gilt als die besterhaltene Mumie, die in Vodnjan in einem Glassarg gebettet ist. Die Heilige war Benediktineräbtissin in Venedig. Als 14 Jahre nach ihrem Tod ihr Grab geöffnet wurde, konnten ihre Mitschwestern verwundert feststellen, dass ihr Körper nicht zerfallen war – von der Leiche ging ein „herrlicher Duft unbekannten Ursprungs“ aus. Ihr Leichnam wurde niemals einbalsamiert, auch schluckte sie kein Arsenik, sie wurde nicht vergiftet und starb eines natürlichen Todes. Es wird behauptet, dass die Haut der Toten immer noch elastisch sei. Bioenergetiker haben festgestellt, dass aus dem Körper von Nikolosa Bioenergien im Umkreis von 32 Metern strahlen. 50 wundersame Heilungen wurden durch die Anwesenheit ihrer sterblichen Reste bestätigt.

Ein Mysterium, ein Kraftort – es fällt schwer, sich der Eindrücke und der Ergriffenheit zu erwehren. Nicht wenige Besucher verlassen den Platz unter Tränen.

Gegenüber: Motovun schwebt …

Weiß

Der Karst

Faszinierende Erscheinungsformen des Karstes formen die Landschaft. Der Kalkstein wird seit dem Altertum gebrochen und schmückt zahlreiche europäische Baudenkmäler.

Vorhergehende Doppelseite: Versteckt im istrianischen Land gibt es „kažun", die steingeschichteten Unterstände für die Hirten.

Oben: Der Karstboden bei Sežana (oben) und die Karstlandschaft bei Herpelje (unten) wenige Jahre vor dem Aufforstungsprogramm. Xylografien aus dem *Kronprinzenwerk*, 1891.

Gegenüber: Karstformen an der Küste, dazwischen wächst die gelb blühende Wolfsmilch.

Die Karstlandschaft ist ein Teil des Dinarischen Gebirges. Der Karst war in der Kreidezeit eine Schwelle zwischen zwei Meeresbecken. Die Meere waren einmal tief und dann wieder seicht, so dass sie eher Lagunen glichen. Der Karst entstand vor 130 bis 50 Millionen Jahren. Im Meer lebten – je nach Klimabedingungen – unterschiedliche Tiere und Pflanzen, die die organischen Sedimente formten und dadurch die Entstehung der Kalksteinschichten ermöglichten: Muscheln und Wasserschnecken, im tiefen Meer viele Fischarten, in seichten Perioden mehr Korallenriffe. Skelette und Kalkschalen sind uns als Versteinerungen erhalten geblieben. Durch die wiederholten Veränderungen des Küstenverlaufs gegen Ende der Kreidezeit kam es mit dem Anheben und Absenken des Untergrunds zur vollständigen Heraushebung des Landgürtels.

Der Karst besteht aus Kalkstein. Der Name Karst stammt aus der slowenischen Landschaft Kras. Das slowenische Wort „kras" und das kroatische „krš" bedeuten „dünner Boden". Es gibt den weißen Karst, wo der nackte Stein allenthalben zu sehen ist, und den grünen Karst, der mit niedrigem Buschwald bewachsen ist, wie in der Kvarner Bucht bei Opatija.

Als sich die Kreidekalksteinmasse aus dem Meer zu heben begann, „verkarstete" sie langsam. Die Verkarstung setzt mit chemischen Reaktionen von Luft und Regenwasser ein. Es ist ein chemisches Auslösen des Karbonatgesteins, aus dem der Untergrund aufgebaut ist. Jeder Liter Niederschlagswasser löst etwa 100 bis 200 Milligramm Kalk: So entsteht ober- wie unterirdisch eine Unzahl an Formen. Doline, Uvala, Polje – auch die international üblichen Namen der Karstformen leiten sich aus dem Kroatischen und Slowenischen ab. Der Karst bestimmt die Landschaft, bedeckt er doch 52 Prozent der kroatischen Fläche.

Die wohl bekanntesten oberirdischen Erscheinungen sind die Dolinen: runde Löcher, in denen sich Erde sammeln kann und die bis zum heutigen Tag als Gärten oder Felder genutzt werden. Hinter Triest, quer durch das slowenische und kroatische Istrien, ragt die Stufe des Karstes wie eine Klippe zum Himmel. Hinter der Städten Buzet und Roč schrauben sich kleine Straßen immer höher in große Einsamkeit. Hierhin verirrt sich selten ein Tourist. Wanderer, die von der strengen Landschaft und der vielfältigen Vegetation angezogen werden, sind hin und wieder anzutreffen. Das Hochland wird Ćićarija genannt; zu Deutsch ist das der Tschitschenboden, der die Ethnographen aus Wien in den vorigen Jahrhunderten magisch anzog. Das Volk der Tschitschen galt als armes Hirtenvolk. 1490 wurde es erstmals schriftlich erwähnt. Ein Erlass von Kaiser Friedrich III. bezeichnete sie als heimatloses Volk, das mit der Zeit in die kargen Gründe der Ćićarija abgedrängt wurde. Die Schafe lieferten den Tschitschen ihr Haupteinkommen: Fleisch, Käse, Fell und Wolle. Im Winter wurden die Herden hinunter ins Tiefland getrieben, um der eisigen Bora zu entkommen. Im Hochland der Ćićarija beträgt die landwirtschaftliche Fläche an Äcker und Gärten weniger als 6 Prozent. Alle anderen Flächen sind Wald, Weide – oder nackte Karstlandschaft. Die dünne Ackerkrume war ein so wertvolles Gut, dass Nachbarn oder andere Personen des Diebstahls von Erde bezichtigt und darob auch angezeigt wurden.

Die einen Ethnographen sahen die Tschitschen als Nachkommen von Kelten und Illyrern, die anderen meinten, sie kämen aus Bulgarien und Rumänien und seien vor den Türken geflohen. Wiederum hieß es bei Volkskundlern, die Tschitschen erinnerten „durch ihren Gesichtsausschnitt und die geschweiften Augenbrauen an entfernt mongolische Abkunft". Und der erste Direktor des Wiener Volkskundemuseums, Michael Haberlandt, hatte auch eine Schwäche für sie und erkannte „bei aller trostlosen Dürftigkeit des Tschitschenlebens primitive Elemente alter Volkskunst". An die Volksgruppe erinnert heute noch das Karsthochland Istrien: die Ćićarija. Ebenso kostbar wie Erde ist hier das Wasser, das im Karst verschwindet wie in einem Sieb. In Slum ist noch das Brunnenhäuschen in Betrieb und der Nabel des Dorfes neben einer großen Eiche. Die Tiere bekamen das Wasser in der Tränke am Ortseingang, welche kreisrund erhalten blieb. Vor dem Dorf liegen Äcker in den Mulden zwischen dem harten Grasland. In diesen Dolinen sammelt sich die fruchtbare Erde, die vom dünnen Boden weggeschwemmt und weggeweht wird.

An Stellen mit starker Abtragung entwickeln sich Lösungsdolinen. Dolinen sind offene, trichterförmige Hohlformen mit einem meist kreisförmigen Umriss. Sie können einen Durchmesser von nur wenigen Metern haben oder eine Größe von mehren hundert Metern entwickeln. Einsturzdolinen entstehen durch hinabfallende Höhlendecken. Mehrere Dolinen, die zusammenwachsen, werden zu länglichen Uvalas. Karren sind Kleinformen des Karstes, welche an einzelnen Stein- und Felsblöcken zu sehen sind. Durch die Lösungsvorgänge des Regenwassers an der Gesteinsoberfläche entstehen Hohlformen und dazwischen Gesteinsrippen. Steine, die mit Rillen durchzogen sind, liegen meist geneigt zur Oberfläche. Die Rillen verlaufen parallel zueinander und in Richtung des Gefälles. Solche Steine können ganze Karrenfelder formen. Werden Karren immer tiefer und tiefer und sammelt sich dazwischen Bodenmaterial, spricht man von Karstschlotten. Eine Serie von nebeneinander aufgereihten Schlotten sind die so genannten „geologischen Orgeln".

Andere Steine sehen aus wie Emmentaler Käse. Hier wurden dem Gestein, welches eben liegt, Löcher ausgelaugt. Poljen sind die größten Hohlformen der Karstlandschaft: längliche und auf allen Seiten geschlossene Senken mit einer unterirdischen Entwässerung. Die Sohle ist flach und

meist scharf gegen die umliegenden Hänge abgegrenzt. Eine Polje kann sich auf hundert Quadratkilometer erstrecken; sie können durch mehrere Uvalas oder in Trockentälern entstehen. An der Sohle einer Polje verschwindet das Wasser im Ponor (Schlucklöchern). Verschluckt im Ponor fließt das Wasser unterirdisch weiter und tritt an einer anderen Stelle wieder aus einer Karstquelle zu Tage. Wenn ein Schluckloch das Wasser nicht mehr fassen kann, entstehen unerwartet – scheinbar unerklärlich und in Windeseile – Hochwässer. So passierte es immer wieder beim Schlund unterhalb der Burg von Pazin und im Dorf Marušići. Das Dorf liegt auf einer kleinen Straße zwischen Grožnjan und Momjan. Auf einem Haus von Marušići ist eine Tafel mit einer Hochwassermarke aus dem Jahre 1896 angebracht – auf einer Anhöhe inmitten des sanften istrianischen Hügellandes. Beim Ortsende führt auf rechter Seite ein unscheinbarer Pfad über die Wiese hinab zu einer Senke. Ein großer abgestorbener Baum weist den Weg; rechts davon führt der Pfad weiter durchs Gebüsch zum Ponor, dem Schluckloch, und über Felsen gelangt man hinab zum Eingang – ein Schild erinnert an den verunglückten Höhlenforscher Vinicio Potleča aus Buje. Rund um den Ponor sind Reste von Wassermühlen zu sehen, die direkt über dem Eingang gebaut wurden, um die Wasserkraft zu nutzen, bevor sie verschwindet.

Pforte in die Unterwelt

Ein Ponor ist die Pforte in die Unterwelt des Karstes. Unterirdisch formen sich Schlote, Durchbrüche, Hohlräume und Höhlengänge in verschiedensten Dimensionen. Zu den bekanntesten Höhlensystemen zählen die Šocjanska-Höhle sowie die Höhlen von Postojna in Slowenien. Auch im kroatischen Teil Istriens ist seit wenigen Jahren die Höhle von Baredine zu besichtigen.

Meist werden der Verkarstung nur gesteinszerstörende Auswirkungen zugeschrieben. In den Höhlen sind die gesteinsbildenden Phänomene zu sehen. Sinter wird abgelagert: Er besteht aus Klazit und bildet Tropfsteine, welche von der Decke hängen (Stalaktiten) oder scheinbar aus dem Boden wachsen (Stalagmiten). Die Tropfsteine in den Höhlen von Postojna bestehen zu 99 Prozent aus Kalzit und bekommen durch Beimengungen verschiedene Farben: Eisenoxid färbt rötlich, Mangan schwärzlich und Calciumcarbonat weiß. Die Postojnska jama ist die älteste Schauhöhle Sloweniens. Schon im Jahr 1819 begann der Fremdenverkehr mit einem Lampenverleih und Führerdienst. Zwei Jahre später erschien der erste gedruckte Höhlenführer. Mit der Eröffnung der Südbahn von Wien nach Triest stieg ab 1856 die Zahl der Besucher rasant. Die zweite Höhle wurde 1890 entdeckt und nach dem Ersten Weltkrieg der Öffentlichkeit zugänglich gemacht. Dafür bauten russische Kriegsgefangene einen Verbindungssteg: die „Russische Brücke".

Heute kommen in der Sommersaison bis zu 10.000 Touristen täglich in die Höhlen von Postojna. In Postojna hat das Karstinstitut seinen Sitz, das bis dato 8000 Höhlen registriert hat. In Anbetracht der Tatsache, dass beim Bau der Schnellstraße von Ljubljana zur Adriaküste pro Kilometer durchschnittlich sieben Höhlen aufgefunden wurden – von denen jeweils nur drei vorher bekannt waren –, schätzen die Geologen, dass etwa die Hälfte der slowenischen und kroatischen Karsthöhlen noch unentdeckt ist.

Seit dem Altertum wird der Kalkstein in Istrien bis hin zum berühmten Aurisiner Stein bei Triest gewonnen. Die römischen Bauten Istriens und wertvolle römische Sarkophage zeugen davon. Die ältesten Steinbrüche Istriens liegen bei Rovinj und auf der Insel Brijuni, doch es brauchte nicht nur

„... und ließen ein Volk reifen, welches geistig und körperlich anderen Bewohnern der Monarchie in keiner Weise nachsteht", so urteilten die Autoren. Xylografie und Text aus dem *Kronprinzenwerk*, 1891.

Gegenüber oben: Das St.-Georgs-Haus in Lovran (Lovrana). Postkarte, 1913.
Gegenüber unten: Das Mineral Hämatit gibt der fruchtbaren Erde den typisch roten Farbton.

Links: Im Mirnatal liegt eines der größeren Waldgebiete Istriens, es gehört aber zu den bedrohten Wäldern in Kroatien.

Rechts: Winterschlägerung im Učka-Massiv.

das Material, sondern auch die Technik, den Stein zu verarbeiten. Um Blöcke aus dem Fels zu brechen, wurden entlang der Trennlinie Löcher gebohrt, in die man gut getrocknete Holzkeile steckte. Diese wurden dann mit Wasser getränkt, so dass die Hölzer in ihren Löchern aufquollen und den Stein brachen. Eine andere Methode war, in geringem Abstand Eisenkeile in den Fels zu treiben, bis sich der Block von ihm trennte; weitere Bearbeitungen erfolgten außerhalb des Steinbruchs. Im Römersteinbruch bei Triest wurden Straßen mit Bleiblech belegt, damit die Blöcke zum Schiffslandeplatz rutschten. Bevor ein Quader weiter bearbeitet wurde, wurde sein Nachbar-Quader im Bau ausgesucht. Die Fugenlinien der aneinander liegenden Quader wurden mit Flacheisen angepasst. Gehoben wurden die Blöcke mit Seilzügen, wofür man verschiedene Befestigungstechniken benötigte. Entweder wurden trapezförmige Aushöhlungen in die Oberseite des Steins gehauen, in die dann Spreizvorrichtungen eingeführt wurden, oder es wurde an den Seiten der Quader Rillen eingekerbt, so dass mit Hilfe verschiedener scherenartiger Haltereisen das Baumaterial in die Höhe gezogen werden konnte.

Der Steinbruch von Monfiorenzo bei Rovinj ist ein Naturdenkmal. Er enthüllt die Entwicklung der istrianischen Küste vor 130 Millionen Jahren – die Entstehung des Kalksteins mit seinen unterschiedlichen geologischen Schichten: die Flyschschichten im Untergrund und die fossilen Einschlüsse im Kalk. Die tiefer liegenden Teile des Gesteins wurden unter dem Meeresspiegel geformt, die höher liegenden Schichten sind das Ergebnis der Flut. Die Steine des Dogenpalastes und die Kirche Santa Maria della Salute in Venedig stammen aus dem Monfiorenzo-Steinbruch nahe Rovinj. Erzherzog Maximilian, der Bruder von Kaiser Franz Joseph, wünschte sich für sein Schloss Miramar istrianischen Kalkstein. Der königliche ägyptische Palast Res el Tin in Alexandrien wurde aus Triestiner Kalkstein errichtet. Die Balustraden und Haupttreppe der Staatsoper Budapest, der Zentralbahnhof von Mailand, die neue Hofburg in Wien: alle sind aus dem weißen Karststein errichtet. Mit dem Bau der Südbahn Wien–Triest wurden weitere Steinbrüche in Betrieb genommen. Das Wiener Parlament bezog als Zeichen der Gleichberechtigung des Vielvölkerstaates seinen Stein aus allen Teilen der Monarchie – so auch aus Istrien.

Die Produktpalette der Abbauerzeugnisse aus Istrien ist groß. Für Fachleute auch nach Jahrhunderten unschwer zu bestimmen sind Steinsorten wie der Orsera, der Istrianische Stein oder der Scheintravertin aus dem Steinbruch bei Pula. Marmorsorten wie Santo Stefano und Grisignana

(Grožnjan) stammen aus dem oberen Mirnatal. Ein besonderer, dunkler Stein ist der Fischschiefer, der weniger an den großen Palästen und Parlamenten der Hauptstädte zu sehen ist, sondern auf alten Häusern im Karst. Die Bewohner nutzten die schichtförmigen grauen Kalksteinablagerungen zum Dachdecken.

Südlich von Novigrad mündet die Mirna ins Meer. Nahe der Mündung klafft entlang der Küste die weiße Wunde des Steinbruchs Antenal. Im gesamten Mirnatal wurde Kalkstein in zahlreichen Steinbrüchen abgebaut. Heute ist die Gewinnung auf den Steinbruch von Antenal konzentriert. Begonnen wurde mit dem Abbau 1965, um die kommunalen Bedürfnisse zu decken; mittlerweile exportiert der Steinbruch vor allem nach Italien. Zwei Millionen Kubikmeter werden alljährlich für Haus- und Straßenbau verschifft. Mit schwerem Gerät werden Quader oder Schüttmaterial vom Berg in den Bauch des Schiffes bewegt. Über allem liegt eine weiße Staubschicht, durch die das Blau des Meeres und des Himmels durchbricht.

Die Landschaft des Karstes ist weit. Über den Steinen hat der Himmel viel Raum – zwischen den Dörfern liegt viel Einsamkeit. Wird der Karst mit Kargheit gleichgesetzt, so blüht es dennoch üppig zwischen den rissigen Steinen. Die Karst-Flockenblume hat hier ihr begrenztes Verbreitungsgebiet. Die Pyramidenglockenblume wächst auf dem Felsen – ihr Stängel kann bis zu zwei Meter groß werden. Auch die Wolfsmilch liebt das kalkhaltige Gestein und blüht im Vorfrühling. Kalkliebende und im Karst heimische Bäume sind die Hopfenbuche, die Mannaesche und der Perückenstrauch. Die Macchie des grünen Karstes setzt sich aus Lorbeer und Terebinthe, dem estruskischen Geißblatt und dem Wilden Spargel, der immergrünen Steineiche und der Steinlinde zusammen. Die Verkarstung der Landschaft begann oftmals mit der Rodung der Wälder. Davor standen auf der italienisch-slowenisch-kroatischen Karsthochfläche vermutlich dichte Eichenwälder, die durch intensive Viehweidung, Abholzung und Brandrodung vernichtet wurden. Das Holz wurde zum Bau von Schiffen und

Im Hochland gibt es nicht nur kahle Karstflächen: Wälder der Ćićarija.

DIE SCHAUHÖHLE BAREDINE

Eine Sage, Buddha und der Grottenolm: ein wundersames Höhleninventar zwischen Poreč und Novigrad.

Die Sage erzählt von einem Edelmann, der sich in die schöne Hirtin Milka aus Nova Vas verliebte. Als es der Mutter des Edelmanns nicht gelang, diese Liebe zu entzweien, beauftragte sie Räuber, die schöne Hirtin zu töten; sie bezahlte dafür drei Goldstücke. Doch die Räuber töteten das Mädchen nicht, sondern warfen es in die Höhle. Als der Edelmann vom grausamen Schicksal seiner Geliebten erfuhr, schwang er sich auf sein Pferd und suchte überall verzweifelt nach ihr. Er verschwand spurlos. Sein Pferd fand man später bei einer nahe gelegenen zweiten Höhle.

Die zu Stein gewordene Hirtin ist in der Höhle Baredine bis heute zu sehen. Der Sage nach gleitet die versteinerte Milka immer tiefer in die Höhle hinab, um sich irgendwann auf immer mit ihrem Geliebten zu vereinen ...

Die Höhle von Baredine liegt zwischen Poreč und Novigrad, nahe der Ortschaft Nova Vas. Der volle Umfang der Höhle ist erst seit wenigen Jahrzehnten bekannt. Sie ist 137 Meter tief und reicht 16 Meter unter den Meeresspiegel.

Baredine ist die erste Schauhöhle im kroatischen Teil Istriens und seit zehn Jahren „in Betrieb“. Sie wird von den Höhlenforschen Daja und Lilvio Legovič kompetent und liebevoll betreut. Eine Ausstellung zeigt Fotografien beeindruckender Karstformationen und informiert über die Tätigkeiten des istrianischen Speläologenclubs.

Beim Einstieg zur Höhle bricht die Wiese bricht ab und gibt einen Trichter frei. Von dort führen steil in den Stein gehauene Stiegen in die Schachthöhle. Die erste Höhle ist der Rote Saal. Hier färbt das Eisenoxid der istrianischen Erde den Kalkstein rot. Fundstücke, die in der Höhle entdeckt wurden, sind 4000 Jahre alt.

Die Höhle war nicht bewohnt, aber die Menschen flüchteten hierher, wenn Gefahr drohte. Und sie sammelten Wasser: In trockenen Sommern stellten sie Töpfe unter die tropfenden Steine. Von den gefundenen Scherben lässt sich errechnen, dass die Gefäße einen Durchmesser von 150 Zentimetern hatten.

Die Stalaktiten hängen hier wie üppiger Pršut. Oberirdisch liegen die Weingärten des Bauern Lučano – „aber leider tropft kein Wein, sondern das Wasser von den Wänden“, scherzt der Führer. Die Formen, die Kalkstein, Wasser und jede Menge Zeit modellieren, sind vielfältig. Dort sind Tintenfische auszumachen, hier Karfiol in einem Relief, das die Natur schuf. 40.000 Jahre alt ist der schiefe Turm von Pisa, den ein Stalaktit schuf. „Er ist nicht nur ein bisschen älter, er ist auch stabiler“, witzelt der Höhlenführer.

Stalaktiten und Stalagmiten wachsen in 10 Jahren einen halben Millimeter. Einige Tropfsteine sind noch „aktiv“ – sie werden von fließendem Wasser benetzt und wachsen weiter. Der nächste Saal ist der Spaghettisaal. Die Tropfsteine haben hier nun mehrere Farben. Das Eisenoxid, das der Erde und somit auch den Tropfsteinen die Farbe gibt, dominiert nicht mehr.

Der zweite Saal liegt tief im Fels; nun sind weiße und schwarze Gebilde zu sehen. An der Decke weist der Höhlenführer auf ein wichtiges Detail: Der „Initialkanal“ ist der erste Weg, den das Wasser sich durch den Fels bahnte, ihm entlang entstand die ganze Höhle.

Durch einen Tropfsteinwald geht es zur letzten Höhle, die für Besichtigungen adaptiert ist: der Figurensaal. Ein Schneemann entzückt vor allem Kinder. In ökumenischer Eintracht schuf der Stein eine betende Madonna und Buddha. Mit seiner Taschenlampe zeigt der Höhlenforscher, wie mild die Kristalle leuchten, wenn sie von rückwärts illuminiert werden.

Licht haben Grottenolme nicht gerne; einer ist im Wassertümpel zu sehen. Die Lebewesen, die in vollkommener Finsternis und ganz ohne Farbpigmente leben, sind für unsere Augen wohl nicht schön – blassrosa und durchscheinend –, aber mit ihren kleinen Beinchen sind sie trotzdem niedliche Wesen, die ganz still verharren.

Grottenolme sind blind, ernähren sich von Krebsen und werden bis zu 100 Jahre alt. Seine Augen sind verkümmert, aber die Anlage dafür ist vorhanden; er hat früher oberirdisch gelebt. Die Zoologen glauben, dass er am Ende der Eiszeit in die kühle Höhle geflohen ist und sich an die neue Umgebung im Laufe der Evolution anpasste. Die Temperatur der Höhle beträgt permanent 14 °C.

Weil der bestaunte Olm jetzt in der illuminierten Höhle lebt, wird er alle paar Wochen in jene Teile der Höhle getragen, die nicht zu besichtigen sind. Dort, in der ewigen Finsternis, kann er sich regenerieren.

als Brennholz für Venedig genutzt – Gegenden wurden zu Steinwüsten.

Steine, nichts als Steine fanden um 1890 k. u. k. Forstbeamte vor, die ein Wiederaufforstungsprogramm starteten. In *Die österreichisch-ungarische Monarchie in Wort und Bild* ist zu lesen: „Wenn ringsum die Bora wüthet, so dass kein Wagen die Straßen ungefährdet passiren kann und selbst Menschen nur mit Mühe vorwärts kommen, das Weidevieh sich ängstlich an die Gebüsche drückt und die Vögel im Walde Schutz suchen, – erfreut sich das Innere eines solchen Wäldchens, Dank dessen dichtem Schluß, einer vollkommenen Windstille, ein Beweis, dass nach der Aufforstung größerer Flächen die Gewalt des gefürchteten Orkans wenigstens local gebrochen werden kann."

Im Jahre 1881 wurde zwecks Aufforstung ein Gesetz erlassen und eine Kommission eingesetzt – bis 1909 waren bereits 3000 Hektar mit Schwarzföhren und Eichen bepflanzt.

Heute ist die Situation anders. Durch die Aufgabe von Weideflächen und die extensive Holznutzung wächst der Karst immer weiter zu. Europa verwaldet – auch im Karstgebiet der Halbinsel. Buchenwälder am Tschitschenboden und in der Gegend um Pazin blieben deshalb erhalten, weil das Buchenholz für den Schiffsbau nicht geeignet und die Bringung als Brennholz aus den abgelegenen Gegenden zu aufwändig war. Im Herbst entwickelt sich in den Buchenwäldern ein flammendes Farbspiel: Das Laub der Rotbuche „brennt" auf den weißen Steinen.

Strukturen einer Landschaft: Trockenmauer auf der Insel Cres (links) und eine Straße im Landesinneren Istriens, die den Berg hinaufführt (rechts).

Folgende Doppelseite: Winterlandschaft bei Veprinač auf den Hängen des Učka-Gebirges.

Versteinerter Schrei

Wer sie einmal gesehen, kommt nicht mehr davon los. Die Karstlandschaft als Spiegel der Leere ebenso wie als Quell der Seele in literarischen Beispielen.

Das „Goldene Haus“ in Piran (Pirano). Postkarte, 1913.

Gegenüber: Der Stein prägt Landschaft und Architektur: Treppen des Leuchtturmes in Savudrija.

Unten liegt noch Nebel. Dicker, nasser Herbstnebel. Unvermittelt steigen weiße und graue Felsklippen aus der Landschaft, den Nebel unter sich lassend, und trennen die sanfte Landschaft, von der, die als rau und karg beschrieben wird. Oben dominiert Karst. Eine elementare Landschaft. Im Karst steht die Landschaft in Flammen des Herbstes, scharf gezeichnet von der frischen Luft. Vom Karst, vom Himmel über Steinen, von der Landschaft, die im mediterran-alpinen Spannungsfeld liegt, schrieb Peter Handke (* 1942): „Blau des Himmels, komm in die Niederung herab durch die Erzählung.“

Der Karst verläuft im Grenzland zwischen Italien und Slowenien sowie zwischen Slowenien und Kroatien. Hinter Triest steigt der Karst als Felsklippe an, zieht sich als Hochfläche hin, die wie ein Riegel die istrianische Halbinsel zum Festland absperrt und als Bergmassiv des Učkas zum Meer abfällt. Der Karst ist spärlich besiedelt, da der Boden ausgebeutet und karg ist und die politischen Fährnisse des letzten Jahrhunderts zu Auswanderungen führten. Jeder Fleck Erde muss von Steinen freigelegt werden – bücken, klauben, bücken: Stein um Stein aufgeschichtet auf Mauern und die Felder kreisrund in den Senken des verwitterten Gesteins. Gärten und Felder liegen in Dolinen, die Wasser laufen unsichtbar, weit unten, tief drinnen im Stein, abgeschwemmte Erde mit sich führend.

„Il carso“ nennt der Italiener den Karst; „Kras“ sagt der Slowene. „Ein Wort, dessen Wurzel Schönsein bedeutet, und man kann das Steinland nicht anders nennen. Schönland.“ Doch da irrte sich Ernst Decsey (1870–1941), der im Ersten Weltkrieg in die Gegend kam, denn das slowenische „Kras“ kommt nicht vom slawischen Wort „krasna“ („schön“), vielmehr heißt es „dünner Boden“. Allerdings könnte der Karst ebenso dem Wort „schön“ entstammen. Ernst Decsey schrieb: „Schönland … Lange braucht man, um es sehen zu lernen – und wann kann man's vergessen? Nein, die Schönheit quält als Erinnerung weiter, und man sieht nichts mehr vor Augen als die purpurblauen Sterne der Disteln, die wundersam aus dem Karststein brechen wie die Sehnsucht aus einem hart gewordenen Herzen.“

Georg Baumberger (1855–1931) war christlichsozialer Arbeiterführer und Schweizer Politiker. Als Schriftsteller und Journalist schrieb er Reiseberichte über Nordafrika, über die österreichischen Kronländer, wie Krain, Istrien, Dalmatien und Montenegro, aber auch über die Entvölkerung der Bergregionen. Der Schweizer betont die Armut der Region: „Es geht über die Karsthochebene, die sich von Fiume (Rijeka, Anm. d. A.) bis Görtz erstreckt, und nichts anderes ist, als eine fast tote Steinwüste. Auf unabsehbaren Flächen ist nichts zu sehen als graue, verwaschene Steinklötze, armseliges Tannenwerk und Wacholdergesträuch oder einige verbrannte Grasbüschel, dazwischen in einer kleinen Steinmulde, Doline genannt, eine unendlich armselige Hütte, ungleich primitiver als unser armseligster Alpenstadel, und dabei ein armseliges Äckerlein, das blutarme Menschen nur dürftig bebauen. Es ist, als wäre die Schöpfung hier erlahmt und hätte ihr Werk unvollendet im Stich gelassen. Es ist nicht die melancholische Stimmung einst blühenden und nun verfallenden Lebens, die sich mit einem Lichtschein der Vergangenheit über eine Gegend breitet, sondern die unvergleichlich düsterere des Unvollendeten, des Enterbten und Verfluchten von Anbeginn an, tot im Werden, tot im Sein, tot in aller Zukunft, und noch immerdar.“

Fritz Zschokke (1860–1936), ebenfalls Schweizer Reisender und Professor für Zoologie an der Universität Basel sowie Mitbegründer des Schweizer Naturschutzbundes, formulierte: „Es fällt nicht leicht, ein zutreffendes Bild des Triestiner Karstes zu entwerfen; zu absonderlich mischen sich in der Landschaft fremdartige Farben, und in allzu raschem örtlichem und zeitlichem Wechsel ändert sich die Beleuchtung und Stimmung. Fast beklemmend wirken auf den Beschauer zuerst der Eindruck unendlicher Monotonie und das Gefühl hilfloser Verlassenheit. Erst allmählich enthüllen sich vor dem Auge die großen Züge einer rauen und herben Schönheit. Der Karst scheint den Sieg des toten Gesteins über lebendige Schöpfung zu verkörpern. Endlos dehnen sich die Trümmerfelder der ungeschlachten, grauweißen und gelbgrauen Blöcke. An ihnen nagen in geduldiger Arbeit der Jahrhunderte die Atmosphäre und der in heftigen Güssen auf den nackten Fels fallende Regen. Er löst den Stein und zerfurcht die Klötze, kanneliert sie wie Säulenschäfte, formt den harten Kalk in tausend verschiedene, abenteuerlich gelöcherte und gezackte Figuren und zersägt endlich den Block in klirrende Scherben. Das Wasser aber versickert im Boden in einem Gewirr selbst geschaffener Spältchen und Spalten, in einem Werk sich kreuzender und trennender Röhren, in senkrechten sich im Laufe der Zeit ausweitenden Schloten. Diese Schächte fallen oft Hunderte von Metern bis zum Grundwasserspiegel ab. Dem Landschaftsbild des Karsts fehlt der strömende, belebende Fluss, der rieselnde Bach; …“

Die in den Dörfern der Hochfläche geborenen Dichter, wie der Italiener Scipio Slataper oder der Slowene Srečko Kosovel, ließ die Heimat ein Leben lang – wiewohl ihre Leben kurz waren – nicht mehr los. Das Dreigestirn, das sich aus dem Duft der Kräuter, dem zerrissenen Stein und der Weite des Himmels zusammenfügt, zieht sich durch Erzählungen und Lyrik.

„Der Karst ist eine Landschaft aus Kalk und Wacholder. Ein furchtbarer, versteinerter Schrei. Felsen, grau von Regen und Flechten, krumm, gespalten, spitz. Dürres Wacholdergestrüpp. Stundenlang Kalk, Wacholder. Das Gras ist widerspenstig. Bora. Sonne. Die Erde hat keinen Frieden,

Die Skulptur *LXX-M/I* von Dušan Džamonja. Der Marmorblock steht im Skulpturenpark des Künstlers bei Vrsar. Džamonja wurde 1928 in Kroatien geboren und lebt heute in Vrsar und Brüssel.

keine Fugen. Sie hat kein Feld, um sich auszubreiten. Jeder ihrer Versuche reißt und versinkt in den Abgrund. Kalte, dunkle Grotten. Der Tropfen, der das gestohlene Erdreich mit sich führt, fällt regelmäßig, geheimnisvoll, seit hunderttausenden Jahren und weitere hunderttausend Jahre. Wenn jedoch ein Wort aus ihr wachsen soll – küsse den wilden Thymian, der aus dem Felsen das Leben zieht! Hier ist Gestein und Tod. Doch wenn es einem Enzian gelingt, den Kopf zu erheben und zu blühen, so ist in ihm der ganze tiefe Frühlingshimmel eingefangen", so Scipio Slataper (1888–1915).

Peter Handke verdichtet seine Wanderungen durch den Karst in Erzählungen; ihm begegnet in der Einsamkeit ein sanfter Wind. „Als Antwort fällt mir zunächst nur der Karstwind ein (und vielleicht dazu noch die Sonne). Es ist ein Wind, der in der Regel aus dem Südwesten kommt; der

Architektur – von der Natur geschaffen: Steilküste bei Brseč.

Verwitterter Bildstock bei Žavrsje.

Wind, der von der Adria aufsteigt zu dem Plateau und als steter, im Sitzen oder Stehen kaum wahrnehmbarer Luftstrom über dieses hinwegzieht. Das Meer, nur an ein paar geradezu geheimen Stellen des Karstes zu erblicken, ist in dem Wehen eine nie verebbende, mächtige Ahnung, weit verlässlicher und wirksamer, als befände man sich tatsächlich davor oder segle sogar weit draußen, allem enthoben, dahin. Das Salz im Gesicht zu spüren, ist sicher nur eine Einbildung, nicht aber die wilden Kräuter vom Wegrand, den Thymian, den Salbei, den Rosmarin (allesamt zäher, kleiner und ursprünglicher – jedes Blatt und jede Nadel zugleich schon die Essenz des Gewürzes – als in unseren Küchengärten), den Duftballen der fast schon afrikanisch knorrigen Minze, die Blütenlippen der Mannaesche, das aus den Bäumen tropfende Kiefernharz, die an ein scharfes Getränk erinnernden Wacholderkugeln (ohne Gefahr, sich daran zu berauschen). Dieser Wind ist nicht bloß, weil er unten vom Meer kommt, ein Aufwind: Er greift einem, ungeheuer sanft, unter die Achseln, so dass der Gehende, auch wenn er sich ihm entgegenbewegt, sich von ihm transportiert fühlt. Gibt es nicht, vor allem im Süden, alte Küstenvölker, deren größtes Fest es ist, sich zu gewissen Zeiten auf die verlassenen Hochflächen zurückzuziehen, wo sie im Verborgenen den Wind dort feiern und sich von ihm sozusagen einweihen lassen ins Welt-Gesetz?"

Doch wehe, wenn der Bergwind des Nordens, die Bora (kroatisch und slowenisch „Bura") anhebt.

Georg Baumberger schreibt über seine Grausamkeit: „Die Bora, ein Nordostwind – der Schrecken dieser Gegend bis weit hinunter nach Dalmatien – haust hier fürchterlich: fessellos und schrankenlos tobt und heult sie über die Ebene dahin, peitscht Schnee und Eisnadeln wie rasend vor sich her, häuft Schneewehen fast haushoch zusammen, begräbt Hirten und Herde, die sie überrascht, und weht selbst starke Frachtwagen um. Wehe dem Armen, den sie in diesen Öden, fern von jedem schützenden Dache überfällt und mit eisiger Umarmung umfängt. Er ist fast rettungslos des Todes Beute, und die Bora, die Tochter des Todes, jauchzt vor Lust wild auf, dass sie wieder ein Leben ausblies."

Im slowenischen Städtchen Sezana wurde am 18. März 1904 Srečko Kosovel geboren. Er erlebt als 14-Jähriger den Zusammenbruch eines Kulturraumes, die Neuziehung der Grenzen, wodurch ein Teil der mehrheitlich Slowenisch sprechenden Region des Karstes Italien zugeschlagen wird, das sich als Kriegsbeute Istrien, Pula und Rijeka in der Absicht nimmt, aus der Adria das italienische „Mare nostrum" zu machen. Wieder einmal neue Herrschaften für die Karstbewohner, die sich eigentlich der Sprache wegen Ljubljana zugehörig fühlen, zumal es nun einen neuen südslawischen Staat gibt. Kosovel studierte in Ljubljana und starb mit 22 Jahren im Karstdorf Tomaj. Literaturwissenschaftler stellen den Karstdichter in eine Reihe mit Rimbaud, Apollinaire, Trakl und Celan. Kosovel schrieb rund 1400 Gedichte – doch zu Lebzeiten hat er kein Buch veröffentlicht:

„ALL DIESE WORTE

All diese Worte, sie müssten sein
duftend wie Föhrenwaldmeer,
Morgensterne, erlöschend im
Frührot überm Gebirge her …
Mitternacht noch, Mitternacht noch,
ich muss sie entzünden,
dass wir in dem grauen Hause des Karsts
unser Bleiben noch finden.
In Dunkels Mantel spreche ich sie
hinein in die Bora, die gegen Bäume
und Fenster schlägt; die Mutter
erwacht und horcht – und sinkt in Träume …
Ich jedoch bin wild so wie die Bora –
weg, o weg ist aller Schlaf von mir.
Stille quer ich Karsteswege.
Nacht erstrahlt mir hier."

Gegenüber: Stein- und Schottergewinnung in Istrien. An manchen Stellen zeigt der Abbau seine Narben in der Landschaft.

Stein auf Stein

Der Stein prägt das Land. Ein Streifzug entlang den Trockensteinmauern der Insel Cres und die Suche nach den berühmten Hirtenhütten.

Ein Geflecht aus Steinmauern überzieht die Insel Cres. Seit Jahrhunderten werden sie aufgebaut: bücken, klauben, schichten, Stein um Stein. Menschenhoch türmt sich der weiße Stein. Die Mauern ziehen sich einen Berggrat entlang, säumen Wege, verteilen sich wie Adern in den Senken, werden zu Irrgärten, verlieren sich an der Meeresküste. Sie gliedern die elementare Landschaft der Insel in überschaubare Räume – in Zimmer, in Säle, in Kammern. Als Stützmauern terrassieren sie Berghänge, machen dadurch die Kultivierung von Olivenbäumen oder Weinbau möglich und verhindern die Abschwemmung der dünnen Erdkrume. Ein ausgeklügeltes System an Zisternen oder Wasserlöchern in alten Terrassenanlagen zeigt, dass das herabschießende Wasser nach Gewitterstürmen gesammelt wurde. Aber nicht nur das Wasser: Das mitgeschwemmte kostbare Erdreich, welches sich mit dem Wasser in den Löchern sammelte, wurde in die Gärten zurückgetragen.

Steinmauern sind ein ausgeprägtes Sinnbild einer Kulturlandschaft. Sie stehen für den Fleiß der Bewohner und den zähen Willen, aus einem kleinen Angebot an Erde das Beste herauszuholen.

Die Hälfte der Inseloberfläche ist mit Steinweiden bedeckt. Das war nicht immer so. Die Berghänge waren mit Eichenwäldern bestanden, die mit der Zeit gänzlich abgeholzt wurden – übrig blieben leere, so genannte degradierte Steinfelder. Der nackte Boden war der Erosion ausgesetzt. Um Land zu gewinnen und zu bewahren, begannen die Bewohner, dieses vom Stein zu säubern. Steine klauben ist eine Sisyphosarbeit. Es ist, als ob die Erde Steine gebiert – hebt man einen Stein auf, liegen darunter drei weitere. Sie häuften sie in der Mitte einer Parzelle zu einem „menjik“, einem Steinhaufen, der immer mehr anwuchs. Wo Erde in begrenztem Ausmaß vorhanden ist, geht man sparsam mit ihr um. Gleichzeitig wurden an den Rändern der Felder, Weiden oder Gärten die Steine zu Mauern („gromače“) geschlichtet. Der Laufmeter einer Mauer beinhaltet eine Tonne Steine.

Trockenmauern sind die ältesten Bauwerke der Menschheit. Der Stein wird ohne Mörtel oder andere Verbindungen, also trocken aufeinander geschichtet. Es ist ein Handwerk, das ohne Werkzeug auskommt, eine Kulturtechnik, die überall auf der Erde bekannt ist, von Generation zu Generation weitergegeben wurde – und langsam ausstirbt. Trockensteinmauern, mit deren Hilfe Hänge terrassiert werden und Weidemauern geschichtet werden, sind Beispiele anonymer Architektur. Diese Architektur steht so sehr im Schatten unserer Aufmerksamkeit, dass wir nicht einmal einen Namen dafür kennen. Sie bricht unsere engen Vorstellungen über Bauten auf. Man fasst sie unter den Begriffen ländliche, anonyme, indigene, spontane oder bäuerliche Architektur zusammen. All das kann ihr nicht gerecht werden. Die Anfänge der Architektur liegen nicht beim Menschen. Der amerikanische Architekt österreichischer Herkunft, Bernard Rudovsky, schrieb im Buch *Architecture Without Architects*: „It is unlikely that beavers got the idea of building dams by watching human dam builders at work. It probably was the other way.“ Nicht der Biber schaute sich die Technik des Dammbaus vom Menschen ab – der Mensch lernte vom Biber. Rudovsky geht noch weiter und spricht von der Architektur der Natur und Naturgewalten, wo Wind und Wasser Höhlen, Lößwände und Steine formten. In Cres überall zu sehen.

Trockenmauern sind ein Biotop. Viel Stein, ein bisschen Erde und ein geheimnisvolles System an Spalten und Höhlen. Auf engstem Raum lebt eine große Zahl an Tieren und Pflanzen mit unterschiedlichsten Bedürfnissen. Sie finden trockene und kühle, heiße und feuchte Plätze. Sie besiedeln einen Raum, der von Menschen geschaffen und der Natur übergeben wurde – unbemerkt vom Mensch lebt die Mauer.

Das kleinräumige Klima weist ein breites Spektrum auf. Während an der Maueroberfläche sehr hohe Temperaturen bis zu 70 °C auftreten, wird es innerhalb der Mauer bei einer Tiefe von 30 Zentimeter nicht wärmer als 25 °C. Das Mikroklima im Mauerinneren ist gegenüber dem Außenklima relativ konstant. An der Außenseite der Trockenmauer ist die Temperatur hoch und die Feuchtigkeit niedrig. Das heißt, dass Pflanzen an der Außenseite der Mauer Klimaschwankungen von 60 °C oder mehr hinnehmen müssen. Je weiter man ins Mauerinnere kommt, desto niedriger und konstanter wird die Temperatur. Das ermöglicht jeder Art, ihr optimales Klimabedürfnis zu finden und erklärt die Vielfalt zwischen nur scheinbar nacktem Stein. Spalten und

Ausflug mit ethnographischem Ziel – das elegante Paar ließ sich mit der Landbevölkerung aus Medvea ablichten. Postkarte, um 1900.

Hohlräume laden Tiere ein, sich zurückzuziehen. Sie sind Brutplätze, Winterquartier, Futterstelle und Jagdrevier, sind Schlafstätten für nachtaktive Arten, da sie hier tagsüber geschützt sind.

Die Trockensteinmauern auf der Insel Cres haben vielseitige Funktionen. In den Mauern manifestieren sich die Grundstücksgrenzen. Wenn eine Bauernwirtschaft aufgeteilt oder verkauft wird, wurden neue Mauern eingefügt – oder umgeschichtet und dadurch an die geänderten Besitzverhältnisse angepasst. Durch Steinmauern wird das Land urbar gemacht und vor Erosion geschützt. Ein kleiner Steinwall um eine junge Kultur schützt diese vor Wind. Auf der Ostseite der Insel, zwischen Beli und Orlec, sind die Mauern mannshoch geschichtet. Damit bieten sie den Schafen Zuflucht vor der eisigen Bora.

Von der Hirtenhütte zur Touristentoilette

„Jeder Kažun verfügt über Dusche, WC, Satellitenfernsehen, Minibar. Im Augenblick verfügen wir über 18 Betten, und in der Schlussphase werden es 28 Betten sein. Wir haben auch einen Parkplatz für etwa 40 Fahrzeuge", ist auf einer Website über Appartements in Lupoglav zu lesen. Jeder, der schon einmal nach Istrien reiste, kennt sie: kreisrunde Hütten mit einem steingedeckten Kegeldach. Der Kažun ist eine Steinhütte, in der Hirten einst Unterschlupf vor Regen und Wind suchten oder Bauern ihr Werkzeug für die Feldarbeit aufbewahrten. Jeder kennt sie, aber kaum einer hat einen echten, unverfälschten Kažun gesehen.

Die Steinhütten sind Bestandteil der istrianischen Identität. Sie sind in Gasthäusern zu finden, schmücken Appartements und Bars, finden sich auf Plakaten der Touristenagenturen, als Staubfänger in Wohnzimmern und Büroräumen. Die kroatische Ethnologin Nevena Škrbić schreibt: „Das Besondere an ihnen (den Souvenirs, Anm. d. A.) ist die Tatsache, dass die meisten Käufer – abgesehen von den Tourist/innen, an denen sich der Souvenirmarkt in erster Linie orientiert – die Istrianer/innen selber sind. Die Andenken sind überall präsent: in fast jedem Gasthaus, in vielen Büros und Haushalten Istriens. Die Istrianer/innen stellen ihre regionale Zugehörigkeit durch das Ausstellen dieser Andenken in ihren Räumen zur Schau."

Aus einem Unterschlupf wurde ein Identitätssymbol. Ihr Zweck wurde verfremdet – und mit ihm auch das Material, aus dem es gebildet wird. Die Souvenirs werden nicht aus

Gegenüber: Entlang der Weinstraße in der Gegend um Momjan.

Links: Wenn die Häuser von den Menschen verlassen werden, hält sie nur mehr der Efeu zusammen und verzögert den Verfall.

Rechts: Wildspargelstechen in der Nähe von Motovun.

Oben: Ein Haus in Istrien – genauso sollte es ausschauen, nicht wahr?

Rechts (v. li. n. re.): Allgegenwärtiger Stein – Steinhütte, Friedhofsmauer, Straßenpflaster.

Stein, sondern aus Glas oder Holz, Keramik, Gips oder Metall hergestellt. Die Funktion transformiert und macht sich selbständig: Kažuni als Hundehütten im Vorgarten oder als Grillplatz auf der Terrasse, als Ferienbungalow oder – auf der Straße nach Vodnjan zu sehen – als Toilettenanlage.

Der *Kroatische Newsletter* einer Internetseite informiert: „Stilvolle Raststätte auf der Reise. Am ‚Istrianischen Ypsilon' – der Schnellstraße, die durch das Binnenland von ganz Istrien führt – wird diesen Sommer die erste touristisch-gastwirtschaftliche Raststätte eröffnet. Reisende können sich dort erfrischen und kurz die Reize Istriens genießen. Die Raststätte wird in der Nähe der Stadt Pula errichtet, an der Stelle des bereits bestehenden ‚Kažun' – einem typischen, istrianischen Steinhäuschen. Das 150 Quadratmeter große Objekt wird sich auch ‚Kažun' nennen. In einem kleineren Kažun werden zudem Wein, Olivenöl und traditionelle istrianische Souvenirs angeboten. Auch eine Wechselstube wird eingerichtet."

Allein in der Gegend um Vodnajan, an der Südspitze der Halbinsel, sind an die 100 Steinhütten erhalten geblieben. Als Schutzhütten sind sie nicht in der Nähe von Dörfern zu finden, sie liegen abseits: auf ehemaligen Weideflächen und Brachland. Die Form der Steinhütten ist seit der Frühgeschichte unverändert. Sie fügen sich harmonisch in die Landschaft, ja scheinen aus ihr entwachsen zu sein. Der Stein kommt aus der Umgebung und wirkt dadurch organisch. Vielfach wurden die Schutzhütten in Trockensteinmauern integriert. Kreisförmige Steinbauten sind die Urform der Hausarchitektur, die bis heute noch in Regionen Afrikas bewohnt wird. Die Steinhütten waren über weite

Teile des mediterranen Europas verbreitet: in Istrien „kažun“ genannt, in Slowenien „koca“, „bunja“ in Dalmatien und „trullo“ in Süditalien. Waren die Steinhütten in frühgeschichtlicher Zeit Wohnbauten, änderte sich ihre Bestimmung zu Schutzbauten. Die Kažuni sind nicht alt – die noch bestehenden Hütten sind aus dem 19. Jahrhundert –, denn wenn sie zerfielen, wurden sie neu aufgeschichtet. Aber ihre Bauweise ist über Jahrtausende dieselbe geblieben: der runde oder unregelmäßig rechteckige Grundriss, die Technik das Trockenmauerbaus, das aus Steinen geschichtet Kuppeldach.

Der Durchmesser der Hütte liegt zwischen 1,5 und 3 Meter. Die Hütte besteht immer aus einem Raum mit einem Eingang, der je nach Witterungsbedingungen nach Westen oder Süden gewandt ist. Die Türöffnung ist zwischen 90 und 130 Zentimeter hoch. Zwischen der Außen- und der Innenmauer werden Kieselsteine gefüllt. Sind die Steine nicht bearbeitet, wird direkt aus der Mauer heraus das Kuppeldach gelegt. Die Kuppel wird spiralförmig gelegt und die Spitze mit einer Steinplatte abgedeckt. Wird die Hütte aus behauenen Steinplatten gebaut, so setzt sich das Dach deutlich gegen die Wände ab. Ein waagerecht gelegter Monolith wurde für den Türsturz verwendet; war so ein langer Stein nicht zu haben, wurden zwei kürzere schräg aufeinander gestützt.

Mit dem Rückgang der Weide- und der Landwirtschaft verfielen die Kažuni. Sie wichen Arrondierungen oder Straßenbauten. Die verbliebenen Reste ländlicher Architektur wurden in den vergangen Jahren vermessen, erforscht und katalogisiert. Als Identitätsmerkmal leben sie überall in Istrien weiter.

Idyll vor den Wirren des 20. Jahrhunderts – eine Bucht in der Nähe von Opatija (Abbazia). Postkarte, um 1910.

Im Steinbruch Antenal werden die Steine für den Export nach Italien in das Frachtschiff verladen.

Die Salzgärten

Salz ist Meer, das nicht in den Himmel zurückkehrte. Die Salzgärten an der slowenischen Küste.

Im Restaurant „Toklarija“ in Sovinjsko polje ist auch das sachgerechte Salzen Chefsache.

Es ist nicht mehr Land, aber noch nicht Meer – ein Zwischenzustand. Häuser balancieren auf Dämmen. Bleigrau liegen die gefluteten Salzgärten von Sečovlje in der Bucht östlich von Portorož. Es ist ein verwirrender Landschaftsraster aus Kanälen und Salzbecken, Dämmen und Wassersperren. Umrahmt werden die Anlagen von einer zähen Vegetation, die sich gegen Salz und Sonne wehrt. Der Sommer presst Hitze herab und lässt die Linie des Horizontes schmelzen. Wenn die Luft flirrt, scheinen die Häuser der Salzgärtner über dem Wasser zu schweben. Sie stehen auf den Dämmen und sind dem Verfall preisgegeben; ohne Dächer und mit leeren Fensterhöhlen, aber ihre Schatten sind geblieben: Sie sind Oasen zwischen Salz und Meer.

Hitze und Wind braucht das Salz um zu gedeihen. Die Sonne holt sich das Wasser zurück, Kristalle beginnen sich zu bilden. Sie gleißen im Licht, durchdringen den Alltag. Salz verkrustet die Haut, bedeckt die Lippen, macht die Wäsche feucht. Mit den Holzschubern schieben die Salzgärtner die frische Ernte vom Beet. Schneeweiße Häufchen bilden sich. Das weiße Gold wird in die Hauslager gebracht. Es ist still, denn die Zikaden der Küste sind fern und das Meer draußen erschöpft. Nur das Kratzen der Holzschuber ist zu hören, manchmal ein Rufen, das schnell verstummt. Man spart es für abends, wenn die Polenta und der Fisch am Ofen stehen, wenn nicht mehr nur das kühle Wasser aus den Tonkrügen getrunken wird, sondern auch der Wein. Der ehemalige Salzgärtner Georgio Petronio erzählt: „In den Salzgärten hat es uns an nichts gemangelt. Es gab Brotöfen zum Brotbacken, zweimal wöchentlich wurde Fleisch eingekauft, jeden Montag kam der Barbier, Bäuerinnen brachten Milch und Obst, sogar Speiseeis konnte gekauft werden.“ Die Häuser, die nur während der Salzsaison bewohnt waren, sind auch noch in guter Erinnerung: „Im Haus war es sehr rein. Die Treppe war eingelassen und glänzte. In der Küche auf dem Tisch lag auf der weißen Tischdecke hausgebackenes Brot. Und alles war sauber. Es war so schön, dass man vor Freude weinen konnte.“ Salz ist mehr als Würze. Salz vertreibt die bösen Geister. Salz versinnbildlicht Gastfreundschaft. Salz hat reinigende Wirkung. Das muss auf das Leben in den Salinen positiven Einfluss gehabt haben.

„Piran ist auf Salz gewachsen.“ Den Reichtum erwarb sich die slowenische Küstenstadt mit der Salzgewinnung. Aus Piran stammte der Großteil der Besitzer sowie die Pächter der Salzgärten. Salzhandel war staatliches Monopol. Die Voraussetzung, um Salz aus dem Meer zu gewinnen, sind flache, lagunenreiche Buchten. Diese entstehen bei Flussmündungen, deren Wasser Sandablagerungen ins Meer hinausschieben. Aus der Lagunenlandschaft entstanden in jahrhundertelanger Kulturarbeit die Salzgärten. Die ersten Salzgärten in Istrien wurden vermutlich von den Römern angelegt. Erstmals werden in einer Schenkungsurkunde des Bischofs von Poreč im Jahre 843 n. Chr. die Salzgärten der Insel Brijuni (Brioni) erwähnt. Salzgärten, die unter österreichischer Verwaltung standen, gab es in Triest; Koper und Strunjan und Piran lieferten das weiße Gold nach Venedig. Die Salzgewinnung von Piran war die bedeutendste. Bis heute wird in den Gärten von Sečovlje Salz gewonnen. Auf

Gegenüber: Zur Wüstenlandschaft wird der Salzgarten, wenn das Bett, auf dem das Salz sich bildete, austrocknet.

650 Hektar breitet sich eine Wasserlandschaft mit Kristallisationsbecken, Schleusen- und Pumpwerken und mit Lagerstätten aus: der zweitgrößte Salzgarten der östlichen Adria. Die Salzgärten von Sečovlje sind geteilt; im nördlichen Teil Lera wird produziert, die 1967 aufgelassenen Salinen von Fontanigge sind ein Naturreservat. Im Natur- und Kulturpark wurde ein altes Salzgärtnerhaus als Salzmuseum adaptiert, wo in den Sommermonaten eine Schau-Salzgewinnung betrieben wird.

Rund 270 Vogelarten nutzen die aufgelassenen Salinen als Jagdgründe und Winterquartier. Für die Pflanzenwelt bedingen extreme Gegebenheiten schlaue Lösungen der Natur. Die Pflanzen sind Halophyten – sie haben gelernt, in salziger Umgebung zu leben. Außerdem sind viele Pflanzen der heißen Salzgärten, wie Seeportolak und Glasschmalz, sukkulente Pflanzen. In ihren dicken, lederfesten Blättern speichern sie Wasser. Glasschmalz zeigt mit seiner wechselnden Rotfärbung Mangel an Stickstoff auf. Er wächst in großen Mengen in den Salzgärten und wurde als Kochsalat verarbeitet.

Schmugglerware

Neben den Wohn- und Lagerhäusern der Salzgärtner stehen die verfallenen Wärterunterkünfte an den Zugängen zu Sečovlje. Salzschmuggel wurde streng geahndet. Jedes Kind an der Küste kennt die Sage des Martin Krpan, der mit einem Sack Salz auf den Schultern die Salzgärten heimlich verließ und bis heute unerlöst durch die Welt geistert. Das Monopol des Salzhandels kam mit den Venezianern. Davor war der Salzhandel in Istrien frei. Salzgärtner hatten lediglich einen Anteil an die Stadtkommune abzuliefern. Die Venezianer setzten Salzkontrolleure („Camerarii salis“) ein, die bereits im 12. Jahrhundert Erwähnung fanden. Konnte ein Schmuggel entdeckt werden, wurden sowohl Fracht als auch das Schiff beschlagnahmt und die Schmuggler zu Galeerenarbeit verurteilt. Um den Salzhandel unter Kontrolle zu bekommen, wurde den istrianischen Hafenstädten Hilfe beim Kampf gegen Seeräuber angeboten. Die venezianische Seemacht sicherte sich die Übermacht auf dem Meer. Das Salz aus den Lagern wurde auf Schiffe geladen; die Salzkontrolleure versiegelten den Transportraum und überprüften das Gewicht. Drei bis fünf Prozent Verlust wurde in Venedig noch toleriert, denn es gab kaum ein Schiff, das vor dem Löschen in Venedig nicht schon etwas Salz verkauft hatte. Um die Salzbeamten für Bestechung weniger anfällig zu machen, erhöhte man ihre Gehälter.

Das Salz war für den venezianischen Handel von großer Bedeutung, weswegen Venedig bemüht war, jeden Versuch, im österreichischen Staat Salzgärten anzulegen, zu unterbinden. Wenn in Triest neue Salzgärten angelegt wurden, zerstörten sie die Venezianer wieder. 1578 beauftragte der Senat die Stadtobrigkeit von Koper, die österreichischen Salzgärten zu zerstören – der Auftrag wurde mit bewaffneten Schiffen erfüllt. Die Österreich wiederum verkauften ihr Salz billiger als die Venezianer. Der Schmuggel blühte wie die Salzkristalle in den Salinen.

Nach dem Niedergang der venezianischen Republik kam Istrien zu Österreich. Pest und Kriege hatten die Wirtschaft darben lassen, unter der Wirtschaftspolitik Österreichs wurden die Salzgärten wieder instand gesetzt, Dämme gegen Überflutungen gebaut und die Anlagen vergrößert. Im französischen Intermezzo, als Napoleon 1805 Istrien als Illyrische Provinz einnahm, kam der Salzhandel mit Österreich zum Erliegen. Auch über den Seeweg konnte nicht gehandelt werden, da die englische Flotte gegen Napoleon in der Adria stand. Erst 1814, als Istrien zurück in österreichische Verwaltung kam, nahm der Handel wieder Aufschwung.

Die Häuser der Salzgärtner von Sečovlje in Slowenien.

Kaiser Franz I. persönlich trat für die Verbesserung der Salzqualität ein. 1838 wurden in Protorož große Lagerstätten gebaut. Das Salz wurde bis in die Türkei und aufgrund seiner guten Qualität von manchen Kaufleuten nach Indien, Skandinavien, Nord- und Südamerika exportiert.

Salz braucht ein gutes Bett

Die Arbeit in den Salzgärten war ein Nebenverdienst der bäuerlichen Bevölkerung. Ein Salzgarten konnte bis zu 50 Tonnen Rohware liefern. War die Saison schlecht – regnete es also zu viel, so dass weniger Salz gewonnen werden konnte –, gediehen die Feldfrüchte besser. So konnten die Bauern mit einer relativ ausgewogenen Wirtschaft rechnen. Regen oder Trockenheit: beides war erwünscht – und das Herz der Bauern und Salzgärtner gespalten: „Immer saß man zwischen zwei Stühlen."

Am Tag des hl. Georg, im April, begann die Saison. Die Familien verließen ihre Dörfer und übersiedelten mit Hab und Gut in die Salzgärten. Die Boote waren bunt beladen mit Töpfen und Strohsäcken, Bettzeug und Besen, Hasen, Ziegen und ein paar Hühnern.

Im September verließen sie die Salzgärten von Sečovlje, worauf die Ernte auf den Feldern und die Lese im Weingarten begannen. Danach ging es mit Reparaturen bei Haus und Hof weiter. Auch die Anlagen in den Salzgärten mussten gewartet werden: Dämme mussten instand gehalten, Pumpen repariert und Kanäle gesäubert werden. Die wichtigste Arbeit war jedoch die Pflege der „Petola". Das richtige Bett macht erst eine gute Salzernte. Die Petola ist eine Kruste, die von den Salzgärtnern gezüchtet und gepflegt wird. Der Boden des Kristallisationsbeckens wird glatt gestampft und mit Steinwalzen gepresst. Anschließend wird das Becken geflutet und mit getrocknetem Schlamm bestreut. Mit den Tagen reichert sich das Wasser an und aus Mikroorganismen – vor allem blaugrüne Algen – ent-

Ein Schiffsfriedhof bei Portorož. Was noch brauchbar ist, wird aus- und umgebaut.

steht die gewünschte Petola. Allmählich scheidet sich aus dem Meerwasser Gips aus; die Unterlage wird tragfähig und druckfest. Dieses seit dem Mittelalter bekannte und bis heute angewendete Verfahren verhindert die Vermischung des Salzes mit dem Meerschlamm im Kristallisationsbecken, daher ist das Salz weiß und nicht braun.

Das Salz ist reinweiß und hat eine Körnung von 1 bis 3 Millimetern. Die Salzkristalle haben viele Risse und offene und geschlossene Poren. Dadurch kann es besser gemahlen werden und ist im Wasser leichter löslich. Da es außerdem viel Magnesium enthält, eignet es sich zum Einsalzen von Fischen, besonders für den Pršut (Prosuttio). Magnesiumsalze ziehen Feuchtigkeit an, deshalb trocknen Fisch und Fleisch nicht aus und bleiben weich.

Bevor der Salzgehalt des Wassers Ende des 19. Jahrhunderts mit dem Areometer nach Beaumô gemessen wurde, behalf sich der Salzgärtner mit einer ungeschälten Kartoffel. Sie beginnt ab einem Gehalt von 14 Bô zu schweben. Zwischen 25 und 27 Bô beginnt die Ausscheidung von Kochsalz. Es bleibt das „schwere Wasser" und scheidet Bittersalze aus. So entwickelte sich der Kurort Portorož sich aus den Nebenprodukten der Saline. Mit „schwerem Wasser" und Schlamm werden rheumatische Erkrankungen, Lymphdrüsenentzündungen und Hautkrankheiten behandelt.

Der Weg vom Meerwasser bis zum Salz in der Suppe ist lang. Meerwasser gelangt in Kanäle und von dort in verschiedene Verdunstungsbecken. Die Kanäle sind mit Schleusen versehen, ein Süßwasserkanal leitet das Regenwasser ab. Um das Wasser in die erhöhten Verdunstungs- und Kristallisationsbecken zu bringen, sind in den Salzanlagen von Fontanigge Windpumpen installiert. Sie standen wie kleine Windmühlen aus Segeltuch in den Salzgärten – von ihnen sind heute nur mehr die eisernen Gestänge zu sehen. Unter der Leitung des österreichischen k. u. k. Salzkonsortiums wurden 1904 technische Neuerungen eingeleitet und in Dieselpumpen investiert. Von Verdunstungsbecken zu Verdunstungsbecken steigt der Salzgehalt des Wassers, bis es im Beet endlich auskristallisiert; hier beginnt die Ernte. Das Salz wurde in die Hauslager gebracht; am Ende der Saison kam es mit Booten ins Hauptlager von Portorož.

Im Salzmuseum von Sečovlje ist das Leben der Salinenfamilien anschaulich dokumentiert. Zu sehen sind zum Beispiel die kleinen Holzplättchen, mit denen die Maßeinheiten der Salzernte gezählt wurden, oder die verschie-

denen Stempel, mit denen das Brot markiert wurde, denn oft betrieben mehrere Familien einen Backofen. Damit sie das Brot unterscheiden konnten, stempelte jede Familie ihr Zeichen auf den Laib. Kostbares Trinkwasser wurde in großen Tonkrügen aufbewahrt. Um das Wasser kühl zu halten, wurden die Gefäße in Salz eingegraben. Die Salzgärten lieferten auch die Zutaten der Mahlzeiten. Glasschmalz ist ein halophytes Gewächs, welches am Rand der Becken gedeiht. Daraus wurden Kochsalte zubreitet; auch gebackene Salzmelde wurde gegessen. Wenn im Herbst die Salzernte vorbei war, kamen die Fische zum Laichen. Die teuren Seebarsche wurden auf dem Markt verkauft, Flussaal und Meergrundel wurden eingesalzen und reichten als Vorrat über die Wintermonate.

Die Salzgärten sind eine Landschaft wie am Reißbrett: Dämme und Wasserbecken wechseln einander ab.

Blau

Entlang der Küste

Die Hafen- und Küstenstädte sind Kulminationspunkte von Geschichte und Gegenwart: Piran, Novigrad, Umag, Poreč, Vrsar, Rovinj, Pula, Lovran, Opatija.

Vorhergehende Doppelseite: Wie ein Fisch, eine der 14 Inseln von Brijuni. Die Inseln sowie das sie umgebende Meer sind Nationalpark.

„Dem Anblick von der Seeseite her bieten sich an der ganzen Westküste bald raue, schroffe Uferstrecken, bald malerisch hingelegte Hafenstädte und Städtchen dar, Steingebäude und Thürme, meist dem Campanile di San Marco in Venedig nachgebildet, die sich besonders in den Nachmittags- und Abendstunden blendend weiß von dem Grün der umgebenden Campagnen, Wäldchen und Gärten, sowie dem Grau der unbebauten Uferstrecken abheben.“ So beschreibt das umfassende Werk *Die österreichisch-ungarische Monarchie in Wort und Bild* die Küste Istriens vor der Jahrhundertwende. Dem Besucher zeigen sich geputzte Häuser und gemütliche Plätze. Zur Kirche am höchsten Punkt der Stadt führt ein Gewirr von Stiegen und Gassen. Oben angelangt, wacht der Campanile wie ein Zeigefinger der Geschichte. Die meisten Glockentürme Istriens können bestiegen werden. Dann wird der steinerne Zeitzeuge zum Aussichtsturm, von dem sich an klaren Tagen die ganze Halbinsel überblicken lässt. In der Ferne schimmert das Karstgebirge, im Land bricht die rote Erde zwischen den Weingärten durch – und das Meer hinter der Stadtmauer rollt bis zum Horizont …

Piran – Auf Salz gebaut

Der slowenische Anteil der Küste ist schmal. Von Ankaran (Ancarano) an der italienischen Grenze bis zu den Salzgärten bei Portorož (Portorose) an der kroatischen Grenze drängen sich die Industrie- und Hafenanlagen von Koper (Capodistria), Straßen, Dörfer, Ferienanlagen, die Naturschutzgebiete um Strunjan und die Städte Izola (Isola d'Istria) und Piran (Pirano).

Piran liegt an einer Landzunge, auf deren höchstem Punkt die Kirche St. Georg steht. Vermutlich stand an dieser Stelle ein römischer Leuchtturm. Daher soll sich der Name der Stadt entwickelt haben: Phyr – das Feuer, mit dem der Leuchtturm seine Position anzeigte. Die Entwicklung von Piran als Handelszentrum begünstigte seine Eigenständigkeit. Ab 1186 war die Stadt unabhängig und konnte eigene Handelsverträge mit Venedig abschließen. Das Salz der Salinen gab ihr die Macht. Erst als Triest im 16. Jahrhundert von Habsburg gefördert wurde und dadurch auch die Triestiner Salz zu produzieren begannen, verlor Piran das Salzmonopol der nördlichen Adria. Mit dem Zerfall der Seerepublik Venedig im 18. Jahrhundert kam Piran zum österreichischen Küstenland; die Salzgewinnung wurde modernisiert und besteht bis heute.

Zum Meer öffnet sich der Tartini-Platz, der sich gegen Ende des 13. Jahrhunderts zum Hauptplatz von Piran entwickelte. Er ist weit und luftig, eine Seltenheit in der mediterranen Stadtentwicklung, wo sich doch Küstenstädte in der Enge zwischen Meer, Bergen und Stadtbefestigungen übereinander schachteln, sich schmal machen, ihre Häuser aneinander rücken – auch um die Hitze am Eindringen zu hindern. Der Tartini-Platz war kein Platz, sondern ein Hafenbecken, das außerhalb der Stadtmauer lag. Das einzige

Links: Der Hafen von Rijeka (Fiume) mit dem Gebäude des Ungarischen Lloyd. Postkarte, 1906.
Mitte: Badeanstalt vom Kurort Portorož (Portorose). Postkarte, 1924.
Rechts: Renaissancearchitektur in Koper (Capodistria). Postkarte, um 1900.

Gebäude außerhalb der Befestigung war vorerst die 1272 errichtete Kirche St. Peter. Es entwickelte sich eine vielseitige Stadtarchitektur, von der Gotik bis ins 20. Jahrhundert. So wurde die Kirche von St. Peter vom Architekten und Professor der Architektur an der Akademie der bildenden Künste in Wien, Pietro Nobile, renoviert. Und das Hafenbecken musste 1894 wegen Geruchsbelästigung und aus hygienischen Gründen zugeschüttet werden. Die Straßenbahn, die Piran mit dem Stadtteil Lucija verband, wendete am neuen Platz, der in jüngster Vergangenheit vom Architekten Boris Podrecca umgestaltet wurde. Den ehemaligen Wendekreis der Straßenbahn hat Podrecca als weiße Ellipse freigehalten – ein Spiegel, in dem sich der Platz gefällig betrachtet.

Einzig das Bronzedenkmal des Geigers und Komponisten Giuseppe Tartini (1692–1770) steht am Rande der weißen Ellipse. Tartini wurde in einem der Häuser am Platz geboren. Sein Vater war Florentiner und kam in Handelsangelegenheiten nach Piran; er bekleidete einen Posten im Salzgeschäft. Die Mutter stammte aus einem Piraner Adelsgeschlecht. Giuseppe Tartini sollte nach den Wünschen der Eltern einen geistlichen Beruf ergreifen, ging aber auf die juridische Fakultät nach Padua. Nach Schwierigkeiten wegen seiner Heirat mit der Nichte des Bischofs

Der kleine Hafen von Piran (Pirano) wurde aus Gründen der Stadterweiterung und Hygiene zugeschüttet. Heute ist hier der Tartini-Platz. Postkarte, 1924.

Giuseppe Tartini (1692–1770). Stich, 18. Jahrhundert.

von Padua musste er die Stadt verlassen und fand Zuflucht im Kloster von Assisi. Hier begann er intensiv das Studium der Violine und der Komposition. Er wirkte in Ancona, Prag und Padua. In Padua gründete er die berühmte Geigenschule „Scuola delle nazioni", wohin Stundenten aus ganz Europa pilgerten. Sein bekanntestes Werk ist die „Teufelstriller"-Sonate: Sein Opus umfasst 170 Geigensonaten und 130 Konzerte. Das Stadttheater ist nach dem Geiger und Komponisten benannt und das daran anschließende Theatercafé eines der gemütlichsten Cafés der Küste.

Der Eingang zum Tartini-Platz wird von zwei Steinsäulen markiert, die aus dem 15. Jahrhundert stammen. Zu besonderen Anlässen wurden hier Flaggen gehisst: die des hl. Georg, Patron der Stadt; die andere war mit der Fahne Venedigs geschmückt. Unter den steinernen Löwen steht auf der einen Säule die Inschrift: „Siehe den geflügelten Löwen, wie er nach Land, Meer und Sternen greift"; auf der anderen Säule sind Längenmaße vermerkt. Sie dienten zusammen mit den Hohlmaßen, die im Gemeindehaus aufgestellt sind, den Gutachtern zur Kontrolle der Piraner Kaufleute.

Den Seeleuten wird im ehemaligen Palais Gabrielli gedacht. Der Tisch aus der Kajüte des Konteradmirals Wilhelm von Tegetthoff ist zu sehen. Auf diesem Tisch lagen Pläne und Papiere ausgebreitet, als das Flaggschiff „Ferdinand Max" in der Seeschlacht von Lissa im Jahre 1866 das italienische Schiff „Re d'Italia" angriff. Das Schifffahrtsmuseum zeigt Exponate der See-Archäologie; neolithische Artefakte aus den Grotten des Karstes, Funde aus der Bronze-Zeit und zahlreiche römische Handarbeiten. Auf dramatischen Bildern werden Schiffsunglücke beschworen und die geschnitzten Galionsfiguren gezeigt, die davor hüten sollen.

Unter österreichischer Herrschaft entwickelte sich Piran zum Sekundärhafen des Umschlagplatzes Triest. Die Salzgewinnung wurde auf 40.000 Tonnen pro Jahr aufgestockt. Die Lokalbahn Triest–Piran–Poreč verbesserte die Verbindung im Landesinneren, durch die Schifffahrt war Piran mit wichtigen Hafenstädten der Adria verbunden.

Zwischen dem Tartini-Platz und der äußersten Spitze der Landzunge drängt sich Punta, das mittelalterliche Piran. Die Beengtheit des Raumes musste mit architektonischen Mitteln gelöst werden: Erker, Dachterrassen und Außentreppen. Die radikalste Lösung waren hängende Häuser, wie das venezianische Haus in der Bolniška-Gasse, das quer in die Gasse gebaut wurde, sich an den gegenüberliegenden Häusern abstützt und mit einem Durchgangsbogen die Gasse durchlässig erhält.

Luft zum Atmen und Raum zum Schauen gibt es am höchsten Punkt der Altstadt Punta, auf dem steht die 1344 geweihte und erst im Barock fertig gestellte Georgskirche. Sie besteht, wie die meisten Kirchen entlang der Küste, aus dem Dreigestirn Gotteshaus, Glockenturm und Taufkirche; davor weitet sich eine Terrasse. Auf der Spitze des Campanile steht Georg: Drachentöter und Schutzpatron der Stadt. In der Kirche sind zwei weitere Plastiken des hl. Georg, wobei die reich ziselierte Silberarbeit von Piraner Goldschmieden gefertigt wurde. Die mittelalterliche Stadt wird von einer Stadtbefestigung umschlossen. Mit der Ausdehnung der Stadt von der Landzunge bis ins Hinterland musste sie drei Mal erweitert werden. Sieben Tore der Mauer sind erhalten – von den hohen, zinnengekrönten Türmen zeigen sich Einblicke in das Innenleben von Piran.

Novigrad – Die alte, neue Stadt

Novigrad (Cittanova) ist nicht neu. Wahrscheinlich bauten die Römer ihre Siedlung auf Resten einer griechischen Niederlassung. Vermutlich waren diese an der Mündung des Flusses Mirna. Dort, wo heute ein großer Kalksteinbruch eine weiße Wunde in die Küste schlägt, wo die Mirna aus ihrem bretteben Tal ins Meer fließt. Die Römer behielten

Piran (Pirano) mit der Kirche St. Georg im Hintergrund. Postkarte, um 1910.

Gegenüber: Der Yachthafen von Ičići, im Hintergrund die Villa Münz. Das ehemalige Fischerdorf liegt zwischen Opatija und Lovran.

Eine kleine Stadt mit Fischerflair – Novigrad und die Kirche St. Pelagius.

den griechischen Namen Emona. In byzantinischer Zeit wurde die Stadt westlich der Flussmündung verlegt und bekam ihren neuen Namen Neopolis (Cittanova, Novigrad, Neustadt). Die römische Stadt soll im Wasser versunken sein – und die Sage erzählt, dass sich an manchen Tagen die alte Stadt unter Wasser erblicken lässt. Obwohl das Wasser so klar ist, existieren die Tage, an denen Emona in den Fluten auftaucht, leider immer nur in der Legende.

Auf dem Glockenturm von Novigrad wacht St. Pelagius über die Stadt. Pelagius wurde im römischen Emona geboren und christlich erzogen. Als seine Eltern starben, gab er den Sklaven die Freiheit und ihnen sein Hab und Gut. Während der Christenverfolgung kam ein Richter nach Emona, um nach Recht und Ordnung zu sehen, und er zwang Christen, dem einen Gott abzuschwören. Da trat der junge Pelagius hervor und bekannte sich zu seinem Glauben. Er wurde ins Gefängnis geworfen, mit heißem Öl übergossen und in Glasscherben gewälzt. Pelagius überlebte die grausame Tortur nicht, blieb aber seiner Überzeugung treu. Außerhalb der Stadtmauer wurde sein Leichnam

verscharrt. Heimlich holten ihn ein paar Getreue zurück und gaben ihm ein christliches Begräbnis. Sein Martyrium bestärkte viele, zum Christentum zu konvertieren.

Wie Rovinj oder Izola war auch Novigrad eine Insel. Der schmale Kanal wurde im 18. Jahrhundert zugeschüttet, so rückte die Stadt zum Land. Die Gässchen von Novigrad verstecken sich hinter den akkuraten Stadtmauern. Der Hafen von Novigrad war für die Holzausfuhr nach Venedig bedeutend, welches aus dem Hinterland, wie etwa aus den Wäldern bei Motovun, abgeholzt wurde. Als Novigrad, wie alle istrianischen Küstenstädte, noch unter dem Löwen von San Marco stand, sammelten sich am Montag die Lastkähne, um gemeinsam die Überfahrt in die Lagunenstadt anzutreten. Damals fürchteten die Schiffer die Piraterie mehr als böige Winde oder zähen Nebel.

Wenige Kilometer von Novigrad liegt am Ufer des Meeres das Schloss und ehemalige Benediktinerkloster von Dalja. Der Innenhof öffnet sich zum Molo hin: verwahrlost – aber verträumt. Jeder findige Investor würde an diesem Platz schon ein Luxushotel sehen, mit weißen Sonnensegeln, eleganter Gartenmöblage und exquisitem Publikum, doch die vielen Besitzer der Anlage scheinen wie ein Schutzschild gegen solche Ambitionen zu sein. So bleibt Dalja ein Ort, wo Träume noch Platz haben. Auf den Resten eines Benediktinerklosters ließen die Grafen Grisoni aus Koper eine barocke Schlossanlage bauen. Teile des Kastells wurden im 19. Jahrhundert geschleift und durch ein klassizistisches Gebäude mit Turm ersetzt. Nach einem Unglück vermachte die Familie Grisoni ihr Schloss den Benediktinern, die bis zu ihrer Abwanderung in den Jahren um 1950 in Dalja lebten. Mit ihnen gingen auch alle anderen italienischen Familien des Ortes.

An der sanften Küste rund um Novigrad lässt sich der Golf von Triest kaum ausmachen. Doch besteigt man einen Turm, wie etwa den Leuchtturm von Savudrija, so ist an klaren Tagen der ganze Golf von Triest zu überblicken: bis Grado hinüber, bis tief hinein in das Land, bis zu den Alpen Sloweniens. Der Leuchtturm an der Landzunge wurde 1818 gebaut und ist die älteste, noch in Betrieb stehende Laterne der östlichen Adria. Da die Landzunge von Savudrija keinen natürlichen Hafen bietet, der die Fischerboote schützt, hat sich hier eine spezielle Art der Bootsverwahrung entwickelt: Über Flaschenzüge werden die bunten Boote auf Holzgerüste hochgezogen und schaukeln recht malerisch im Wind. An der Küste von Savudrija wechseln sich graue Felsplatten mit Kiesbuchten ab. Das ausladende Geäst der Schirmpinien wirft seinen Schatten bis auf den Grund des klaren Wassers.

Rund um Novigrad ist die Küste flach, felsig und zerklüftet – Strandparcours am Abend.

HEIMLEUCHTEN

Wohnen in einem Leuchtturm an den Küsten Kroatiens. Felsen und Meer, Stille und Brandung. Und ein heller Strahl, der den Weg zeigt.

Milan kämpft mit dem Gras. Es steht schon kniehoch unter den Kirschbäumen. Milan ist ein Mann des Steines, der salzigen Gischt und der Trockenheit. Milan ist Leuchtturmwärter seit 35 Jahren. Üppiges Gras ist ihm unheimlich. So nimmt er mit dem Rasenmäher den Kampf auf, muss aber immer wieder unterbrechen: reparieren, rauchen, fluchen, Wettermessungen vornehmen.

Milans Leuchtturm steht auf Savudrija, einer sanften Landzunge Istriens, wo das frühlingsgrüne Gras bis zur Uferkante wächst, wo sich der Golf von Triest weitet. Hier plätschert das Meer zahm, doch die Winternebel sind zäh. Es ist Milan Ungars Alterssitz. Seine früheren Arbeitsplätze waren einsame dalmatinische und Istrien vorgelagerte Inseln: kahl und kantig; wie etwa das kreisrunde Eiland Porer, 20 Kilometer südlich von Pula gelegen. Inmitten der weißen Steininsel steht ein ebenso weißer Leuchtturm. Kein Busch, kein Grün ist auszumachen. Das ist nach Milans Geschmack. Und die Entfernung zum Meer misst er mit dem Schnippen einer Zigarettenkippe. Trifft er, vor dem Leuchtturm sitzend, ins Wasser, so ist es ein guter Platz zum Leben. Kein sinnloses Grün dazwischen für einen Mann, der ins Blaue blicken will.

Leuchtfeuer sind die ältesten verkehrsregelnden Zeichen der Menschheit. Bevor Türme errichtet wurden, brannten Richtfeuer auf Klippen und Anhöhen. Und es ist wohl kein Zufall, dass Leuchttürme zu den sieben Weltwundern gezählt werden. Eines ist der Koloss von Rhodos, das andere der Pharos vor der Küste Alexandriens. Er wurde um 300 v. Chr. errichtet und erleichterte die Schifffahrt an der konturlosen ägyptischen Küste.

Idrisi, ein arabischer Reisender im 12. Jahrhundert, beschrieb den Turm: „Wir stehen vor dem berühmten Leuchtturm, der in der ganzen Welt an Harmonie der Architektur und an Solidität nicht seinesgleichen hat. Denn abgesehen davon, dass er aus vorzüglichem Stein erbaut ist, sind die einzelnen Schichten dieser Steine durch geschmolzenes Blei miteinander verbunden, und diese Bindung ist so fest, dass der ganze Bau unzerstörbar ist, obwohl das Meer aus Norden unablässig gegen ihn anbrandet."

Im Mittelmeerraum brannten im Altertum nächtens etwa 300 Leuchtfeuer, tagsüber konnten sich die Seefahrer am aufsteigenden Rauch orientieren. Eine staatliche Macht war für ein funktionierendes Leuchtturmwesen ausschlaggebend, mit dem Zerfall des Römischen Reiches verfielen auch die Leuchttürme.

Für die lokale Schifffahrt reichten Feuer auf hölzernen Gerüsten, oder man errichtete Wippfeuer, an deren langen Balken ein eiserner Korb mit brennenden Kohlen gehisst werden konnte. Der Lichtschein wurde mit Holz und Kohlefeuer sowie mit Öllampen erzeugt. Die Bündelung von Licht mit Hilfe von Parabolschirmen und die physikalischen Erkenntnisse über Lichtbrechung erhöhten die Reichweite des Lichtstrahls. Bis zur Elektrifizierung arbeiteten die Leuchttürme mit Petroleum-Drucklampen.

Der Leuchtturm von Savudrija ist die älteste, noch genutzte Laterne der Adria, erbaut im Jahre 1818. Eine Marmortafel erinnert an den österreichischen Kaiser und die Zeiten der k. u. k. Schifffahrt mit dem nahen Kriegsmarinehafen Pola (Pula). Neben dem Turm steht ein stattliches Leuchtturmwärterhaus aus weißem Stein mit grünen Fensterläden. Milan und seine Frau wohnen im ersten Stock, die Ferienwohnung ist ebenerdig. Beinahe schaut schon das Gras beim Fenster hinein und zwischen den Kirschbäumen das glitzerblaue Meer.

Das Leuchtturmwärterleben hat Milan Ungar im Blut. Vater und Onkel versahen Dienst, damals noch für die jugoslawische Seefahrtssicherheit. Wenn Milan die Wendeltreppe zum Laternenhaus hinaufsteigt, sieht er bis Grado, die Berge Sloweniens und Italiens und über den gesamten Golf von Triest.

Die Laterne ist ein heller, aber enger Raum – und mittendrin das Herz des Turmes: die 1000-Watt-Lampe mit den dicken Glaslinsen rundum. Sie sendet einen sechsstrahligen Lichtschein, der lautlos im Nachthimmel kreist. Jeder Leuchtturm ist mit einem anderen Signal ausgerüstet. In Savudrija wird eine Blende, die sieben Sekunden das Licht unterbricht, von zwei Lichtsignalen (je 0,4 und 0,5 Sekunden) abgewechselt. Schiffe können durch den Signalcode den Leuchtturm und somit

Oben: Das Lampenhaus des Leuchtturms Sv. Ivan (links) und Leuchttürme als beliebtes Motiv (rechts).

Gegenüber: Die helle Laterne von Savudrija.

ihre Position erkennen. Das Licht von Savudrija ist am Meer 30 Kilometer weit sichtbar; bei Nebel wird zusätzlich das Horn in Betrieb genommen. Im Fuß des Turmes steht ein Notaggregat, um bei Stromausfall autark zu sein.

Ein Küchentisch, ein Kalender und neuerdings auch ein Computer sind die Büroausstattung von Milan Ungar. Hier führt der Wärter Buch über meteorologische Daten. Temperatur und Windstärke, Regen- und Taumessungen sowie die Sandverfrachtungen aus der Sahara werden notiert. Ansonsten wird die Zeit mit Reparaturen am Haus verbracht, mit Fischen und gegebenenfalls mit Grasmähen.

Leuchtturmwärter, die auf Inseln ihren Dienst versehen, arbeiten im Dreierteam. Während je zwei Wärter sich Arbeit und Einsamkeit teilen, ist der dritte einen Monat auf Heimaturlaub. Kinder sind nur dann dabei, wenn Schulen in erreichbarer Distanz liegen. Milans Frau hat ihn auf das kahle Eiland Porer begleitet und auch auf die einsame Insel Sv. Andrija bei Dubrovnik. Und obwohl auf einem Durchmesser von 80 Metern ohne Baum und Schatten kein wirkliches Verschwinden möglich ist, musste Frau Ungar auf Porer immer rufen: „Wo bist du schon wieder? Die Suppe wird kalt!" Schnell darf man als Leuchtturmwärter nicht sein, sonst vergeht die Zeit zu langsam.

Leuchttürme sind Sehnsuchtsorte – hier scheint es nur Wind und Wellen statt Hektik und Handy zu geben. Seit einigen Jahren sind in den kroatischen Leuchttürmen Ferienwohnungen zu mieten. Liegt der Turm auf einer Insel, bringt das Versorgungsschiff Proviant und Wasser.

Umag – Sport von A bis Z

Auch Umag (Umago) hat einen alten Stadtkern, doch dieser wird von Souvenirshops und Fastfood-Ständen beinahe verdeckt. Nach Umag fährt niemand wegen Ruhe und Nostalgie – Umag steht für Sport und Spaß. Nicht nur, dass das Angebot reichlich ist, auch das Wetter spielt mit. Die Sommer sind heiß, aber nicht drückend und schwül. Eine Prise umweht die Küsten; die Berge mit ihrer klaren Luft sind nicht weit. Maestral heißt dieser feine Wind, der wie ein Fächer übers Land streicht.

In Umag steht im Juli alles im Zeichen des „ATP Croatia Open“. Umag war der erste ATP-Veranstalter in Osteuropa. Dem Turnier wurde der „ATP Tour Award of Exellency“ zugesprochen. Aber nicht nur im Juli dreht sich alles um den Aufschlag: Über 90 Tennisplätze und ein qualitatives Angebot an Kursen und Sportcamps haben Umag zum Tennismekka Kroatiens gemacht. Nirgendwo in Istrien gibt es so viele Sportmöglichkeiten wie in den Hotelanlagen von Umag: Fußball, Handball, Volleyball, Reiten, Rad- und Bootfahren, Jogging, Trekking, Segeln, Surfen, Wasserski, Tauchen, Schwimmen, Unterwasserfischfang, Fischfang, Speläologie, Fliegen, Jagd, Rafting, Boccia …

Letzteres ist auf der gesamten Halbinsel, ja in allen Ländern des ehemaligen Jugoslawien ein beliebter Sport. Viele Gemeinden haben einen Bocciaclub, der am Wochenende und am späten Nachmittag von den Männern als Ort der Kommunikation aufgesucht wird. Turniere werden ausgetragen, auch Bocciavereine ehemaliger jugoslawischer Staaten und aus Italien treten an. Vielleicht ist Boccia eine bessere Basis zur Verständigung als so mancher politischer Akt.

Gegenüber: Wo es keinen Hafen gibt, werden an der flachen Ostküste Istriens die Boote aufgehängt und schaukeln im Wind und nicht in den Wellen.

Folgende Doppelseite: Bootshaus auf Veli Brijun, erbaut 1902.

Brijuni
1600 PU NADZORNA SLUŽBA – COAST GUARD

Oben: Osterfeierlichkeiten in der Euphrasiusbasilika von Poreč.

Gegenüber: Die Altstadt von Poreč, im Hintergrund die Insel Sv. Nikola. Postkarte, um 1955.

Poreč – Auf den Spuren von Byzanz

Istrien ist wie ein Zimmer mit Aussicht. Sie beginnt hinter den Stadtmauern der Bergstädte, taucht unvermittelt hinter der nächsten Kurve auf, geizt nicht entlang der Küste. Aussicht bietet sich verschwenderisch von den zahlreichen Glockentürmen an. Wie von dem der Euphrasius-Kathedrale in Poreč (Parenzo): Hier offenbart sich eine Rundschau über die Dachlandschaft der Stadt und seinen Gassen. Diese laufen nicht wirr und winkelig, sondern entstammen dem Reißbrett der Römer. Die Hauptstraße von Poreč trägt bis heute ihren lateinischen Namen „Decumanus". Parentium nannten die Römer die Stadt, die auf einer Landzunge liegt.

Aber nicht nur der Ausblick vom Turm, sondern im Besonderen der Einblick in die Bauart einer frühchristlichen Basilika aus dem 6. Jahrhundert macht Poreč zu einem einmaligen Kunsterlebnis. In der römischen Zeit an den Küsten Istriens begann die Ausweitung des Frühchristentums. Maurus, das Haupt der christlichen Gemeinde von Poreč, wurde getötet, der Märtyrer wurde heilig gesprochen. Im 3. Jahrhundert war das Christentum noch verboten, der Fisch war das Zeichen der geheimen Gemeinschaften. Ein Fischmosaik fand sich im Andachtsraum von Poreč; an dieser Stelle wurde eine Kirche gebaut. Und mit Beginn der byzantinischen Herrschaft im Land begann um 540 der Bau der Basilika.

Bischof Euphrasius ließ den Kirchenbezirk mit dem angrenzenden Bischofspalast errichten und ist im Mausoleum bestattet. Die Bischöfe von Poreč waren im 10. Jahrhundert die mächtigsten Herren im Land. Zu ihrem Besitz gehörten die Burg Dvigrad, die Städte Motovun und Pazin im Landesinneren, Bale und Žminj sowie an der Küste Rovinj und Vrsar, wo auch der Sommerpalast der Bischöfe steht.

DIE LIEBESANDENKEN DES GIACOMO CASANOVA

Aus den *Erinnerungen* (13. Kapitel) des Giacomo Casanova: Sein erster Aufenthalt in Vrsar (Osera) ist vor allem dem Doktor in allerbester Erinnerung geblieben. Am Hafen erkennt er den Lebenskünstler wieder:

Ich war also in Orsera ans Land gegangen, während man den Ballast in unser Schiff brachte, dessen zu große Leichtigkeit dem notwendigen Gleichgewicht für die Fahrt Eintrag tat, und bemerkte einen Mann von gewinnendem Aussehen, der mich mit großer Aufmerksamkeit betrachtete. Ich wusste genau, dass es kein Gläubiger sein konnte, und meinte, mein stattliches Aussehen interessiere ihn, und da ich dies nicht übelnehmen konnte, wollte ich meines Weges gehen, als er mich ansprach.

„Herr Hauptmann, dürfte ich mir die Frage erlauben, ob Sie zum erstenmal in diese Stadt kommen?"

„Nein, mein Herr, zum zweitenmal."

„Waren Sie nicht im vergangenen Jahr hier?"

„Sehr richtig!"

„Aber damals trugen Sie nicht den Soldatenrock?"

„Auch das ist wahr. Doch Ihre Fragen beginnen mir etwas indiskret zu erscheinen."

„Sie müssen mir verzeihen, mein Herr, denn meine Neugier ist die Tochter meiner Erkenntlichkeit. Sie sind der Mann, dem ich in höchstem Maße verpflichtet bin, und ich denke, die Vorsehung hat Sie nur wieder hierhergeführt, um mir noch größere Verpflichtungen aufzulegen."

„Was habe ich denn für Sie getan, und was kann ich noch tun? Ich vermag es nicht zu erraten!"

„Haben Sie die Güte und frühstücken Sie mit mir. Dort ist meine Wohnung. Ich besitze vortrefflichen Refosco, kommen Sie und kosten Sie ihn. Ich werde Sie mit wenigen Worten überzeugen, dass Sie mein wahrer Wohltäter sind, und dass ich zu der Hoffnung berechtigt bin, Sie seien nur hierher zurückgekommen, um Ihre Wohltaten zu erneuern."

Ich konnte diesen Menschen nicht für närrisch halten, aber ich begriff auch nichts von seinen Äußerungen und bildete mir ein, er wolle mich bewegen, seinen Refosco zu kaufen; ich nahm also die Einladung an. Wir gingen in sein Zimmer hinauf, wo er mich einen Augenblick allein ließ, um das Frühstück zu bestellen. Ich sah hier mehrere chirurgische Instrumente und schloss daraus, dass er Chirurg wäre; sobald er zurückkam, fragte ich ihn, ob dem so wäre.

„Ja, Herr Hauptmann, seit zwanzig Jahren betreibe ich dieses Handwerk in hiesiger Stadt, wo ich im Elend lebte, da ich nur selten einmal einen Aderlass vorzunehmen, einen Schröpfkopf zu setzen, ein paar Schrammen zu verbinden und einige Glieder einzurenken hatte. Was ich erwarb, reichte nicht zum Leben aus. Doch hat sich, ich kann es sagen, seit vergangenem Jahr meine Lage geändert, ich verdiente viel Geld, habe es gut angelegt, und Ihnen Herr Hauptmann, Ihnen, den der liebe Gott segnen möge, habe ich meinen gegenwärtigen Wohlstand zu verdanken."

„Wieso?"

„Folgendermaßen, Herr Hauptmann. Sie haben die Haushälterin des Don Geronimo gekannt und ihr bei der Abreise ein Liebesandenken hinterlassen, das sie einem Freunde mitteilte, der ohne Arg damit seine Frau beschenkte. Diese wollte ohne Zweifel nicht zurückstehen und übertrug es auf einen Liebhaber, der seinerseits damit so freigebig war, dass ich in weniger als einem Monat einige fünfzig Patienten bekam. Die folgenden Monate waren nicht minder fruchtbar, und ich kurierte alle Leute und ließ mich, wie recht und billig, gut bezahlen. Noch jetzt habe ich einige Patienten, doch nach einem Monat werde ich niemand mehr haben, denn die Krankheit ist erloschen. Sie werden jetzt die Freude begreifen, die mich bei Ihrem Anblick erfüllte. Sie schienen mir Glück zu verkünden. Darf ich mir schmeicheln, dass Sie einige Tage hier bleiben werden, um die Quelle meines Glücks von neuem hervorsprudeln zu lassen?"

Ich musste über seine Erzählung lachen, betrübte ihn aber durch meine Erklärung, dass ich mich sehr wohl befinde. Er versicherte mir, ich würde das nach meiner Rückkehr nicht mehr behaupten können, denn das Land, in das ich mich begäbe, wäre voller schlechter Ware; doch niemand besäße so wie er das Geheimnis, das Übel auszurotten. Er bat mich, auf ihn zu zählen und mich nicht an Quacksalber zu wenden, die mir ihre Mittel anpreisen würden. Ich versprach ihm das alles, dankte ihm und ging an Bord zurück.

Die Basilika ist UNESCO-Weltkulturerbe. Die Euphrasiusbasilika zeigt bis ins Detail, wie frühchristliche Gotteshäuser angelegt waren: Vom Atrium betritt man die Taufkirche, den offenen Umgang oder gelangt in den dreischiffigen Kirchenbau. Orientalische Architekturanklänge zeigen die Bögen im Atrium, deren Ansätze gestelzt sind. Eine hölzerne Balkendecke trägt das Mittelschiff. Die beiden Seitenschiffe der Kirche sind durch Säulen miteinander verbunden. Die Säulenkapitelle in der Kirche zeigen deutlich byzantinische Bauformen. Wertvolle Materialien und kunstvolle Ausarbeitung heben den Bereich der Apsis und den davor stehenden Platz des Hochaltars in höhere Sphären. Sie sind nicht nur Schmuck, sie verdeutlichen den Himmel – holen ihn herab auf die Erde. Die Mosaike sind ein Dreiklang aus Gold, Weiß und Grün, die dem Raum um den Hochaltar in einen Schimmer flüssigen Goldes tauchen; Perlmutt und Gold sind die edlen Materialien. Weiters wurden für die Arbeiten Steine, Schmelzglas und Email verwendet.

Lange Zeit dachten die Kunsthistoriker, dass die Mosaike, die an jene des Markusdoms in Venedig erinnern, aus dem 13. Jahrhundert stammen, doch sind die unglaublich gut erhaltenen Arbeiten um ein halbes Jahrtausend älter. Die Mosaikböden mit ihrer orientalischen Ornamentik sind im angeschlossenen Museum im ehemaligen Bischofspalast zu besichtigen. Es braucht Geduld und Ausdauer, um

Gegenüber: Der gebürtige Venezianer Giacomo Casanova (1725–1798), eine der schillerndsten Persönlichkeiten seines Jahrhunderts. Stich von Johann Berka, 1788.

Wenn Lebenslust und Temperament Pause machen: Szene beim Karneval von Rijeka.

Austernzucht im Limski-Kanal. Vor Ort finden sich auch gute Austernlokale.

Mosaike zu schaffen – um sie zu restaurieren auch. Man kann es an den Restauratoren beobachten, die mit Pinzetten und Pinseln an den weitläufigen und vielzeitigen Böden – vom 4. Jahrhundert an – der Euphrasiusbasilika arbeiten.

Vrsar – Das Refugium der Bischöfe

Vrsar und Rovinj trennt ein Naturphänomen: ein versunkenes und von Meerwasser geflutetes Karsttal. Unterirdisch und quasi „untermeerisch" verläuft der ertrunkene Fluss Lim. Auf den Hängen stehen dunkle Wälder. Ihre Schatten reichen lang in den Tag, und wenn sich diese in die Nacht verlieren, färbt sich Wasser und Luft in rosa, blauen, violetten Tönen: Das ist der Limski-Kanal, oftmals Fjord genannt. Fjord ist allerdings eine falsche Bezeichnung, denn Gletscher, die Fjorde bilden, haben in Istrien nie existiert. Doch die Stille und die Kühle erinnern ein wenig an einen Fjord. Nicht nur die Stille ist am Limski-Kanal zu Hause, hier sind auch die Austernfischer anzutreffen – natürlich nebst guten Austernlokalen.

Nördlich der Mündung des überfluteten Tals liegt Vrsar (Osera). Auf der römischen Karte (*Tabula Peutingeriana*) ist die Siedlung Ursaria – das heutige Vrsar – als Insel vor Pula verzeichnet. Da irrte der unbekannte Kartograph, der im 4. Jahrhundert lebte, aber die Nennung auf der römischen Landkarte beweist die Bedeutung der Stadt. Istrianische Produkte waren in Ravenna und auf anderen Märkten des Reiches begehrt. Wieder als Insel – diesmal an der Westküste Istriens – platziert ein anderer Geograph das römische Ursaria 400 Jahre später.

Inseln gibt es entlang der Küste vor Vrsar zuhauf. Verschwenderisch hingestreut liegen sie wie grüne Punkte im blauen Meer. Mit ein wenig Glück lässt es sich für einen Tag Robinson Crusoe sein, auch wenn man sich die Insel mit ein paar Freitagen teilen muss. Die Altstadt von Vrsar liegt auf einer sanften Kuppe. Das größte Gebäude ist die Sommerresidenz der Bischöfe von Poreč, auf den Mauern einer

Festung errichtet. Es zeigt, welche wirtschaftliche Macht die geistlichen Herrscher hatten, die lange Zeit auch die Herren von halb Istrien waren. In der Zeitspanne vom 10. bis ins 18. Jahrhundert war Vrsar das administrative Zentrum der Grafschaft, die die Bischöfe gegen die Interessen von Venedig und Aquilea verteidigten. Sie herrschten im Auftrag der römischen Päpste, die von Zeit zu Zeit die Rechte bestätigten.
Der Kampf an der Westküste Istriens endete in der zweiten Hälfte des 13. Jahrhunderts zugunsten Venedigs: Poreč stellte sich unter die Obhut des Dogen, und so sollte auch Vrsar, das sich auf dem Gebiet von Poreč befand, unter die Herrschaft Venedigs kommen. Das war aber nicht der Fall. Die Stadt blieb im Besitz des Bistums von Poreč und musste weder Steuern nach Venedig noch an den Patriarchen von Aquilea entrichten. Die Bischöfe trugen selbstbewusst ihren Titel „Grafen von Vrsar". Die Einnahmequellen der Bischöfe waren Häuser und Grundstücke, Wälder und Weiden, Fischereien, Salinen, Olivenmühlen und Brotöfen. Erst gegen Ende des 18. Jahrhunderts hob der Senat in Venedig die Kirchenrechte der Grafschaft von Vrsar auf. Das Bistum von Poreč wurde dafür finanziell entschädigt.
Zu den Exportgütern der Stadt zählten und zählen bis heute die weißen Kalksteine. Steinbrüche rund um Vrsar zeugen davon. Am Fuße der Altstadt liegt der Stadtpark, der in den Stadtstrand übergeht. Ein kleiner Spaziergang durch den Park führt zur vordersten Spitze der Stadt, wo ein Steinbruch liegt. Durch die aufgebrochene Landschaft ziehen kleine Pfade, behauene Steine liegen im Gras. Es sind ausdrucksstarke Plätze, wo der Stein mit all seiner Wucht zu Tage tritt, wo die Kraft zu spüren ist – und auch die Ahnung, was der Mensch daraus zu bauen weiß. Von hier ging der Stein nach Venedig, mit dem Paläste, Kirchen und Brücken errichtet wurden. Der Steinbruch bei der romanischen Kirche „Maria vor der See" ist ein solcher Kraftplatz. Mit Kalkstein arbeitet auch der renommierteste kroatische Bildhauer Dušan Džamonja. Der großzügige Park bei seinem Atelier, nahe von Vrsar, zeigt viele seiner monumentalen Werke. Die Formsprache entspricht der Größe; sie ist klar und ohne Schnörkel.

Rovinj – Frau an der Spitze

Es zahlt sich aus, mit der Sonne aufzustehen. Da streift sie zuerst über die Masten der Segelboote, taucht auch die Spitzen der Zypressen, die Kronen der Kiefern in ein warmes Licht. Und sie beleuchtet Eufemia, die ganz oben auf der Spitze des Campanile ihren Mantel in den Wind hängt. Dann taucht die Sonne die oberen Dächer ins Licht, erfasst immer mehr davon. Sie zündet das „romano rosso" der Häuser an, bis auch das steinerne Pflaster zu glühen beginnt und ganz Rovinj (Rovingo) im Scheinwerferlicht liegt.
Die Altstadt von Rovinj gleicht einem Tropfen aus Stein, der vom Meer umschlossen wird. Einst lag Rovinj auf einer Insel, bis der schmale Kanal, der die schöne Stadt vom Festland trennte, im Jahre 1763 zugeschüttet wurde. Monterosso hieß die befestigte Insel; eine Befestigung aus dem 12. Jahrhundert schützte die Stadt. Hierher flüchtete sich die Bevölkerung in Krisenzeiten. Rund um die Kirche der hl. Eufemia schmiegt sich die Altstadt: ein Gewirr von alten Gassen und Stiegen.
Von den sieben mittelalterlichen Toren, die die Stadtbefestigung für Kaufleute und Seemänner, für Fischer- und Patrizierfamilien, für Klerus und Kleinbauern durchlässig machten, sind drei Tore noch im ursprünglichen Zustand zu sehen. Auf dem Balbitor ist ein besonders schönes Exemplar eines venezianischen Löwens zu sehen. In dem Buch, das er aufgeschlagen vor sich hat, ist immer der Wahlspruch der Stadt zu lesen. In Rovinj lautet er: „Victoria tibi Marce, evangelista meus".

Aus den Anfängen des Tourismus in Opatija (Abbazia): Bootspartien waren eine gesellschaftliche Angelegenheit – Tee und Sandwich inklusive. Postkarten, 1918.

Geschäftig ist der Hafen vor allem in der früh, wenn die Scampifischer zurückkehren.

Kulisse für Nachtschwärmer in Rovinj.

Es war keine bedeutende römische Siedlung, aber eine wohlhabende venezianische Stadt, in der sich bis zum Exodus der italienischen Familien nach dem Zweiten Weltkrieg ein eigenständiges Italienisch erhielt, das sich direkt aus der lateinischen Sprache ableitete. Wahrscheinlich nahm die Stadt um 1000 n. Chr. Kontakt mit Venedig auf und stellte sich unter ihren Schutz.

Die neue Schutzmacht regelte rigoros den Handel, seine Preise und seine Absatzmärkte. Für das aufblühende Rovinj war es aber kein Problem, auch Verträge mit dem Stadtstaat Dubrovnik abzuschließen. Manche Familien aus Rovinj erlangten ausreichend Geld und Ansehen, dass sie sich ein Stadtpalais in Venedig erbauen ließen.

Die Rückschläge kamen in allen Jahrhunderten: der Krieg mit den Nachbarstädten Prian und Koper im 13. Jahrhundert, der Handelskrieg zwischen Venedig mit Genua und die Pest im 15. Jahrhundert, die Einfälle der Uskoken im 17. Jahrhundert.

Als die österreichische Herrschaft die der Venezianer und das kurze Intermezzo Napoleons ablöste, war Rovinj mit 10.000 Einwohnern die größte Stadt Istriens. Zwei Mal besuchte Kaiser Franz I. die Stadt. Es wurde in Spitäler, Eisenbahn, Theater und in die Tabakfabrik investiert, deren repräsentative Bauten am Hafen stehen. *Die österreichisch-ungarische Monarchie in Wort und Bild* berichtet darüber im Stil der Kolonialherren. Die Errichtung der Tabakfabrik war „geradezu ein Segen, denn die Arbeiterinnen (780, außerdem 40 Männer) gewinnen daselbst nicht nur ihren Lebensunterhalt, sondern werden auch zu Reinlichkeit, Ordnung und Sparsamkeit herausgebildet".

Der Fremdenverkehr erwachte mit der Eröffnung des Kurbades Maria Theresia. Gegründet wurde die älteste Einrichtung dieser Art an der Küste Kroatiens von der „Wiener Gesellschaft zur Förderung und Entwicklung von Seebädern". Heime für bedürftige Kinder wurden errichtet und solche für Rachitispatienten; der Kurort wurde von Kindern aus ganz Österreich-Ungarn besucht. Es folgte der Bau des Hotels Jadran (heute: Centar). Die Insel Sveti Andrija kaufte 1890 Baron Georg von Hüterodt, der das verlassene Kloster in ein Hotel umbauen ließ. Der polnische Graf Ignaz-Karol Milewsky erwarb 1905 die vorgelagerte Insel Sveta Katharina, pflanzte Bäume und ließ darauf zwei Schlösser errichten. Die Insel war zu jugoslawischen Zeiten eine Ferieninsel für Kinder. Die Tradition der Kinderferien lebt weiter. Österreichische Hoteliers haben die Katarineninsel als Familienressort adaptiert – garantiert autofrei.

Alle Gassen und Stiegen führen hinauf zur Kirche St. Eufemia. Eufemia wurde in der Nähe von Konstantinopel geboren. Als Christin wurde sie unter dem römischen Kaiser Diokletian wie viele andere „Katakombenheiligen" gnadenlos verfolgt. 304 n. Chr. starb sie den Märtyrertod: Sie wurde den Löwen zum Fraße vorgeworfen. Ihre sterblichen Überreste kamen in einen Steinsarkophag. Ihr zur Ehren wurde in Konstantinopel eine Kirche errichtet – doch der tonnenschwere Sarkophag verschwand … und wurde am Meeresufer in Rovinj an Land gespült. Die Legende besagt, dass ein Mann mit seinen beiden Kühen den Sarkophag aus dem Meer gezogen haben soll.

So kam die Stadt Rovinj um 800 n. Chr. zu ihrer Schutzpatronin. Auf der Spitze des Glockenturmes steht ihre Kupferstatue. Sie wird mit einem Olivenbaumzweig – ein Zeichen des Friedens – und einem Rad dargestellt. Die vier Meter hohe Statue dreht sich nach dem Wind – wiewohl Eufemia in ihrem Leben viel Standfestigkeit bewies. An dem Glockenturm wurde 26 Jahre gebaut – er ist eine schöne Wiedergabe des Campanile in Venedig. Kein Wunder, dass er auch der höchste Glockenturm Istriens ist: Er misst 62 Meter.

Trotz der Schönheit der Häuser, Paläste und Kirchen sollte man die Steine, mit denen die Stadt gepflastert ist, nicht übersehen. Gerillt, gewellt, gefurcht, gelocht: Das Straßenpflaster wurde von den Steinklopfern behauen, damit es in den ansteigenden Gassen nicht glatt wird und die Hufe der Mauleseln Halt finden. Als hätten man damals schon geahnt, wie viele Besucher diese Stadt bestaunen … Manche Steine allerdings sind im Laufe der Jahrhunderte so blank getreten, dass sie wie Spiegel auf der Straße liegen. Besonders eng wird es in der letzten Augustwoche, wenn Rovinj ein einziges großes Freilichtatelier wird. Hunderte Maler stellen entlang der Grisijagasse ihre Bilder aus. Auch Fischerfeste, Regatten und Konzerte lassen die Stadt bis lang in die Nacht leben. Doch am frühen Morgen, wenn die Sonne die hl. Eufemia weckt, gehört sie wieder ihren größten Bewunderern ganz allein.

Pula – Der Puls

Im dunstigen Licht des Meeres grüßen die Kräne der Werftanlagen. An der Uferstraße brandet mehr der Verkehr als das Meer. Hinter den Mauern des alten Arsenals und von den Docks und Werkstätten ist ein ständiges Hämmern und Klopfen zu hören – das ist der Pulsschlag von Pula (Pola).

Die größte Stadt Istriens mit 67.000 Einwohnern zeigt im besonderen Maße, wie durch Migration, durch Handel, Kriege, Eroberungen und Investitionen eine Stadt entstand, die sich zum Zentrum erhob. Und wie durch politische Umstände die Stadt wieder in die Bedeutungslosigkeit versank und sich abermals zu einer blühenden Stadt entwickelte.

Seit prähistorischer Zeit ist Istrien besiedelt. Die Illyrer lebten hier, ein Stamm nannte sich Histrer, nach denen das Land seinen Namen bekam. Das illyrische Pula lebte aber im Schatten eines bedeutsamen Zentrums – Nesactium –, das sich in unmittelbarer Nähe befand und sowohl politischer Mittelpunkt als auch Verwaltungs- und Militärzentrum war. Die Ausgrabungen der abgekommenen Stadt liegen acht Kilometer nordöstlich von Pula.

Pula war im ersten Jahrhundert vor Christi der strategische Brückenkopf zur römischen Eroberung Istriens. Vom Militärstützpunkt – ein Status, den Pula unter der österreichischen k. u. k. Marine wieder erhielt – entwickelte sich die

Reste der Stadtmauer in Pula (Pola) – der Triumphbogen der Sergier, auch das „Goldene Tor" genannt. Postkarte, um 1910.

Das Rathaus von Pula (Pola) mit seinen Renaissance-Arkaden. Der Giebel mit der Uhr wurde aus denkmalpflegerischen Gründen entfernt. Fotografie, um 1900.

Blick über Pula – das römische Amphitheater, die Werftanlagen und die vorgelagerten Inseln.

Gegenüber: Den schönsten Anblick des Amphitheaters bietet die Seeseite. Postkarte, 1910.

Stadt zum Handelszentrum; 43 v. Chr. bekam Pula den Status einer Kolonie. Pula geriet in den Konflikt zwischen Rom und Pompeji und stellte sich auf die Seite von Brutus, den Mörder Cäsars. Wegen seiner wirtschaftlichen Bedeutung ließ es Kaiser Oktavian wieder aufbauen. Zu dieser Zeit bekam Pula seinen römischen Namen zu Ehren von Julius Cäser: Colonia Iulia Pola Pollentia Herculanea.

Im so genannten *Kronprinzenwerk* – eine 24-bändige Buchreihe, die der österreichische Thronfolger Erzherzog Rudolf in Auftrag gab – kommt man angesichts der antiken Pracht ins Schwärmen:

„Pola war reich an prächtigen Gebäuden, wie das Amphitheater, das Theater, der Tempel des Augustus und der Roma, der Triumphbogen des Sergius beweisen; sein Forum und sein für die Volksversammlungen bestimmter Platz (die Comitia) waren mit Statuen von Nero, Mark Aurel, Caracalla geschmückt, ferner mit denen der Ulpia Severina, des Licinius und Maximianus; die Stadt war berühmt wegen ihrer Bäder, Aquädukte, wegen des Nymphaeums, des von einer Doppelmauer umgebenen Capitols; sie hatte eine Bevölkerung von 30.000 Menschen, wobei diejenigen nicht mitgezählt sind, welche außerhalb der Stadtmauern auf den Hügeln zerstreut wohnten, wie die See- und Handelsleute, die Sklaven und das niedrige Volk, das gewöhnlich seine Geschäfte in den Werkstätten, auf dem Rindermarkt, auf den ‚nundinae' (Jahr- und Wochenmärkten) betrieb. So war Pola die reichste und glänzendste Stadt Istriens."

BLUT UND SPIELE

Amphitheater sind keine Wehrbauten, keine Kultstätten und keine Repräsentationsbauten – und doch verdeutlichen sie weithin Macht: die Macht des Vergnügens, die Macht des Events.

In den Amphitheatern des Römischen Reiches und seiner Kolonien wurden Gladiatorenkämpfe, Tierhetzen und Seeschlachten veranstaltet. Vier solcher Bauten stehen auf kroati schem Boden: in Pula, Zadar, Solin und Cavtat.

„Gladius" ist das kurze Schwert, welches den Kämpfern ihren Namen gab. Gladiatoren wurden aus Kriegen rekrutiert; sie waren gefangene Kämpfer. Aber auch Verbrecher und Rebellen, die keine römischen Bürger waren, konnten Gladiatoren werden. Sie wurden in besonderen Schulen unterwiesen, diese Einrichtungen waren staatlich oder im Besitz wohlhabender Bürger. Die Schulen standen unter Militärbewachung, da Aufstände keine Seltenheit waren.

In Pula führte ein unterirdischer Gang von der Gladiatorenschule zur Arena. In den unterirdischen Räumen des Amphitheaters waren weitere Aufenthaltsräume der Kämpfer und ihre Kraftkammern. Auch die wilden Tiere und die technischen Einrichtungen für die Spektakel wurden unterhalb der Arena untergebracht.

Gladiatorenspiele haben ihren Ursprung in den Kämpfen, die bei etruskischen Totenzeremonien abgehalten wurden. Anstatt durch Opfer wurde durch Kämpfe an die Verstorbenen erinnert.

Ab dem 1. Jahrhundert v. Chr. bekamen die Gladiatorenspiele den Charakter öffentlicher Unterhaltung. Sie wurden anlässlich von Tempeleinweihungen, Feiertagen, Amtseinweihung u. Ä. aufgeführt. In der Kaiserzeit wurden Gladiatorenkämpfe zu einem Staatsmonopol und vor allem zu Ehren des Kaisers veranstaltet.

Durch einen immer größeren Zustrom an Gefangenen haben sich die Gladiatorenspiele weiterentwickelt. Mit neu eroberten Ländern kamen neue Waffen, neue Kampftechniken, neue Bräuche nach Rom. Die Gladiatoren kämpften mit der Technik und in der Tracht der unterworfenen Völker.

Vor dem Beginn der Kämpfe inspizierten die Gladiatoren in einer feierlichen Prozession die Arena. Dabei kamen sie am kleinen Tempel der Göttin Nemesis vorbei, der im Amphitheater von Pula angebaut ist. Sie ist die Beschützerin der Gladiatoren und ihrer Spiele.

Danach begannen die Spiele mit Wagenkämpfen, die einer Choreographie folgten und mit Musik begleitet wurden.

Die Gladiatoren kämpften mit stumpfen Waffen. Trompetenfanfaren eröffneten den blutigen Teil des Spektakels. Hierzu wurde mit dem „gladius" gekämpft und mit Lanzen, aber auch mit einem Dreizack. Zuerst kämpften sie paarweise, später auch in Gruppen. Gladiatoren, die Furcht zeigten, sowie jene, die scharfe Gefechte mieden, wurden ausgepeitscht und mit glühenden Eisenstangen gestochen.

Ein verwundeter oder durch den Kampf erschöpfter Gladiator konnte vor dem Kaiser oder vor dem Publikum um Begnadigung bitten. Der Tod eines Gladiators wurde mit einer glühenden Eisenstange überprüft. Der Sieger bekam eine Geldprämie, einen Kranz oder eine Palme.

Durch Inszenierungen und Kostümierung bekamen die Spiele den Anschein von Theaterstücken, deren Inhalte historische oder mythologische Hintergründe hatten.

Beliebte Veranstaltungen in den Amphitheatern waren Tierhetzen auf Löwen, Panther, Bären und Stiere.

Dazu wurden Jagden veranstaltet, nicht nur innerhalb des römischen Imperiums, sondern auch außerhalb, um den enormen Bedarf an wilden Tieren zu garantieren.

Auf diese Weise kamen unbekannte und exotische Tiere nach Pula. Tierhetzen dienten zudem als öffentliche Hinrichtung von Verurteilten, oftmals waren diese verfolgte Christen. Die Verurteilten wurden mit unzureichenden Waffen in die Arena geschickt, in der die Tiere sie zerrissen.

In *Die österreichisch-ungarische Monarchie in Wort und Bild*, dem österreichischen Standardwerk über die damaligen Kronländer, ist Folgendes zu lesen:

„Indessen verbreitete sich auch die Lehre Christi in Istrien. Der heilige Hermagoras und der heilige Aelius, Jünger des heiligen Markus, predigten schon an der Wende des ersten Jahrhunderts das Wort des Erlösers, und das Blut des Primus, des Apollinaris, des Servulus, des Zenno, des Sergius, des Justus, der Justina und hundert anderer Märtyrer, die ruhmvoll für ihren Glauben starben, wurde in der Arena von Triest, im Amphitheater von Pola vergossen."

Nachdem das Christentum zur Staatsreligion ausgerufen wurde, verbot Kaiser Honorius per Dekret 404 n. Chr. die Gladiatorenspiele. Das Amphitheater von Pula verlor seine Funktion und war dem Schicksal der Zeit überlassen.

Reichtum und Luxus sind verführerisch. Es entwickelte sich ein römischer Tourismus; Colonia Iulia ist eines der Reiseziele. Das *Kronprinzenwerk* vermerkt: „Es ist daher natürlich, dass Pola mit seiner herrlichen Villa Flavia, seinem bezaubernd schönen, von Felsklippe und lachenden Hügeln umsäumten Hafen, der Lieblingsort für die Erholung suchenden Reichen war. Hier weilte Antonia, die Tochter des Marcus Antonius und der Octavia, und jene andere Antonia, Witwe von Drusus, die von Caligula zur Würde einer Augusta erhoben wurde; hier erfreuten sich an der kühlen Frische der Seelüfte die Claudier, die Flavier, die Antonine, die Constantine. Und hier durchlebte Vespasian seinen Liebesroman mit der schönen Istrianerin Julia Cenis, derselbe, welcher das Amphitheater und das Theater auf dem Berge Zaro erbauen ließ."

Das Amphitheater steht am Rande des Stadtkerns, an der römischen Via Flavia, die nach Poreč und weiter nach Triest führte. Es war das sechstgrößte Amphitheater des Römischen Reiches und fasste 20.000 Zuschauer. Wenn man bedenkt, dass Pula im 1. Jahrhundert n. Chr. vorerst 5000 Einwohner zählte, ist daraus zu schließen, dass das Hinterland relativ dicht besiedelt war. Die Bauabschnitte des Amphitheaters ziehen sich über das 1. Jahrhundert n. Chr. hin; begonnen wurde das vorerst noch kleinere Amphitheater unter Kaiser Augustus, erweitert und fertig gestellt unter den Herrschern Claudius und Titus Flavius Vespasianus.

Das Amphitheater, in vier verschiedene Sektionen geteilt, hatte unterschiedliche Ränge. Vom innersten Korridor führte eine Treppe zum „podium", einer Terrasse, welche den höchsten Vertretern des Reiches und Ehrengästen zugedacht war. Das „podium" war aus Marmor, eine Balustrade überragte die Arena. Sie war durch ein Eisengitter gegen die Arena geschützt, denn unter dem „podium" stürzten die wilden Tiere auf den Kampfplatz. Frauen hatten eigene Sektoren und in der obersten Galerie saß das gemeine Volk. Das gesamte Gebäude war mit beweglichen Stoffplanen bedeckt, die mit ihren Bemalungen eine eigene Stimmung erzeugten. Sie wurden mit Flaschenzügen hochgezogen und von Matrosen bedient.

Matrosen und Seeleute waren auf den Straßen von Pula zahlreich zu sehen. Die Stadt blieb bis ins 5. Jahrhundert ein wichtiger römischer Hafen. Mit dem Zerfall des Weströmischen Reiches und dem Beginn der Völkerwanderung begann die Machtergreifung der Ostgoten in Pula. Die Stadt wurde dann von Byzanz und dem Heerführer Belisar erobert und gelangte wie ganz Istrien unter byzantinische

Piran (Pirano) vor einem halben Jahrhundert. Fotografie, um 1955.

Herrschaft. In dieser Periode wandte sich Pula den Märkten im östlichen Mittelmeerraum zu. Die antike Welt zerbrach mit der Besiedelung durch slawische Völker und mit den neuen Machtstrukturen an der Nordadria. Zwei Adelsfamilien aus Pula dokumentieren den Konflikt: Die Sergier de Castropola waren Anhänger des Patriarchen von Aquilea, die Familie Jonatasi unterstützten Venedig. Es kam zu blutigen Auseinandersetzungen unter den beiden Adelsgeschlechtern. Letztendlich schloss sich Pula wie die meisten Städte Istriens an Venedig an; die Bedeutung des Hafens wuchs wieder. Während der Kreuzzüge entsandte Pula Transportschiffe in den Vorderen Orient.

Die Malteserritter nützten das Amphitheater als Turnierwiese – ansonsten weidete das Vieh in der Arena. Andererseits wurde das Amphitheater zu einem überdimensionierten Baustoffhandel; en detail für Ausbesserungsarbeiten aller Art in Pula und en gros für die Paläste Venedigs. Wahrscheinlich wurde die große Mehrheit der Sitzstufen aus dem Zuschauerraum in die Lagunenstadt abtransportiert. Der erste Denkmalschützer war der Patriarch von Aquilea:

Rovinj – Dachlandschaften verschachteln sich auf engstem Raum.

Er verordnete um 1260, dass jeder, der beim Wegtragen von Steinmaterial ertappt würde, mit einer Strafe von 100 Goldmünzen rechnen müsse.

Ende des 16. Jahrhunderts drohte dem Amphitheater von Pula das Aus. Der Große Rat der Republik Venedig beschloss, das Bauwerk Stein für Stein abzutragen und nach Venedig liefern zu lassen. Dort sollte es neu errichtet werden als rühmliches Wahrzeichen des Reichtums und der Macht der Serenissima. Dem Beschluss widersprach jedoch der Senator Gabriele Emo. Ihm und seinen energischen Bemühungen ist es zu verdanken, dass das antike Wahrzeichen noch in Pula steht. „Die ganze Bevölkerung von Pula dankt Gabriele Emo, dem Sohne von Peter, dem berühmten und erhabenen venezianischen Senator, für das ewige Bestehen des altstädtischen Amphitheater-Denkmals, 1587." So steht es auf der Gedenktafel am Amphitheater.

Ein Jahrhundert später drohte abermals Gefahr. Die Venezianer fürchteten, dass das Amphitheater in eine Festung umgewandelt werden könnte – eine Festung, die einmal gegen sie selber stehen könnte. Außerdem hatten die Venezianer eigene Festungspläne mit dem antiken Baumaterial. Diesmal trat der Festungsbauingenieur selbst für die Erhaltung ein. Er benutzte dafür anderes antikes Gestein: das vom fast ebenso bedeutenden Denkmal, dem Theater am Monte Zaro. Die letzte Materialbeschaffung erfolgte im 18. Jahrhundert. Für den Bau des Turmes der Domkirche wurden in das Fundament 70 Sitzstufen verarbeitet. Viele Sitzstufen waren mit Monogramm und Wappen seiner Abonnenten behauen. Danach wurde das Amphitheater nur mehr erforscht, bestaunt und restauriert. Schon der große italienische Renaissance-Baumeister Andrea Palladio (1508–1580) beschäftigte sich mit dem Bauwerk. Vom napoleonischen Gouverneur der Illyrischen Provinz, Marschall Marmont, wurden Forschungen betrieben; auch unter österreichischer Herrschaft ordnete Kaiser Franz I. Untersuchungen an. An der Spitze des Teams standen der neoklassizistische Architekt Pietro Nobile sowie Anton Gnirs, später der Konservator und Archäologe des Denkmalamtes.

Das Auf und Ab der Stadt spiegelt sich eindrucksvoll in der Statistik nieder. Nach der römischen Blüte und dem Wohlergehen unter Venedig kam die Pest, aber auch die Einfälle der Uskoken. Die kriegerische Gruppe aus Senj war an der gesamten Küste gefürchtet. Von 30.000 Einwohnern blieben im 17. Jahrhundert nur 300. Obwohl Pula einer Geisterstadt glich, war der Hafen für die Venezianer eine wichtige Station in die Levante.

Das Kastell erhebt sich auf dem Monte Zaro, auf dessen Abhang das zweite große Theater der Antike liegt. Unter den Bastionen der venezianischen Forts liegt eine Stadt wie ein Fleckerlteppich der Geschichte: die Reste der byzantinischen Kirche im Hinterhof einer Mietskaserne, die offenen Wunden der Bombardements im Zweiten Weltkrieg, die steinerne Ellipse des Amphitheaters, Schlote und Kirchtürme – eine wogende und holpernde Dachlandschaft mit unendlich vielen Wäscheleinen und Satellitenschüsseln. Vom Dunst der Stadt verwischt, liegen im Meer die Gerüste und Kräne der Werftanlagen, hier lärmt der Puls von Pula.

Im Jahr 1797 kam Pula unter österreichische Verwaltung, aber die neue geopolitische Positionierung beschleunigte nur den Verfall. Triest war der Hafen Österreichs und Fiume (Rijeka) der der ungarischen Reichshälfte der Monarchie – dazwischen lag Pula. Durch die Einigungsbestrebungen des italienischen Volkes sah sich Österreich veranlasst, sein Seearsenal – bisher in Venedig – zu verlegen. Pula, gut befestigt mit dem Kastell und durch die vorgelagerten Inseln auch gegen das offene Meer strategisch günstig gelegen, wurde ab 1856 als k. u. k. Kriegsmarinehafen ausgebaut. Mit dem Bau des Arsenals stieg die Einwohnerzahl sogleich auf 2000 Einwohner; um 1880 waren es schon 20.000.

Rijeka (Fiume), im Hintergrund ist die Wallfahrtskirche von Trsat zu sehen. Matrosen rutschten auf ihren Knien zum Gnadenbild der Mutter Gottes. Fotografie, um 1925.

Werften, Lagerhallen und ein gewaltiges Kriegsarsenal wurden gebaut, ebenso Schulen, Spitäler, Straßenbahnen, Kirchen, Hotels, Bierstuben, Cafés und ein Marinecasino. Letzteres war der gesellschaftliche Brennpunkt der Stadt. Im großen Saal spielte von 1894 bis1896 die Marinekapelle unter dem Kapellmeister und Operettenkomponisten Franz Lehár. Für die enorme Bautätigkeit wurde die Stadtmauer geschleift und die Riva aufgeschüttet. Am Monte Paradiso bauten die höheren Chargen ihre Villen. Die Oliveninsel wurde als Bestandteil der Werft erweitert. Das Herzstück des Seearsenals wurde nach Plänen des Oberstleutnant Karl Möring gebaut. Die Werkstätten, Docks, Hellinge und Magazine konnten auch noch im Jahr 1915, also ein Jahr nach Kriegsausbruch, ohne größeren Aufwand und lediglich in Begleitung eines Unteroffiziers besichtigt werden – der Spionage waren Tür und Tor geöffnet.

Vor 1914 zählte Pula an die 60.000 Einwohner, von denen über 10.000 im Arsenal beschäftigt waren. Die Stadt war beim Ausbruch des Krieges bis an die Zähne bewaffnet und die bestbefestigte Stadt Europas. Im Norden reichten die Befestigungen bis Barbariga und zu den Brioni-Inseln, im Süden bis Premantura, im Osten erstreckten sie sich nach Sisan. So wie das Rathaus von den römischen Elementen des Dianatempels bis zur Moderne alle Epochen vereint, so strömten Menschen aus allen Teilen der Monarchie nach Pula: aus Kärnten und Dalmatien, aus der Bukowina und Schlesien, aus Mähren und der Vojvodina, aus Südtirol und Siebenbürgen. Für die Offiziere der Marinebasis unterrichtete der irische Dichter James Joyce Englisch. Auf der Suche nach Arbeit kam Joyce 1904 von Triest nach Pula, wo er in der Berlitz-School eine Stelle fand. Eine Gedenktafel ist am Haus nahe dem Sergier-Triumphbogen angebracht. Und im Café Uliks sitzt die Skulptur des Dichters bei einem Espresso: eine Arbeit des Bildhauers Mate Čvrljak.

Vor den Mauern des Arsenals führt eine von Unkraut überwucherte Treppe zur Marinekirche „Unsere Frau am Meer". Hinter den Mauern erblickt man wieder die allgegenwärtigen Kräne. Der Architekt Friedrich von Schmidt, Dombaumeister zu Wien und maßgeblicher Architekt der Wiener Ringstraße, baute das Gotteshaus in einem Gemisch aus Neoromanik und Neobyzantismus. Das Hauptportal wird von steinernen Säulen getragen, in die zwei Seemannskonten geschlungen, nein, vielmehr gehauen wurden. Gedenk-

Oben und unten: Der Hafen von Rijeka (Fiume) war seit dem Anschluss an die Südbahn ein florierender Umschlagplatz. Fotografien, 1910.

tafeln erinnern in der Kirche an österreichische Zeiten: „Zur Erinnerung an die vor 40 Jahren erfolgte Rückkehr der österreichisch-ungarischen arktischen Expedition mit dem Schiffe Admiral Tegettoff 1872–1874 und an die Entdeckung von Kaiser-Franz-Joseph-Land. / Gewidmet von Hans Graf Wilček, Ehrenpräsident der k. k. geographischen Gesellschaft in Wien / k. u. k. Linienschiffleutnant Carl Weyprecht, k. u. k. Oberleutnant Julius Payer".

Es wurde gestorben. Malaria und Gefechte, Schiffbruch und Arbeitsunfälle in den Docks, Duelle und Spielschulden trieben mannigfaltig in den Tod: Der Marinefriedhof nahm sie alle auf. Dunkle Eiben geben Trauerschatten. Unter dem Friedhof erstreckt sich ein Park, der zu einer Bucht führt. Der Blick aufs Meer ist tröstlich, das Meer hat hier keine Wildheit mehr. Die Inschriften auf den Gräbern erzählen Schicksale: „Gottes Wille war es unseren unvergesslichen Sohn Philip Kruschina aus Teplitz, Böhmen, Maschinist 3. Klasse der k. u. k. Kriegsmarine am 3. März 1894 im 18. Lebensjahr abzurufen. Er war ein freiwilliger glücklicher Soldat. Möge er im Himmel glücklicher sein"; „Unserem geliebten Kamerad Otto Karsch, k. k. Seekadett, geb. zu Brünn am 8. Sept. 1866, verschollen in den Wellen des Hudson am 3. Feb. 1886 im Dienste seines Kaisers"; „Josef von Primavesi, k. u. k. Kontreadmiral, geb. in Olmütz 22. April 1834, gest. 10. Juli 1898".

Im Spannungsfeld zwischen römischer, byzantinischer, slawischer, venezianischer und k. u. k. Vergangenheit hat sich eine lebendige istrianische Stadt herausgebildet. Sie verbindet, ebenso wie das gesamte Land, die verschiedenen Kulturen zu einer bunten Mischung.

Nachrichten aus Opatija (Abbazia): „Das ist das Bad, in dem wir jeden Tag baden, wo das Wasser gut und warm ist." Postkarte, 1911.

Lovran – Ein Salon im Grünen

Lovran (Lovrana) ist ein eleganter Salon im Grünen. Mit der Entwicklung des Seebades und Kurortes Abbazia (Opatija) entdeckte die Gesellschaft der Jahrhundertwende die Hafenstadt Lovran. Hier protzte der Luxus nicht wie im benachbarten Opatija, hier kam er als Understatement daher, exklusiv und selbstverständlich. Lovran ist – im Gegensatz zum künstlich geschaffenen Seebad Opatija – ein alter Seefahrerort, dessen erholsame Lage schon die Römer kannten. Die Stadt mit ihrer Befestigung und den alten Kirchen, Kapellen und Häusern blieb erhalten, während an den Seegründen Villen entstanden, deren Besitzer die Ruhe mehr schätzten als das gesellschaftliche Getriebe in Abbazia.

Lovran liegt im Windschatten des Bergmassivs. Die steilen Hänge, die zum Učka-Massiv führen, dem höchsten Berg Istriens (1396 m), schützen Lovran im Winter vor der kalten Bora und im Sommer vor der Hitze, da der Berg kühle Luft zur Küste schickt. Auf den Hängen zum Meer hin wachsen mächtige Edelkastanien, manche über 200 Jahre alt, mit ausladendem Geäst: Im Herbst liegen zwischen den Laubmatten die Maroni in ihren stacheligen Schalen. An der Küste gab der aus allen Fugen wuchernde Lorbeer der Stadt seinen Namen: Lovran. Ein Führer der k. u. k. Riviera

preist: „In der wärmsten Jahreszeit erfreut uns das laute Zirpen der Zikaden und noch mehr die völlige Abwesenheit aller Moskitos und Mücken. Man kann im Freien soupieren oder abends bei geöffneten Fenstern die Zimmer noch so hell erleuchten, niemals wird man durch die im Süden so sehr gefürchteten Moskitos zu leiden haben, da die Tiere die Exhalation des Lorbeers nicht ertragen können."

Dass Lovran im 19. Jahrhundert ein Salon im Grünen wurde, ist dem Wiener Baurat Eugen Fassbender zu verdanken, der als früher Naturschützer jeden größeren Eingriff in die Landschaft verhinderte und den zukünftigen Villenbesitzern Bebauungspläne vorlegte. Die Häuser fügen sich der zerklüfteten Küstenlinie, liegen in den grünen Schatten der Parkanlagen und sind für den flüchtigen Durchreisenden erst gar nicht zu sehen: noblesse oblige. Diesem Motto folgt Hrvoje Martinko, Direktor der Nobelpension Villa Astra, der dem Haus im venezianischen Stil wieder Exklusivität einhauchte. Die Villa wurde vom Industriellen Nicoló Guerra aus Turin nach Plänen des venezianischen Architekten Renato Renosco im so genannten Blumenstil erbaut.

Die Schatten eines tragischen Schicksals liegen über der Villa Frappart. Sie war im Besitz des Wiener Ballettdirektors Louis Frappart. Das Geld bekam er von seinem Schwieger-

Im Gegensatz zum Kurort Opatija (Abbazia) war Lovran ein gewachsenes Fischerdorf mit einem dazugehörenden Hafen. Postkarte, um 1910.

Gegenüber links: Ankunft nach dem Ausflug in Rijeka (Fiume). Postkarte, 1918.
Gegenüber rechts: Lovran (Lovrana) vor dem Bau der Strandpromenade. Postkarte, 1911.

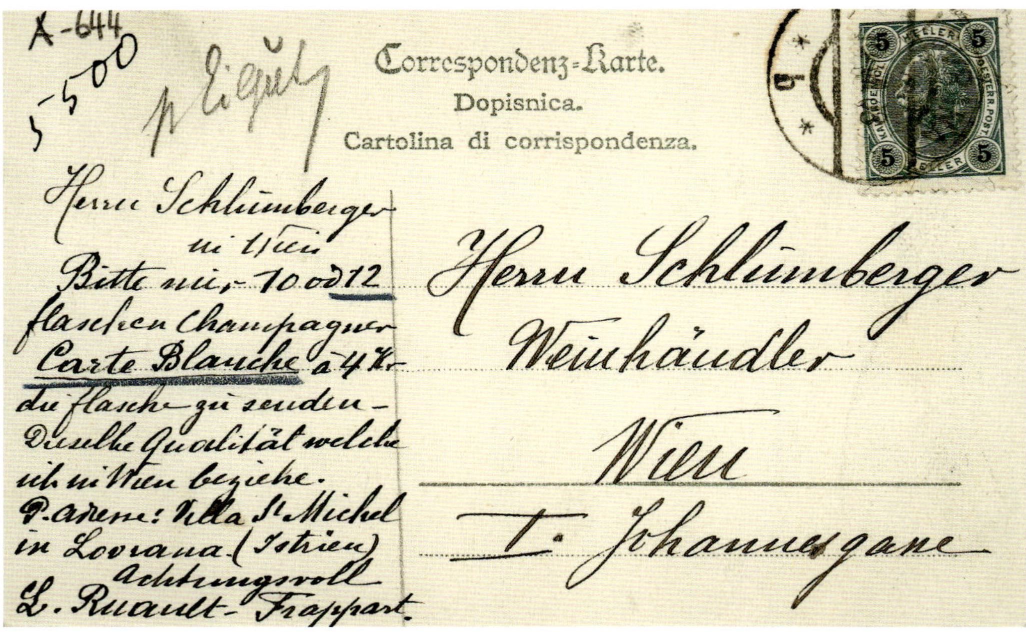

Die Villa des Wiener Ballettdirektors L. Ruault-Frappart in Lovrana (oben) und seine Champagner-Bestellung an den k. u. k. Hoflieferanten Schlumberger in Wien (unten). Postkarte, 1908.

papa Fürst Esterházy, der diese Verbindung lieber in gehöriger Entfernung von Wien sah. Normalerweise verliefen solche Mesalliancen in umgekehrter Geschlechterrolle: aristokratischer Herr und junge Tänzerin – hier war es ein Tänzer und eine Aristokratin. Glück und Unbeschwertheit zogen nicht in die Villa ein. Der erste Bau brannte ab, bevor er bezogen wurde, der zweite Bau dauerte weitere fünf Jahre. Die Tochter des Paars starb schon als Kind an einer unheilbaren Krankheit. Zurzeit ist in der Villa eine private Musikakademie untergebracht. Die Villa Frappart besticht durch hochwertige Materialien, die über Zeiten, Kriege und wechselnde Besitzer erhalten blieben: Die Fassade ist aus rosa Marmor von Verona, in der Halle dominiert grüner Marmor aus Griechenland, Treppenhaus und Loggia sind mit gelbem Marmor ausgelegt, der aus Siena stammt. Im Steinboden ist Marmor aus dem 1901 eingestürzten Campanile von San Marco in Venedig verarbeitet worden.

In der Nachbarschaft der Villa Frappart steht die schönbrunngelbe Villa Magnolia, die vom Wiener Architekten Karl Seidl für Baronesse Luise Wiesenburg erbaut wurde. Wünschten sich die Auftraggeber in ihren Feriendomizilen eher rückwärts gewandte Architektur, Häuser in Neo-Renaissance oder im Neo-Byzantinischen Stil, was der Vorstellung von Romantik als auch der Naturverbundenheit eher entsprach, so sind Jugendstilvillen an der ehemaligen k. u. k. Riviera selten zu anzutreffen. Eine Ausnahme ist die Villa Gianna: Gehüllt in feine Pastelltöne, zeigt die 1904 errichtete Villa Details der Art-nouveau-Strömung.

Halb Legende, halb Wahrheit erzählt man sich, dass die Villa Adela von einem einheimischen Kapitän erbaut wurde, der sich während einer seiner unzähligen Reisen in die spanische Sängerin Adele verliebte. Er holte sie nach Lovran und baute ihr zu Ehren dieses Haus. Adele überlebte ihren Kapitän um viele Jahre und sang ab und zu für die Lovraner Bevölkerung.

Manche Politiker bevorzugten die Ruhe von Lovran, um von den Amtsgeschäften auszuspannen. Der Präsident der ersten tschechischen Republik, Thomas G. Masaryk, urlaubte in Lovran; auch der Wiener Bürgermeister Karl Lueger, der von 1902 bis zu seinem Tode nach Lovran kam. In einem Filmdokument ist Karl Lueger (1844–1910) in Lovran zu sehen, wo er seinen 64. Geburtstag feierte: Im Zentrum „Wiener Gemütlichkeit", an einem Tisch im Freien sitzt Lueger und spielt Karten, umringt von ausgelassen musizierenden, singenden und tanzenden Gästen.

Opatija – Die Diva

Die Bremsen quietschen. Nachdem der Zug die Station von Illirska Bistrica und ihr mächtiges Bahnhofsgebäude

hinter sich gelassen hat, geht es nur mehr bergab. Die Trasse ist in den Berg geschnitten. Vor den Zugsfenstern zieht monoton der Fels vorbei, der aus der Erde apert. Großer Bahnhof erst in Matulji. Schon am Perron liegt den Reisenden die Kvarner Bucht zu Füßen. In der Station Opatija-Matulji verließen die Kurgäste den Waggon, abgeholt von Hausdienern mit Dienstmützen und auf den Pappschildern die erlauchten Namen der zu erwartenden Gäste. Der Bahnhof ist mehr eine Villa als ein Gebäude der ehemaligen Südbahn und der Kassenraum ein Foyer. Für Reisende, die mit dem Nachtzug ankamen, waren im Bahnhof fünf Zimmer vorgesehen, Erfrischungen reichte die Frau des Bahnhofsvorstandes.

Geschützt durch das Bergmassiv des Učkas (Monte Maggiore) und in Szene gesetzt durch das seidenglatte Meer, schwillt in der weiten Bucht um Opatija (Abbazia) üppiges Grün. Aus jeder Ritze wächst der Oleander, jedem Staub trotzt der Lorbeer, Bambuswälder in den Gärten. Hinter dem Palmenschatten verstecken sich Villen der Jahrhundertwende. Die Schminke bröckelt langsam ab – und wie bei alten Damen ist sie auch ein wenig zu dick aufgetragen. Die Fensterläden sind Jahr und Tag geschlossen, als hätten sie genug gesehen von der Welt, und auf den steinernen Freitreppen sitzen Katzen. Die Türme der alten Villen sind mit dem Licht des Meeres und des Himmels möbliert. Und an den Uferpromenaden stehen die Badepavillons,

Das alte Slatina-Bad von Opatija (Abbazia), bevor es zur heutigen Betonlandschaft verkam. Postkarte, um 1910.

Gegenüber: Im Hafen von Volosko beginnt die Strandpromenade von Opatija, die sich zwölf Kilometer entlang der Küste bis nach Lovran schlängelt.

kühl und dunkel, und weil niemand mehr seine Haut blass und bleich erhält, trippeln darin nur noch die Möwen; manchmal sitzen kroatische Frauen in schwarzer Witwentracht und häkeln an ihren weißen Spitzendecken, die sich wie Vorhänge im Winde bauschen.

Abbazia entstand aus dem Nichts. Eine Benediktinerabtei mit Weingärten und Feldern rundum gab dem Ort den Namen. Danach wurde das damalige Abbazia – so wie das heutige Opatija – vom Bauboom und Goldfieber beherrscht. Hotels wurden innerhalb von Jahresfrist aus dem Boden gestampft. So wie das Hotel Kvarner, das im Jahre 1884 innerhalb von zehn Monaten quasi aus der Uferkante emporwuchs. Heute, sobald die Sommersaison vorbei ist, wird bei Tag und Nacht unter Flutlicht renoviert und gebaut – die müden alten Damen werden geliftet. In ihren Augen glitzern Lüster, ihre Beine strecken sie in Wellnesspools.

Nicht mit der romanischen Abtei, dessen Kirche St. Jakob im Kurpark steht, wurde Opatija geboren, sondern mit der Villa Angiolina. Iginio Ritter von Scarpa, ein Holz- und Getreidehändler aus Rijeka, kaufte die Gründe nahe der Abtei, ließ 1845 die Villa Angiolina erbauen und benannte sie nach seiner verstorbenen Frau. Die Villa inmitten des Kurparks ist von ausgeglichener Harmonie: Der unbekannte Architekt hatte den venezianischen Renaissance-Architekten Andrea Palladio zum Vorbild genommen. Palladios Maßeinheit war das griechische Modul. In der Antike entsprach ein Modul dem Radius, den die Säule umfasst. Diese Proportionen werden in der Planung der Räume übernommen; die Ausgeglichenheit der Räume ist das wichtigste Merkmal. Die Harmonie der Antike und die Schatten eines Sommertages durchfluten die Villa. Ritter von Scarpa führte mit seiner zweiten Frau ein glänzendes Haus; Geschäftsleute, Delegierte, Honoratioren gingen aus und ein. Opatija wurde zu einer Adresse.

Damit begann sich das Arkadien an der Adria zu entwickeln, aber nicht ohne die Südbahngesellschaft. Sie brachte nicht nur die Gäste mit der Bahn zu dem aufstrebenden

Schnee im Angiolina-Park von Opatija, dem schönsten botanischen Garten von Kroatien.

Kurort – vor 100 Jahren fuhr man neun Stunden mit dem Zug ab Wien, heute sind es acht, Nachtzüge gibt es nur in der Hauptsaison am Wochenende –, sondern investierte, so wie am Semmering, auch in erstklassige Häuser. Ein Reiseführer der Jahrhundertwende schreibt: „Schon im Herbst dieses Jahrs (1884, Anm. d. A.) hatte Abbazia die Ehre, durch einen längeren Besuch seiner kaiserlichen Hoheit des Herrn Erzherzogs Albrecht ausgezeichnet zu werden, und am 27. März 1885 erschien zum erstenmal, einem Glück verheißenden Doppelgestirne vergleichbar, das durchlauchtigste Kronprinzenpaar in unserem Kurorte. Unter solchen außergewöhnlichen Umständen war es begreiflich, wenn schon im ersten Jahre ein so mächtiger Andrang von Fremden entstand, dass sich die Südbahn genötigt sah, sofort zur Erbauung eines großen Hotels zu schreiten, welches am 15. Dezember 1885 eröffnet wurde und den Namen ‚Kronprinzessin Stephanie' trägt. Der erste Gast, welcher dieses Hotel bewohnte, war Seine k. u. k. Hoheit der durchlauchtigste Herr Erzherzog Stephan." Nach dem Ersten Weltkrieg wurde es in Hotel Imperial umbenannt.

In rascher Folge wurde mit der Südbahngesellschaft und ihrem eloquenten Direktor Friedrich Schüler die Villa Slatina und das Hotel Slatina gebaut. In der Villa Amalia wohnte 1894 das deutsche Kaiserpaar und als Stammgäste der Großherzog und die Großherzogin von Luxemburg. 1911 wurde in der Villa Amalia der „Cercle des Étrangers" eingerichtet: ein vornehmer Club, in dem Kurgäste Zerstreuung fanden. Weiters baute die Südbahngesellschaft die Villen Mandria, Flora, Laura und den Basar Mandria mit Post- und Telegraphenamt.

Das Goldfieber entbrannte. Der Bau einer mittelgroßen Pension rentierte sich bereits im ersten Jahr, so ist es nicht verwunderlich, dass Opatija in kaum 30 Jahren jene Ausmaße erreichte, die heute den Altstadtbereich umfassen. Trotz Bauboom wurde rasch eine Bauverordnung erlassen, mit der vor allem die Höhe der Gebäude und der Abstand zueinander bestimmt wurden. Eine verdienstvolle Maßnahme, die bis heute viel wucherndes, schwellendes, üppiges Grün ermöglicht. In der Zwischenkriegszeit waren 45 Gärtner beschäftigt, um das Grün der Hotels und Häuser zu zähmen. Das Personal kam aus allen Teilen der Monarchie, wobei sich die Klischees von böhmischen Köchinnen und ungarischen Zimmerzofen verfestigten.

Ein Inserat zu Beginn des 20. Jahrhunderts lockte Investoren mit einer Küstenkarte und den eingezeichneten Winden. Während auf Rijeka (damals Fiume) die kalte Bora stürzt, liegen die zu verkaufenden Baugründen geschützt vor den Nordwinden: „Keine Bora! Keine Tramontana! Keine Mosquitos! 1 Stunde länger Sonne wie in Abbazia-Lovrana!!" Weiters heißt es im Inserat: „An der Meeresküste Fiume–Volosco–Abbazia sind am Meeresstrande herrliche Baugründe von verschiedener Größe, zu verschiedenen Zwecken, insbesondere zu Bauten für klimatischen Aufenthalt und zu Meeresbädern, sowie für größere Unternehmungen längs der Reichsstraße zu verkaufen. Eventuelle Anträge sind an den Eigentümer Herrn Albrecht Sirola in Fiume zu richten." Von einer Saison auf die andere wuchs Abbazia. Wie Punschkrapferl und Malakowtorten standen die Villen auf dem Präsentierteller der Meeresbucht. Ahnte man damals, dass die Zeit drängte? Dass mit ein paar Schüssen in Sarajevo alles vorbei sein würde?

Im Jahre 1911 wurde die Villa Angiolina, die erste Villa der Stadt und Genius Loci, samt Park für 2,5 Millionen Kronen von der Kurkommission erworben. Manche Vorhaben konnten dann nicht mehr realisiert werden. 1911 war ein Wettbewerb zur Planung des Kurpalastes ausgeschrieben worden. Die Architekten Emil Hoppe, Marcell Kammerer und Otto Schoenthal, alles Schüler von Otto Wagner, erhielten für ihren Entwurf den ersten Preis der internationalen Kunstausstellung in Rom. Das Gelände an der Küste hinter dem Kurpark Angiolina wurde aufgeschüttet, der Kurpalast aber wegen des beginnenden Ersten Weltkriegs nie realisiert. Auf dem vorgesehenen Areal steht heute das Freiluftkino. Um dieses Areal entbrennt aktuell eine Diskussion: Die Kommune plant zwischen Kurpark und Meerpromenade ein Kongresszentrum – die Wogen gehen hoch, wenn es darum geht, im Herzen von Opatija moderne Architektur zuzulassen.

Eine andere Idee blieb ebenfalls unrealisiert. Der Reiseführer aus Abbazia von 1912 berichtet: „Der Gedanke, in den Sommermonaten die Seebadkur mit einem Aufenthalt in einer Höhenstation verbinden zu können, hat zu dem großen Projekte geführt, eine Bahn auf den Monte Maggiore (1400 m) zu erbauen, von dessen Gipfel man bekanntlich einen geradezu überwältigenden Rundblick über ganz Istrien, den Quarnero mit seinen zahlreichen Inseln, die dalmatinische Küste u. s. w. genießt. Auch dieses Projekt geht seiner Verwirklichung entgegen."

Ebenso wie das Grün ins Kraut schießt, geriet die Architektur ausladend. Der Architekt Josef Hoffmann übte scharfe Kritik an den Villen, „denn diese sind von einer unglaublichen Geschmacklosigkeit, (eine lobenswerte Ausnahme bilden dortselbst die Bestrebungen des Architekten Karl Seidl) welche theilweise durch die bahnhofartigen Hotelbauten und den Curanlagen an der Südbahn beeinflusst, … Man muß auch bekennen, dass dies umso bedauerlicher ist, als gerade in einer durch die Natur so sehr bevorzugte Gegend, die so reich an baulichen Traditionen wäre, sich leicht, zumal hier wie in den meisten Bädern, die pecuniären Verhältnisse keine ungünstigen sind, vieles Gute und Schöne hätte machen lassen. Nun aber nicht in Abbazia, abgesehen von den natürlichen Reizen, einem großen Bahnhof gleich, und uns können daher nur die übrig geblie-

Lebenslust nach dem Zweiten Weltkrieg beim Kurkonzert. Fotografie, um 1955.

benen Reste alter Baulichkeiten interessieren: Ein fast immer originelles Bild bietet der Kamin, der stets an der Außenmauer angelegt ist und oft erkerartig hervortritt. Die Fenster sind einfach mit glatten Steinumrahmungen eingefasst und nur hie und da von einem simsartigen Glied bekrönt. Unterhalb von ihnen ragen meist weit ausladende Consolen aus der Mauer hervor … Das Dach ist sehr flach, weit ausladend und mit Coppis gedeckt."

Der von Josef Hoffmann gelobte Karl Seidl baute zahlreiche Häuser an der Kvarner Bucht. Er war Schüler von Theophil Hansen, dem Architekten des Wiener Parlaments, und Mitglied des Wiener Künstlerhaus sowie Ehrenbürger von Volosko. Wahrscheinlich erhielt er von dem kleinen Fischerdorf neben Opatija diese Auszeichnung, da er das Rathaus entworfen hatte. In Volosko baute er die Villen Nizza und Schmidt-Zabierov, in Abbazia das Hotel Jadran, die Villen Edera, Tomašić und Ariston, in Lovran die Häuser Blankenstein, Magnolia, Santa Maria und die Frappart. Karl Seidl sparte nicht mit Dekor. Sein Spektrum ist ein weiter historistischer Fächer, von der Antike übers Mittelalter bis zum Renaissance-Stil und darüber hinaus. „Doch", so schreibt der kroatische Kunstkritiker Berislav Valušek, „in der Konstruktion ist Seidl für seine Zeit ein sehr moderner Architekt. Die Dekoration dient bei ihm nicht dazu, Konstruktion zu verbergen, sondern knüpft an die Konstruktion logisch an: die Fassadenverzierungen verfolgen einen architektonischen Zweck; die lokale und mediterrane Bautradition werden aufgenommen und umgesetzt."

Es gibt elegantere, luxuriösere, komfortablere, beschaulichere oder aufregendere Unterkünfte – aber es gibt nur ein Hotel Kvarner. Nirgendwo mehr vereint sich das Ambiente des Fin de Siècle auf so schmeichelnde Art mit dem Charme realsozialistischer Hotels. Ist es die rosa Tapete? Wiener Urbanität an einer Felsküste? Sind es die Teppichböden der 1960er Jahre? Der schwere Servierwagen? Die zahlreichen Kellner in der Café-Bar? Es ist die Summe davon. Noch haben die Kellner eine Spur Gelassenheit; früher sagte man „Wurschtigkeit" dazu. Die Spiegel im

Historische Ansichten von Opatija (Abbazia) sind heute begehrte Sammelobjekte. Postkarten, um 1910.

Kristallsaal widerspiegeln in Eintracht die illustren Gäste der Monarchie und die von Josip Tito, die Werktätigen aus den Kombinaten von Novi Sad, Bar, Priština oder Ljubljana und die Pensionistentruppen aus Bad Tölz, Dortmund und Floridsdorf. Die Terrasse scheint endlos; das Publikum betrachtet – garantiert erste Reihe fußfrei – die Leinwand des Meeres. Ab den 1950er Jahren wurde hier, nach dem italienischen Vorbild von San Remo, das Festival der Unterhaltungsmusik zelebriert. *Tata kupi mi auto* war der große Schlager, gesungen von Zdenka Vučković und Ivo Robić. „Papa, kauf mir ein Auto", sang auch das Publikum und wünschte sich – wenn schon keinen Alfa Romeo – einen Yugo. Apropos Auto: Opatija platzt aus allen Nähten; das Parken ist zur Präzisionsarbeit geworden. Von Ivo Robič ist auch die *Serenade von Opatija*. Die Tanzabende auf der Terrasse des Hotels Kvarner klangen damit aus. Zu Mitternacht wurde Opatijas heimliche Hymne angestimmt. Und alle summten mit, während der Mond über dem silbrigen Meer hing.

Friedrich Schüler, der Generaldirektor der Südbahngesellschaft, gab 1883 den Auftrag, ein Hotel zu bauen. Schon am 27. März des darauf folgenden Jahres wurde das Hotel Quarnero (Kvarner) eröffnet. Ein Haus, in dem sich Gast und Patient gleichermaßen wohlfühlen sollten. Denn Abbazia war vor allem ein Kurort und das Hotel Kvarner gleichzeitig ein Sanatorium für Lungenkranke. Kalt- und Warmwasserbäder und natürlich die ozonreiche Luft des Meeres, durchmischt mit dem harzigen Duft der Pinien, waren die Kurmittel. Abbazia war in erster Linie ein Luftkurort, der im Winter Saison hatte, wenn in Wien der Hochnebel wie eine Betondecke über der Stadt hing und die Luft kohlenschwanger drückte. Doch der Reiseführer der k. u. k Riviera warnte, dass „es hier mitunter auch schneit. Der Nordländer hat über den Süden meist total falsche Vorstellungen und glaubt, trotz der geringen Entfernung einer dreizehnstündigen Eisenbahnfahrt, in Abbazia den Sommer zu finden, während er Wien bei Minusgraden verlassen hat." Kein Wunder, dass Hotels ihr „Haus mit strenger Südlage" bewarben.

Die Kathedrale von Opatija beherrscht das Stadtbild.

Oben: Die Strandpromenade von Opatija und das Hotel Miramar.

Unten: Das heutige Hotel Miramar in einer alten Ansicht. Postkarte, um 1910.

Das Baden im Meer kam erst mit der Zeit in Mode. Zunächst braucht ein Kurort Wanderwege; „Terrainkuren“ hieß das damals. Die Wege führten in die grünen Wälder oberhalb von Opatija zu den Abhängen am Učka-Massiv – entlang der Küste entstand die schönste Promenade der Welt. Für Zerstreuung sorgten zahlreichste Kurkonzerte und Kurschatten, Bergtouren und Bootspartien. Sportliche Ereignisse waren die Fahrten des Wiener Automobilclubs, wobei „Entfernungspreise“ sowie „Schönheitspreise“ für offene und geschlossene Karosserien gestiftet wurden.

In einem Reiseführer aus dem Jahre 1912 ist zu lesen: „Den Clou der Woche bildeten aber die vom Motor-Jachtclub von Österreich unter der rührigen, zielbewussten Leitung seines Präsidenten Dr. Lantin zusammen mit der Kurkommission und dem k. u. k. Jachtgeschwader veranstalteten internationalen Motorbootwettfahrten, an denen sich zweiundzwanzig Boote, darunter sieben reichsdeutsche, beteiligten. Diese Wettfahrten, ein sportliches Ereignis ersten Ranges, spielten sich innerhalb des denkbar prächtigsten Rahmen ab, den die Natur selbst liefert, und boten so auch den Zuschauern ein herrliches Bild. In der Nähe des Startschiffes hatten sich die Jacht ‚Ul‘ des Erzherzog Karl Stephan und die Jacht ‚Lacroma‘ des Marinekommandanten Grafen Montecuccoli aufgestellt; in größerer Entfernung lagen in weitem Umkreis vier mächtige Kriegsschiffe und gaben der Veranstaltung ein eigenartiges Relief. Von früh bis in den späten Nachmittag eilten Motorboote verschiedener Klassen und Typen im Wettkampf über die ihnen vorgeschriebenen Bahnen; dazwischen knatterten kampfbereit die schnellen Renn- und Gleitboote und flogen über die glatte Meeresfläche. Im Hafen aber, auf dem Molo und der Kurparkterrasse herrschte ein fröhlich bewegtes gesellschaftliches Treiben. Die Rennen selbst nahmen einen glänzenden Verlauf. Das größte Interesse des Publikums wendete sich naturgemäß den Wettfahrten um den Kaiserpreis und den Großen Preis von Abbazia im Werte von 10.000 Kronen zu; beide fielen an deutsche Boote, jener an das Boot ‚Marga IV‘ des Rechtsanwaltes Fritz Cohn aus

Die einzige Villa an der Strandpromenade von Opatija (Abbazia), die direkt am Meer steht. Hier führt die Promenade vom kleinen Hafen hinter dem Haus vorbei. Postkarte, um 1910.

Treffpunkt für den Espresso am Vormittag: Café Wagner in Opatija – selten mit Schnee.

Gediegene Herrenhausatmosphäre vermittelt die Villa Astra in Lovran.

Berlin, dieser an ‚Anette II' des Herrn Vladimir Schmitz auf Schloss Althausen bei Magdeburg."

Im „eigenartigen Relief", welches die Kriegsschiffe bildeten, war der Panzerkreuzer „Sankt Georg". Der letzte österreichisch-ungarische Panzerkreuzer wurde 1903 in Pula vom Stapel gelassen. Bedingt durch den stark wachsenden Welthandel und divergierende Machtinteressen begann eine massive Aufrüstung der Weltmächte zu See. Die Marine nütze auch gesellschaftliche Ereignisse zur Machtdemonstration. Der im Sportbericht erwähnte Erzherzog Karl Stephan verbrachte die meiste Zeit auf Veli Lošinj, damals Lussingrande, und galt als exzellenter Nautiker.

Die Meeresbucht als Wärmepuffer und die Berge des Učka-Massivs ermöglichen die bevorzugte Lage von Opatija und Lovran. Im subtropischen Klima gedeiht eine Vegetation, die sich in Parks und Gärten, auf Balkonen, Hinterhöfen, Parkplätzen und Dachrinnen verschwendet. Die Wurzeln dafür wurden von 2000 Jahren gepflanzt. Es heißt, dass der immergrüne Lorbeer von Griechenland über den Fischerhafen von Volosko an die Riviera von Opatija kam. Exotische Pflanzen brachten die Kapitäne und Seeleute des Getreide- und Holzhändlers Ritter von Scarpa nach Opatija. Rund um die Villa Angiolina ließ er Gewächse aus Japan und China, Südamerika und Australien setzen. Der Park wurde unter der k. u. k. Zeit von der Kurkommission angekauft und vom Direktor der Wiener Gartenbaugesellschaft Carl Schubert gestaltet.

Den Parkanlagen war immer schon ein großes Augenmerk zuteil. In der Zwischenkriegszeit, unter italienischer Herrschaft, wurde der Erlass herausgegeben, dass Opatija eine Gartenstadt ist. Deswegen mussten alle Privatgärten, die von öffentlichen Straßen aus einzusehen waren, immer gepflegt und sauber sein – und die Bäume mussten nach allen Regeln der Gartenkunst kultiviert werden. Ein Zustand, den viele alt eingesessene Bewohner heute vermissen.

Großer Bahnhof für Reisende nach Opatija: Bahnstation Matulji.

Der Park Angiolina ist die Seele der Stadt. Exoten wie die Kalifornische Weihrauchzeder, Küstensequoia, Himalajazeder, Ginko und Korkeiche prägen den Park. Ab Februar sind die blühenden Kamelien zu bewundern – sie sind ein lebendiger Beweis für das milde Klima. Die Fassade der Villa Angiolina wird von zwei großen Magnolien geschmückt und von einem Rondo in Szene gesetzt. An den Angiolina-Park grenzen die Grünanlagen der ehemaligen Abtei. Ist die Villa Angiolina der gesellschaftliche Kern, so ist die Kirche des hl. Jakob das geistige Zentrum der Stadt. Wo die Abtei der Benediktiner stand, wachsen Hanf- und Zwergpalmen, die Weymouthskiefer, die Libanonzeder und die Atlaszeder. Neben der Kirche steht eine Replik der Madonnenstatue, die sich bis 1956 am Meeresfelsen befand und heute das Wahrzeichen der Stadt ist: das *Mädchen mit der Möwe*.

Die Madonna von Opatija

Am schönsten Ort des zauberhaften Strands von Opatija – direkt im Meer, unter üppigen Baumkronen des prächtigen öffentlichen Gartens – stand einmal eine Gipsskulptur, das Werk des Grazer Bildhauers Johann Rathausky: die Madonna von Opatija.

Die traurige Mutter Gottes stand da wie einst vor dem Kreuz des Erlösers. Sie faltete ihre Hände zusammen und trauerte um den Sohn Gottes. Über ihrem Kopf schien jener goldene Stern, den die Seemänner den Stern des Meeres nannten. Auf dem Sockel war ein von Strahlen umgebenes Kreuz eingemeißelt: das Symbol der Rettung und Hoffnung. Neben der Skulptur stand eine kleine Sitzbank, die während der Flut von wuchtigen Wellen zerrissen

Die Strandpromenade und der Kurpark Angiolina in Opatija.

Links: Einer der schönsten Strände an der Kvarner Bucht ist in Mošćenićka Draga. Fotografie, um 1955.

Rechts: Das Foyer im Hotel Palace (ehemals Slavia) in Opatija.

In Lovran endet die zwölf Kilometer lange Strandpromenade. Im Hintergrund die Villa Astra.

Der Slatina-Strand in Opatija (Abbazia) und die Statue der Mutter Gottes, die an ein Bootsunglück erinnerte. Postkarte, 1909.

wurde. Madonnas Gesicht war zum offenen Meer gewandt, ihr Blick in die Ferne gerichtet, auf die immer unruhige See, als ob sie dort nach etwas suchen würde – oder um etwas trauerte.

Wie kommt eine so wunderschöne und rührende Statue auf so einen ungewöhnlichen Ort? Darauf antwortet eine kurze Inschrift auf der Statue: „In andächtiger Erinnerung an den Grafen Arthur Kesselstatt, der im Meer verunglückte, wo er jetzt ruht."

Es war am 27. März 1891, ein Karfreitag: Das Wetter war angenehm, aber das Meer ziemlich unruhig, als sich die vornehme Gesellschaft in einem kleinen Schiff nach Volosko begab, um dort an der Karfreitagsliturgie teilzunehmen. Sie kehrten vor Mittag zurück, als das Meer noch stürmischer wurde. Auf dem Schiff waren der 24-jährige deutsche Graf Arthur Kesselstatt, Gräfin Anna Fries, geborene Strachwitz und Besitzerin des Schlosses zu Bad Vöslau, und ihr Sohn Graf Georg Fries, ein 16-jähriger Kadett. Unglücklicherweise liebte die Gräfin dieses wilde, großartige Meer leidenschaftlich. Man erzählt sich, dass sie bereits am Vormittag, auf die unruhige Hochsee zeigend, gesagt hat: „In solchen Wellen möchte ich sterben!"

Gesagt, getan! Geblendet von Begeisterung und Übermut versuchte sie die jungen Herren, ihren Sohn Georg und den jungen Arthur Kesselstatt, zu überreden, am Nachmittag

noch einmal auszufahren. Sie neckte sie, sie wären Feiglinge, die Angst vor der unruhigen Hochsee hätten. In Begleitung der Gräfin gingen sie also wieder zur Küste. Umsonst versuchten ihre Freunde, sie davon abzuhalten, umsonst waren auch die Warnungen erfahrener Schiffsleute. Sie setzten sich ins kleine Boot und stachen in See.

Das Meer wurde noch stürmischer und der Wind blies immer stärker. Die übermutige Gesellschaft wurde blass, begann zu zittern und versuchte mit großer Mühe, das Schiff Richtung Küste zu lenken, um dem Meeresungeheuer zu entkommen. Aber es war zu spät. Das tobende Meer ließ seine Beute nicht mehr los: Eine gewaltige Welle warf das kleine Schiff um und packte drei Menschen in die eiskalte Umarmung des Todes.

Als sie das sahen, erstarrten die am Ufer stehenden Menschen vor Entsetzen. Ein paar mutige Schiffsleute spran-

Anstelle der Mutter Gottes wurde in kommunistischer Zeit das *Mädchen mit der Möwe* in Opatija aufgestellt.

Palmen und Kamelien im Schnee im Kurpark Angiolina in Opatija.

Kurz vor der Morgendämmerung im Hafen von Volosko, ein Fischerdorf am Rande von Opatija.

gen in ihre Boote hinein, um ihnen zu helfen. Im allerletzten Augenblick gelang es ihnen, den jungen Graf Fries zu retten. Seine Mutter konnten sie nur noch halb lebend aus dem Meer fischen. In dem Moment, in dem sie ans Ufer gelangten, hauchte sie ihre Seele aus. Der junge Graf Arthur wurde nie wieder gesehen. Es wurde tagelang nach ihm gesucht, es fehlte aber jede Spur. Das Volk erzählte, er wurde vom Meer oder vielleicht von einem Seeungeheuer verschluckt. Die Gesellschaft von Opatija war erschüttert, und das Schlimmste war, dass das Unglück aus reinem Übermut passierte – und das gerade am Karfreitag.

Die Traurigkeit der Gräfin von Kesselstatt kann nicht beschrieben werden. Ihr mütterliches Herz war von Schmerz zerrissen. Als sie begriff, dass ihr das Meer den toten Körper ihres Sohnes nicht zurückgeben würde, dass sie ihn nicht begraben, seinen Grab schmücken, um ihn weinen und für ihn beten können werde, wollte ihr vom Leid zerrissenes Herz aus der Brust springen. Die fromme Gräfin beschloss, ihrem Sohn auf einem Felsen in der Nähe von Portić („kleiner Hafen") das Grabdenkmal zu errichten, nahe dem Ort, an dem er verunglückte. Es war die Statue der trauernden Mutter Gottes, weil keine andere Statue die Trauer des mütterlichen Herzens angebrachter verewigen konnte.

Jahrelang stand die Statue unversehrt auf der Felsenklippe am Lungomare. Die Wellen zerbrachen an ihr, gingen in die Höhe wie ein Berg, rauschten und schäumten, ohne sie jemals zu beschädigen. Es schien, als ob sich sogar wütende Wellen vor ihrer Königin, dem Stern des Meeres, verbeugen würden.

Doch eine Sturmnacht im Jahre 1956 hat die Madonna zu Fall gebracht. Oder war die stürmische Nacht nur der Deckmantel für eine Aktion kommunistischer Gesinnung? Die Meinungen teilen sich. Die Replik der Madonna steht bei der Kirche St. Jakob. Ihren Platz zwischen Felsen nimmt die Bronzestatue *Mädchen mit der Möwe* ein, die zum Wahrzeichen der Stadt wurde.

Seinerzeit die erste Adresse in Opatija (Abbazia): Grand Hotel Quarnero (Kvarner). Postkarte, um 1910.

Am Lido von Opatija (Abbazia) wurde Sand aufgeschüttet. Postkarte, um 1910.

Piran (Pirano) und die Kirche St. Georg. Postkarte, um 1900.

PROMENADE AM MEER

Ein Szenario mit großen Meerblicken und kleinen Einblicken durch schmiedeeiserne Gartenpforten auf üppige Fin-de-Siècle-Fassaden: die Promenade von Volosko nach Lovran.

Vom alten Hafen in Volosko bis zum eleganten Villenort Lovran zieht sich die Promenade dem Meere entlang. Zwölf Kilometer Fußweg, an dem das Meer auf der einen Seite treuer Begleiter ist und auf der anderen Seite der Glanz des k. u. k. Kurbades. Die renommiertesten Hotels und elegantesten Villen liegen entlang der Promenade. Nicht nur den Gästen ist sie eine Flaniermeile. Die Einheimischen kennen jeden Stein. Viele gehen täglich am Lungomare spazieren. Oder gehen zur Arbeit, joggen entlang der Küste – oder sie schauen, „ob das Meer noch da ist". Die Promenade war die beste Investition in die Zukunft. Sie wurde aus den Überlegungen der wassertherapeutischen Prinzipien geschaffen, welche auf die heilsame Wirkung des Meeraerosols setzten. Die Promenade war ein Teil der Kurmittel.
1885, als in Opatija erste wenige Hotels standen und der Status eines Kurortes noch ein paar Jahre entfernt war, wurde die Strandpromenade vom Verschönerungsverein Abbazia geschaffen. Das Projekt leiteten die Herren Heinrich Gintl, Alfred Manussi und Konrad Rubbia. Sie hatten zahlreiche Schwierigkeiten beim Ankauf von Grundstücken, die erst durch das Einschreiten des Bezirkshauptmanns beseitigt wurden. 1889 wurde Opatija zum Luftkurort ernannt und das Teilstück der Promenade von Volosko bis zum Slatina-Bad fertig gestellt. Der südliche Abschnitt vom Slatina-Bad im Zentrum der Stadt bis nach Lovran wurde 1911 fertig gebaut.
Hier waren es die Fischer, die sich ihrer angestammten Plätze beraubt fühlten und keinen Platz mehr zum Trocknen der Netze hatten, dort waren es Hauseigentümer, die sich durch die Promenade dicht an ihren Gärten vom Lärm belästigt sahen und um ihren Meeresblick bangten.
Die Kurzeitung von Abbazia mahnt am 8. September 1906: „Die P. T. Damen werden hiermit höflichst ersucht, der gesundheitsschädlichen Staubentwicklung wegen auf der Promenade keine Schleppkleider zu tragen."
Der Strandweg beginnt in Volosko. Das Fischerdorf war die bedeutendere und ältere Siedlung. Deshalb steht das Rathaus auch in Volosko und die Gemeinde hieß lange Zeit Volosko-Opatija, bis den neuen Gegebenheiten entsprochen wurde und die Namen umgedreht wurden. Vom Hafen in Volosko steigen im Halbkreis die Häuser wie in einem Amphitheater an, ihre Augen ganz auf das Geschehen im Hafen gerichtet. Schmiedeeiserne Tore schließen die Gärten zum Lungomare ab: fest verschlossen, aber doch durchlässig genug, um neugierige Blicke hineinzuwerfen. Das Tor zur Villa Angiolina war die Porta Secreta – die geheime Pforte, hinter der sich der märchenhafte Garten des Händlers Ritter von Scarpa befand. Seinen Kapitänen trug er auf, Pflanzen und Sämlinge aus allen Teilen der Welt mitzubringen, so dass der Kurpark der Villa Angiolina der größte botanische Garten Kroatiens wurde.
Die Mole im Hafen von Opatija wurde von Iginio Scarpa für seine Yacht gebaut. Weitere Investitionen im Hafen nahm sich die Südbahngesellschaft vor. Schiffe legten ab 1869 regelmäßig im Hafen an. Ab 1871 gab es tägliche Dampfschiffverbindungen nach Lovran und Rijeka. Ausflugsbarken und Fischerboote, Segler und Yachten belebten den Hafen. Das berühmteste Schiff ankerte in den 1960er Jahren und versprach wilde und stürmische Nächte, obwohl es niemals ablegte: Auf der „Barba Rude" gab es die ersten Striptease-Vorführungen in der Stadt.
Beinahe jede Villa entlang der Promenade hatte eine Anlegestelle und einen Badepavillon. In den Buchten Portić und Dražica liegen Fischerboote. Es sind die Hausstrände der Einheimischen. In Dražia findet sich ein überdachtes Becken. Hier tritt eine der vielen unterirdischen Karstquellen wieder zutage. Das Becken diente zum Waschen und Spülen der Wäsche. Andere Quellen treten im Meer aus dem durchlässigen Felssystem. Nach tagelangen Regenfällen wird eine untermeerische Quelle zum Sprudel und ist vom Lungomare aus zu beobachten. Die Sprudel können eine große Kraft entwickeln, dass die Boote daran abdriften. Die Süßwasserbäche locken den Branzino (Rotbarsch) an. Hierher kommen dann die Fischer, um den begehrten Speisefisch zu fangen.
Die Promenade bekam im Lauf der Zeit viele Namen. Friedrich-Schüler-Strandpromenade hieß sie zu Ehren des Direktors der Wiener Südbahngesellschaft, die im Kurort für alle maßgeblichen Vorhaben verantwortlich war. In der italienischen Zeit nach dem Ersten Weltkrieg hieß der Weg Lungomare Regina Elena und Lungomare Principe Umberto. Den Einwohnern von Opatija ist die Promenade unter dem Namen Makto Laginja vertraut. Seit ein paar Jahren ist sie nach dem österreichisch-ungarischen Kaiser Franz Joseph I. benannt. Der Weg wurde saniert und das Geländer zum Meer originalgetreu instand gesetzt.
Zwischen Kurpark und Slatina-Bad steht auf einem Felsvorsprung das *Mädchen mit der Möwe*. Sie ist das Wahrzeichen der Stadt und steht an

dem Platz, wo zuvor eine Madonna an ein Bootsunglück erinnerte. Alljährlich wird hier im Rahmen der Fronleichnamsprozession das Meer gesegnet. Die Prozession beginnt bei der Kirche St. Jakob, geht durch den Park und über die Promenade, um Seefahrer, Fischer und ihre Boote sowie Badende zu segnen.

Früher schaute man nur das Meer, roch seine salzige Brise, beobachtete das Farbspiel der Dämmerung oder genoss eine Bootspartie. Das Baden wurde erst um die Jahrhundertwende salonfähig. Man schritt – getrennt nach Geschlechtern – in die Fluten: links die Damen und Kinder, rechts die Herren. Holzzäune trennten die beiden Welten – Gucklöcher in den Planken brachten sie wieder näher zusammen. Baden mit viel Stoff auf der Haut war ein aufwändiges Vergnügen. Das nasse, schwere Badekostüm musste gewechselt und die umfangreiche Garderobe gut verwahrt werden. Wir begnügen uns mit einem Bikini, einem bügelfreien Strandkleid und einem rauen Stück Fels, auf dem wir uns sonnen. Doch einst sollte der Teint makellos bleiben. Baden war einem Reglement unterworfen – und dafür brauchte es Badeanstalten.

Entlang der Promenade reihten sich die Bäder Slatina, Jadran und Quitta, das Bad des Santoriums Dr. Szegö oder das Bad Tomaševac. Es waren Holzbauten, die auf Piloten übers Meer ragten. Zum Meer hin waren die Pavillons offen, mit Schnitzwerk verziert und wurden von Säulen getragen. Darin waren die Kabinen untergebracht, die über eine Saison angemietet wurden. Stiegen und Stege verbanden die einzelnen Pavillons miteinander. Im Kiosk wurden Erfrischungen und Zeitungen verkauft. Mehr Luft und Sonne ließ der Kurgast ab den 1920er an seine Haut.

An der Felsküste von Opatija entstanden Sandstrände. Das Bad Savoy schüttet eine Sandfläche aus, ebenso wie am Lido hinter dem Kurpark. Die Bäder von Opatija sind nur mehr auf alten Ansichtskarten zu sehen. Das Baden in Anstalten wurde unpopulär; im Laufe der Zeit verfielen die Bauten und wurden so wie im Slatina-Bad durch jede Menge Beton ersetzt. „Flugplatz" nennen es die Einheimischen spöttisch.

Eine der wenigen Badehäuser, die die Zeiten überdauerten, ist das Villa Schwegel in Volosko; es ist aus Stein gebaut. Manches ist verloren gegangen, wie die Büste des Admiral Litrow, verschwunden auch die Brücke, wo jetzt das Areal des Hotels Admiral ist. Das zerstörte Relief für den großen Arzt und Förderers Theodor Billroth wurde durch ein neues ersetzt und erhielt die Inschrift: „Der große Chirurg und Freund Opatijas".

Nach dem Slatina-Bad beginnt der Südteil der Promenade. Langjährige Gäste von Opatija zerfallen in zwei Gruppen; die einen schwören auf den Südteil, die anderen auf den Nordteil der Stadt – beide haben Recht. Aussichtsplätze mit Bänken, Durchgänge unter steinernen Terrassen und pittoresk gekrümmte Kiefern säumen den Weg.

Nach den letzten Villen von Opatija kommt der große Strand von Ičići. Hier war der alte Hafen des Bergdorfes Veprinac, welches auf den Abhängen des Učka-Gebirges liegt. Er ist einer der größten Marinas der nördlichen Adria. Im anschließenden Ika war einst eine Werft für Segelschiffe.

Für zwölf Kilometer Strandpromenade kann man einen ganzen Tag brauchen. Man macht Pausen auf einer Bank, trinkt Kaffee auf einer Hotelterrasse, springt ins Meer, liest ein Buch. Man kann aber auch ein halbes Leben brauchen, denn immer wieder gibt es ein neues Detail zu entdecken.

Gegenüber: Jeden Augenblick ein neuer Ausblick entlang des Lungomare. Postkarte, um 1900.

Oben: Das Hotel Kvarner in Opatija (Abbazia). Postkarte, um 1910.

Parklandschaft für Privatiers und Politiker

Vor über 100 Jahren vom österreichischen Industriellen Paul Kupelwieser erworben, später Titos Privatsitz, heute Nationalpark: das kroatische Inselarchipel Brijuni.

Im Tito-Museum auf der Insel Brijuni: Sony – ein Elefant als Geschenk von Indira Gandhi. Fotografie, um 1970.

Die Parklandschaft ist gesäumt vom Glitzern des adriatischen Blaus. Das Licht des Südens flutet über sanft gewellte Wiesen. Rudeln von Rehwild üben sich als Gärtner, halten das Gras kurz und fressen die Blätter der Bäume, so dass alle in gleicher Höhe eine exakte Laubunterkante bilden. Schatten liegt in den ausgedehnten Alleen aus Lorbeerbäumen und Zypressen. Seidenkiefern säuseln, Zedern duften, Bambus wiegt sich. „Ich hatte noch in London, bevor mich dort die tropische Malaria überfiel, bei gerühmten Samenhandlungen und dann bei Andrieux & Vilmorin in Paris Samen bestellt, die ich voraussichtlich in Brioni brauchen würde, wie Pinien, Zypressen, Mandeln, Palmen und dergleichen." So schreibt der Industrielle Paul Kupelwieser (1843–1919) in seinen *Erinnerungen eines alten Österreichers*. Die Anlage einer großen Baumschule war das Erste, was er nach dem Kauf von etwa 700 Hektar Inselland anging.

Paul Kupelwieser, Sohn des Malers Leopold Kupelwieser, hatte sein Geld in der mährischen Eisenindustrie gemacht; er wollte einerseits seinen Söhnen ein bodenständiges Erbe hinterlassen, andererseits war er davon beseelt, Entwicklungshilfe zu leisten. „Ich hatte etwa im Juni 1894 die Karten unseres österreichischen Südens kommen lassen und studierte eben an einer kleinen Reise, die ich im Laufe des Septembers dorthin unternehmen wollte. Irgendein Stückchen dieses Südens wollte ich erwerben und den Nachweis liefern, daß dort Anderes und viel Besseres zu schaffen wäre, als es derzeit der Fall war."

Kupelwieser war gerade 50 Jahre alt und stand im Zenit seiner Karriere. Er wollte „Nützliches schaffen" und sah dies in einem Stück Land, das erweckt und urbar gemacht werden sollte, sah vor seinem Auge die Viehwirtschaft und Weinkeller, Käsereien vielleicht und exotische Kulturen, aber keinesfalls mehr die Tätigkeiten in der Kohle- und Metallbranche. Paul Kupelwieser war Aussteiger ebenso wie Industrieller: ein Träumer, der bodenständig blieb.

Das Paradies, das er im Lauf von Jahren schuf, war schon einmal hier gewesen. Doch bevor der Mensch einen Fuß auf dieses Land setzte, dokumentiert der Abdruck einer Dinosauriertatze die Evolution. Zwischen den Resten der Höhlensiedlungen aus der jüngeren Steinzeit ließ Paul Kupelwieser Spazierwege anlegen: schattige Refugien für einen heißen Sommertag. Illyrer siedelten hier, betrieben Viehzucht, Jagd und Fischfang. Die illyrische Festung Nesactium wurde im Jahre 177 v. Chr. von den Römern eingenommen. Es waren die Römer, die dieses Inselarchipel als Retiro nutzen – und den guten Boden.

Römische Kolonisten entwickelten die Landwirtschaft, Wein- und Olivenanbau wurden verbessert und die Produkte in das gesamte römische Imperium exportiert.

Gegenüber oben: Anlegestelle auf der Insel Veli Brijun.

Gegenüber unten: Nachrichten aus Brijoni (Brioni). Bis 1906 wurden die Korrespondenzkarten nur vorne beschrieben. Postkarte, 1899.

Wirtschaftsgebäude wurden errichtet und Weinkeller. Der 1600 Jahre alte Olivenbaum auf der Insel zeugt bis heute noch von der römischen Agrarwirtschaft, ebenso die Ausgrabungen einer Olivenölmanufaktur. In einem spätantiken Castrum wurde das Olivenöl Brionis gelagert. Ein Tonbehälter fasste 2000 Liter, 56.000 Liter Olivenöl waren für den Export bestimmt. Mit dem Reichtum entstanden Villen, Residenzen und Tempel; Sommerschlösser gab es in der Bucht Sv. Mikula, auf Mali Brijun und auf der Insel Vanga.

Zikaden konzertieren im Geäst der Pinien; das Wasser der Bucht leckt an deren Schatten. Das Rehwild grast in den Ruinenanlagen und hält das Gras akkurat. Stille liegt über

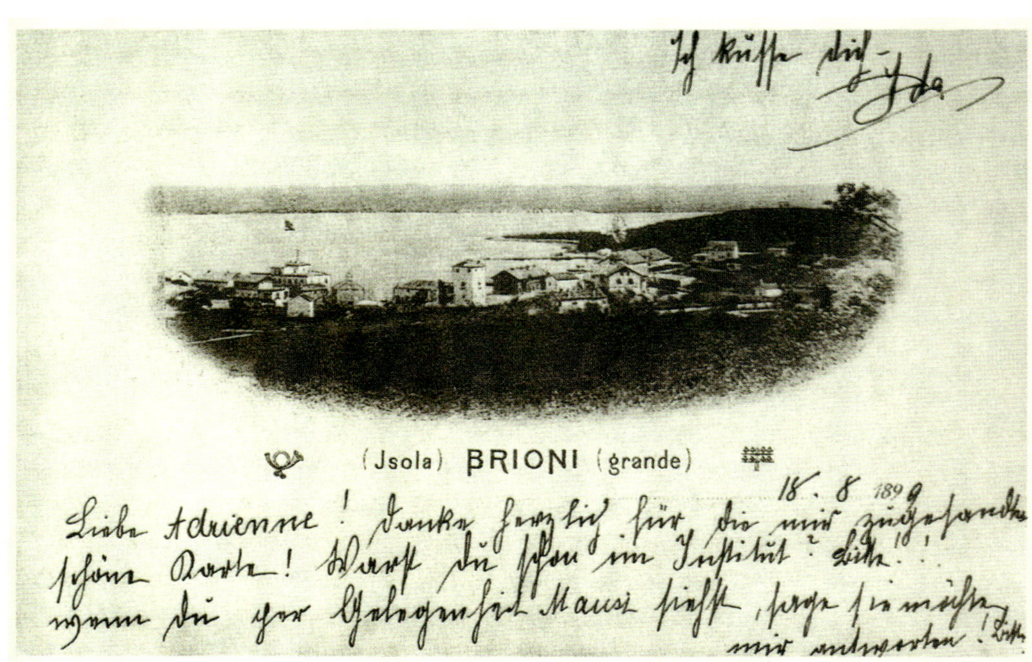

Zebras in der Parklandschaft von Brijoni – Nachkommen präsidialer Gastgeschenke an Josip Broz Tito.

der Bucht Verige, wo die Römer ihre stattliche Sommerresidenz bauten.

Auf Terrassen, die sanft zum Meer abfallen, stand die herrschaftliche Schlossanlage mit Tempeln und Thermen, Wasserspeichern und Wirtschaftshöfen; in der Bucht war die Anlegestelle – geblieben sind Ruinen. Und die Säule, die der Göttin Venus gewidmet ist, steht bis heute wie ein Ausrufungszeichen in der Bucht von Verige mit dem römischen Namen Val catena. Wahrscheinlich ließ sich die Bucht mit Ketten absperren, wie der Name verrät (catena = Kette). Schützen mussten sich die römischen Herren, denn der Reichtum an Getreide, Wein und Olivenöl war sagenhaft.

Die ganze Anlage umfasste fünf Hektar, lediglich ein kleiner Teil davon ist sichtbar, weitere Reste liegen unter dem Meeresspiegel. Der österreichische Archäologe Anton Gnirs war einer der vielen Spezialisten, die Paul Kupelwieser auf seine Insel einlud. Er leitete die Ausgrabungen auf Brioni, wie etwa die Erfassung des byzantischen Castrums und die der Bauten aus der Herrschaft der Patriarchen von Aquilea, die darauf folgte. In dieser Zeit beschäftigten sich die Einwohner weiters mit der Steingewinnung und Steinverarbeitung sowie mit dem Salinenwesen. Neben der byzantinischen Basilika wurde im Frühmittelalter eine Benediktinerabtei gegründet. Ab 1331 und weitere vier Jahrhunderte herrschte die Serenissima. Die Zeit der Venezianer brachte Kriege und die Ausbeutung der Inseln; die Pest wütete und Brioni verödete. Die Mücken kehrten zurück und somit die Malaria, so dass Paul Kupelwieser verfallene und menschenleere Inseln vorfand.

Paul Kupelwiesers gepflegtes Paradies. Postkarten, um 1910.

Links: Die Bäume – so wie diese Steineiche – haben eine exakte Unterkante. Dafür sorgen die Tiere, die auf der Insel leben.

Gegenüber: Titos Cadillac als Attraktion auf der Insel Brijuni – ein Präsent von John F. Kennedy.

WEINLESE AUF BRIONI

Ab 1909 erschien die *Brioni-Insel-Zeitung*; in der Saison (Februar bis Oktober) wöchentlich, im Winter monatlich. Zu lesen waren Artikel über Naturschönheiten und Berichte über das wirtschaftliche Fortkommen, über Jagd, Politik und Kultur sowie Gedichte; weiters wurden Ausflüge angeboten und die Fahrpläne der Schiffe und Züge verzeichnet. Über die Weinlese auf der Insel (4. Jahrgang, Nr. 33, 20. September 1913) wird Folgendes berichtet:
„Nach langer mühevoller Arbeit sind nun endlich Tage der Freude und froher Zuversicht auf eine gesegnete Ernte gekommen. Wohl stehen die Wiesen Brionis wie immer im leuchtenden Grün und der Lorbeer, die Steineiche und die Myrthe zeigen nichts vom herbstlichen Sterben, aber die Blätter des Weinstockes färben sich schon rot und gelb, und blau leuchten die Trauben hervor und mahnen, dass der Herbst über die Lande gekommen ist und dass es gilt, die reif gewordene Frucht zu pflücken. Fröhlich ziehen die Winzer in die Weingärten, die seit Wochen von einer Schar von Wächtern gegen die gefiederten Räuber, die Fasanen mit Trommelschlag geschützt wurden. Als erster wird der blaue Burgunder vom Stock geholt, eine sehr dankbare hochkultivierte Rebensorte, die schon Trockenbeeren bildet. Sorgfältig schneiden die Arbeiter die Trauben, sammeln sie in kleine Bottiche und bringen die Frucht auf die bereitstehenden Wagen. Langsam rollt das beladene Fuhrwerk dem Keller zu, wo schon viele Hände bereit sind, die letzten Arbeiten zu verrichten. Die Trauben kommen nun rasch in die Quetschmaschine, die zugleich die Kämme von den Beeren trennt und die Frucht ausquetscht, aus der sich dann die Maische in den darunter stehenden Bottich ergießt. Nach dem Ausquetschen zeigt die Mostwaage diesmal bei 13 Grad Reamur einen Zuckergehalt von 23 %, der höchste Prozentsatz, der seit Jahren verzeichnet wurde. – Fleißige Hände schöpfen nun die Maische in die Gährständer, wo sie bis zur stürmischen Gährung verbleibt, um dann auf den Pressen ihres letzten Saftes beraubt zu werden. Nach dem blauen Burgunder kommt der weiße Burgunder und der Ruländer an die Reihe sowie der Sylvaner und der Riesling, welch letzterer in diesem Jahre eine hochfeine Beerenauslese verspricht. Schließlich wäre noch die blaue Traube des Carbenets und der rosarote Traminer zu erwähnen, welche Sorten in diesem Jahre ebenfalls ganz vorzüglich gediehen sind. Wie man also sieht, kann man sich den zuversichtlichsten Erwartungen hingeben, dass die heurige Lese besonders reichlich sein wird und auch in qualitativer Hinsicht den Ruf der Brioni-Marken, die Kraft ihrer Eigenschaften und nicht auf dem Wege der Reklame berühmt geworden sind, neuerdings befestigen wird."
Die Güterdirektion Brioni hatte in Wien eine eigene Niederlassung in der Schwarzenbergstraße. Bis heute gibt es die Brioni-Weinhandlung in der Wiener Innenstadt, aber Weine aus Istrien führt sie derzeit nicht.

Brijuni

Von der „Tunara“ aus wurden Thunfischschwärme beobachtet und die Fischer rechtzeitig benachrichtigt. Postkarte, um 1950.

Sumpf und militärisches Sperrgebiet

Mitglieder der venezianischen Familie Conte Francini waren die Vorbesitzer. Diese lebten in Portugal und waren wohl nicht an ihrem Besitz interessiert, gab es doch nur einen versumpften Hafen, vergessene Ölbäume, vernachlässigte Weingärten, eine alte Festung und eine kleine Kirche, die dem hl. Germanus gewidmet ist, sowie ungeheure Steinhalden – die Reste einstiger Steinbrüche. Als neues Bauwerk stand die österreichische Festung Fort Tegetthoff mit gusseisernen Kanonen: die größte ihrer Zeit im Mittelmeerraum. Sie wurde von der k. u. k. Kriegsmarine in den Jahren 1868 bis 1872 mit viel Aufwand erbaut. Zur Ankunft von Kupelwieser stand sie leer und wurde lediglich von zwei Mann bewacht, die täglich ausgewechselt wurden, da der Aufenthalt in Brioni malariabedingt als gefährlich galt. Von der Seeseite sind die ehemaligen Befestigungsanlagen gut zu sehen. Sie schützten den nahen Hafen der k. u. k. Kriegsmarine in Pula (Pola).

Vor dem Kauf der Inselgruppe hatte Paul Kupelwieser mit dem Chef der Kriegsmarine in Pola, Baron Sterneck, Kontakt aufgenommen und ihn gefragt, ob die Kriegsmarine am Kauf der Inseln interessiert wäre. Doch man lehnte ab. „Für die Marine hätte der Ankauf von Brioni nur den Wert eines zweiten Jagdterrains für den jeweiligen Hafenadmiral von Pola. Dieser habe schon eine schöne Jagd im Kaiserwald bei Pola und dies sei genügend“, war die Ansicht der k. u. k. Kriegsmarine. Für einzelne Nutzungen zur Außenbefestigung könne man sich im gegebenen Fall verständigen, so waren sich die Herren einig. Und so war es meist.

Während des Ersten Weltkrieges waren Teile von Brioni in der Befestigung des Kriegshafens eingebunden, nun versahen nicht mehr nur zwei Soldaten Dienst, sondern bis zu 2600 Mann. Daneben existierte das mondäne Brioni. Zeitweise galt die Insel als Ort der Spione – eine Behauptung, die von Kupelwieser in der *Insel-Zeitung* empört bestritten wurde.

Militärisches Sperrgebiet sind Teile der Insel bis heute geblieben. Einrichtungen der k. u. k. Marine übernahmen in der Zwischenkriegszeit die Italiener als Herren von Istrien. Sperrgebiet blieb es auch unter dem Partisanenheld, Marschall und Präsidenten Tito. Brioni war sein privates Paradies. Tito reiste ungeheuer viel. Als jugoslawischer Staatsmann oder als Vertreter der Blockfreien Mächte war er das ganze Jahr über unterwegs. Dazwischen kehrte er mehrmals im Jahr, oft auch für viele Wochen, nach Brioni zurück. Hier verband Josip Broz Tito Visionäres mit Vergnügen. Hier ging er mit den Männern aus dem nahen Küstendorf Fažana fischen, hier lebte er seine Jagdleidenschaft aus, hier ließ er sich auf Vanga, seiner privatesten aller Privatinseln, ein feines Retiro erbauen. Brioni schrieb mit Deklarationen des Bundes Blockfreier Staaten Weltgeschichte. 1956 wurde gemeinsam mit Indiens Staatspräsidenten Nehru und dem ägyptischen Staatschef Nasser die „Erklärung von Brioni“ auf der Insel festgelegt und verkündet. Staatsgäste, und es waren Legionen, die hier ein und aus gingen, wurden in den Villen Jadranka, Brionka und der Weißen Villa untergebracht. John F. Kennedy, Nikita Chruschtschow, Fidel Castro, Willi Brandt: Schwarz-Weiß-Fotografien im leicht verstaubten Tito-Museum auf der Insel Veli Brijun (Groß-Brioni) zeigen die Politiker auf dem Schiff, beim Cocktail, beim Fischfang und als Gäste bei Folkloredarbietungen.

Dem Mondänen konnte Tito viel abgewinnen. Der Kinoliebhaber lud die Größen des Films auf die Insel: Gina Lollobrigida, Sophia Loren, Liz Taylor und Richard Burton. In seinem hauseigenen Freiluftkino liebt er es, italienische Filme zu sehen. Franjo Tudjman, erster Präsident Kroatiens, hätte wohl gerne diesen großen Stil gepflegt, allein fehlten ihm dazu Freunde und Format. Titos Residenz ließ er dennoch renovieren. Und die Kroaten erzählen sich den Witz, dass Josip Broz Titos geliebter Papagei Koko nach wie vor krächzt: „Kako si Tito?“ („Wie geht's dir, Tito?“), anstatt sich den neuen Zeiten anzupassen. Andere behaupten, der

Präsidenten-Papagei sei längst verstorben. Auch Tudjman gehört der Geschichte an, die Villen von Brioni sind nach wie vor im Staatsbesitz.

Eine wohl dosierte Tito-Nostalgie gehört zum offiziellen Programm des Nationalparks Brijuni. Schließlich lebt man hier nicht allein von der unberührten Kultur- und Naturlandschaft der 14 Inseln des Brioni-Archipels, sondern auch von der Vergangenheit. Diese ist maßgeblich dafür verantwortlich, dass die Inselwelt weitab des Massentourismus ihre Schönheit bewahren konnte. Eine Rundfahrt mit Titos Cadillac gehört ebenso zum Angebot wie eine Besichtigung des Safariparks. In all den Jahren seiner Regentschaft fuhr Tito mit seinem offenen Cadillac über die Insel: mit Sonnenhut, weißem Anzug und Sonnenbrille samt Zigarre. Die Mandarinen auf der Insel pflückte Tito, ließ sich dabei fotografieren und schenkte sie den Kindern seines jugoslawischen Reiches.

Antilopen, Straußen, Giraffen, Zebras, Lamas und Sikkawild sind die Nachfahren präsidialer Mitbringsel, einzig die beiden Elefanten Sunny und Lanka sind Zeitzeugen und Präsente von Indira Gandhi an Tito. Die Idee eines Safariparks hat auf der Insel Tradition. Paul Kupelwieser ging mit Zoo-Impresario Hagenbeck aus Hamburg eine Kooperation ein und errichtete auf Brioni eine Akklimatisationsstation für Tiere aus Savanne, Steppe und Dschungel. Gegenwärtig sind die Reste der Tito'schen Safariparks auch auf Wissen und Hilfe aus dem Tiergarten Schönbrunn angewiesen.

Es begann mit einer Kuh

Anders als die dekadenten Staatsmänner fragte sich Paul Kupelwieser: „Durfte ich mir so einen Luxus erlauben? Wenn ich damals schon erkannt hätte, dass dieser Luxus weit über meine verhältnismäßig bescheidenen Mittel hinausgehen würde, hätte ich nicht den Mut besessen, dasselbe zu übernehmen." Seine Anfänge waren allerdings eher bescheiden als großbürgerlich. Der Industrielle bezog

Der Leuchtturm von Brijuni und das Boot der Nationalparkwacht.

mit einem istrianischen Haushälterpaar, einem in Pula (Pola) gekauftem Bettzeug und einer Kuh die Insel. „Zunächst aber wollte die gekaufte Kuh das in Brioni vorfindliche saure Gras durchaus nicht annehmen, und um sie nicht verhungern zu lassen, musste man in Fasana Heu kaufen und nach Brioni schaffen." Der Boden musste urbar gemacht werden. Mit etwa 300 Arbeitern aus dem Städtchen Vodnjan wurden Sümpfe trockengelegt, Macchia gerodet, Bäume gepflanzt, Felder bestellt und Molen befestigt. Für eine gewisse europäische Bequemlichkeit sorgte Max Kupelwieser, während sein Bruder Paul mit schwerer Malaria in London lag. Er ließ zwei Retiraden bauen: eine für die Herrschaft, eine für die Arbeiter. Kupelwieser bemerkt in seinen Erinnerungen: „Ich glaube indes, dass die letztere niemals für diese Zwecke benutzt wurde, für welche sie errichtet war."

Das Projekt Brioni lief nicht ganz so an wie erwartet. Schnell wurde klar, dass eine große Landwirtschaft nicht die Zukunft der Inseln sein konnte. Manche Ideen waren auch kurios. So hatte das Bambuswäldchen auf Groß-Brioni ihn auf die Idee gebracht, eine Spazierstockfabrik aufzubauen – es blieb allerdings bei dem Gedankenspiel. Die Straußenzucht, die er mit Hilfe seines Freundes Hagenbeck hatte, lief da schon besser. Straußenfedern waren allergrößte Mode und sehr gefragt. Während einer Nilreise war er von ägyptischen Palmen begeistert. Er ließ in Alexandrien 36 bis zu drei Meter hohe Palmen ausgraben und in die neue Heimat übersetzten. „Kaum waren die Palmen in Brioni angelangt, in ihren Blättern waren auch ganz unabsichtlich zwei Chamäleone mitgekommen, so überraschte uns ein drei Tage anhaltender Schneefall und die Temperatur sank auf fünf Grad unter Null. Die Palmen blieben zwar noch einige Jahre am Leben, verkümmerten indes und sind nun schon längst verschwunden."

Kupelwiesers Aufzeichnungen sind die eines Pioniers. Zehn Zugsstunden von Wien entfernt liegen Inseln, die nach seinen Visionen geformt und gestaltet wurden. Ein Königreich für Kupelwieser. Paul Kupelwieser und sein Sohn Karl setzten wichtige Investitionen. 1908 wurde vom Festland eine Wasserleitung am Meeresgrund auf die Insel verlegt. Ein Windrad, welches aber nicht den gewünschten Erfolg brachte, und Dampfgeneratoren wurden installiert. Mit ihnen wurde nicht nur elektrisches Licht erzeugt, sie trieben eine Säge, Holzhobelmaschinen und Ventilatoren für das Schmiedefeuer an. Karl Kupelwieser baute am Festland eine Eisfabrik. Damals gab es in der 40.000 Einwohner zählenden Stadt Pola keine Kühlanlagen und dementsprechende hygienische Verhältnisse. „Die Einrichtung der kleinen Kühlanlage in Brioni war außergewöhnlich nützlich. Brioni war der sich nun mit unserer Kriegsmarine ziemlich rasch entwickelnden Stadt Pola hierin vorangegangen."

Immer größere Investitionen erforderten eine bessere Infrastruktur. Bald war ein Schiff unumgänglich. Man muss sich vorstellen: Bei seinem ersten Besuch in Brioni hatte sich Paul Kuppelwieser von zwei Fischern aus Fažana rudern lassen. Die meisten Arbeiter kamen aus Vodnjan, dessen hoher Kirchturm auf Brioni zu sehen ist. Die Tagelöhner

Gegenüber: Im Schatten des alten Waldbestandes steht die Kirche des ehemaligen Benediktinerordens auf Brijuni.

Automobil-Rallye mit Ziel Opatija (Abbazia). Postkarte, 1912.

Die Badeanstalt Saluga in den Zeiten von Paul Kupelwieser. Postkarte, 1910.

gingen vier Uhr morgens weg, um dann von Fažana nach Brioni gebracht zu werden.

In Mali Lošinj wurden zwei Dampfyachten gekauft. Beraten wurde der Sohn Karl Kupelwieser von Erzherzog Karl Stephan, der in Veli Lošinj (Lussingrande) eine Villa hatte und sich den größten Teil des Jahres in Istrien aufhielt. Karl Kupelwieser erwarb das kleine Küstenpatent und hatte mehr Freude an einer Kreuzfahrt als an den Mühen des Insellebens. Das Schiff, das Karl Kupelwieser steuerte, transportierte Gäste, das andere Baumaterial und Trinkwasser.

Kupelwieser hatte sich aus der Industrie zurückgezogen, nicht aber von seinem Freundeskreis rund um den Industriellen Karl Wittgenstein. Ihm gefiel das Inselparadies seines Kollegen und Freundes. Sein Bedarf an Häusern war gedeckt, einen weiteren Haushalt wollte er seiner Frau nicht antun. In einer Herrenrunde auf Brioni meinte Wittgenstein: „Aber du, Weinberger, und du, Feilchenfeld, ihr geht alle Jahre für eine längere Zeit an die Riviera, Brioni ist da viel schöner wie die Riviera, hier solltet ihr euch Villen bauen." Wittgenstein addierte Schlafzimmer, Badezimmer, Dienstbotenzimmer und natürlich auch die Retiraden – er kam auf 35.000 Gulden. Die Herren gingen auf den Scherz ein und zahlten einen Gulden Anzahlung; auch Kupelwieser zeigte sich mit allem einverstanden. Dann bestieg die Partie die Dampfyacht und nahm Kurs auf Abbazia.

Wenige Zeit später hatte Wittgenstein in seinem Wiener Büro die Pläne fertig, an alles war gedacht: Betten, Wäsche, Geschirr, Silber; einer Baugesellschaft aus Laibach hatte er bereits den Auftrag erteilt … Im November 1901, also gerade nach Jahresfrist, wurden die beiden Villen am Schlusse eines sehr opulenten Mahles unter dem Knallen der Champagnerpfropfen ihren Besitzern übergeben und gleichzeitig die Rechnung von 34.999 Gulden überreicht. Die neu angesiedelten Gäste wussten schon längst, dass ihnen diese Rechnung präsentiert werden würde, hatten aber ihre beiden Frauen in der Meinung gelassen, es seien Villen, die Wittgenstein auf seine Kosten bauen ließ und ihren Männern zum Geschenke machen wolle.

So märchenhaft reich und großzügig galt Karl Wittgenstein, dass die Damen Weinberger und Feilchenfeld das auch bis zur Überreichung der Rechnung glaubten.

Innovationen und Ideen

Die Inselwelt Brionis war von ihrem Besitzer vorerst nicht dazu gedacht gewesen, die mondäne Welt zu beherbergen. Kupelwieser dachte vielmehr an etwas Solides, an Landwirtschaft, deren Rente dann seinen Kindern ein sicheres Einkommen bringen würde. Schnell entwickelte sich die ursprüngliche Kantine zu einem Hotel mit einem Dutzend Zimmern. Im Jahre 1913 standen bereits vier Hotels: Carmen und Neptun I, II und III. Den Gästen wurde eine Wandelhalle, Badeanlagen sowie ein Hallenbad mit gewärmtem Meerwasser geboten. Es gab eine Poststation. Und das Postschiff verkehrte regelmäßig zwischen Pola und Brioni.

Dieses Schiff wurde – vom Innovationsgeist Kupelwiesers beseelt – als erstes Schiff weltweit mit einem Dieselmotor angetrieben. Die Technik wurde von der Grazer Waggonfabrik entwickelt und geliefert. Die bahnbrechende Innovation wurde in Österreich – wie auch das Malariaprogramm – kaum gewürdigt, später aber von deutschen Fabriken aufgenommen.
Kupelwieser hat es bereut, nicht von Anfang an eine Kurliste geführt zu haben. Seine Besucher waren illustre Gäste aus Aristokratie, Wirtschaft, Militär und Kultur. Er notierte in seinen Memoiren: „Erzherzogin Maria Josefa (Mutter des letzten Kaisers Karl, Anm. d. A.) war das erste Mitglied unseres Hofes, welche von nun an, bis der Weltkrieg dies unterbrach, alljährlich im Frühjahr einige Wochen in Brioni verbrachte, und bald hatten wir uns gewöhnt, diese liebenswürdige, einfache und gütige Dame als Schutzpatronin zu verehren." Thronfolger Franz Ferdinand besuchte mit seiner Frau, Herzogin von Hohenberg, Brioni erstmals 1908. Er war begeistert und hätte Kupelwieser gerne Inseln abgekauft. Der fühlte sich wohl geehrt, konnte und wollte sein geschaffenes Paradies aber nicht veräußern. So entstand ein höfliches, aber gespanntes Verhältnis zwischen dem zukünftigen Monarchen und seinem loyalen und innovativen Untertan.
Thomas Mann verarbeitet seinen Besuch auf dem Inselparadies in seiner Erzählung *Der Tod in Venedig*: „Was er suchte, war das Fremdartige und Bezuglose, welches jedoch nah zu erreichen wäre, und so nahm er Aufenthalt auf einer seit einigen Jahren gerühmten Insel der Adria, unfern der istrianischen Küste gelegen, mit farbig zerlumptem, in wildfremden Lauten redenden Landvolk und schön zerrissenen Klippenpartien dort, wo das Meer offen war. Allein Regen und schwere Luft, eine kleinweltliche, geschlossene österreichische Hotelgesellschaft und der Mangel jenes ruhevoll innigen Verhältnisses zum Meer, das nur ein sanfter, sandiger Strand gewährt, verdrossen ihn, ließen ihn nicht das Bewusstsein gewinnen, den Ort seiner Bestimmung getroffen zu haben …"

Einen Durchbruch erlangten die Malariaforschungen des Professors Robert Koch auf der Insel Brioni. Kupelwieser lud den deutschen Wissenschaftler und späteren Nobelpreisträger ein, um vor Ort seine Malariastudien fortzusetzen. Kupelwieser hatte sich in den ersten Tagen seines Aufenthalts auf Brioni eine schwere Malaria geholt, auch seine Arbeiter litten unter der noch unerforschten Krankheit. Als der Assistenzarzt Dr. Frosch aus Berlin einlangte, wurde er vom Oberkellner abgeholt. Der Arzt begrüßte ihn mit folgenden Worten: „Sie haben ja Malaria, ich werde gleich eine Blutprobe von Ihnen nehmen." Und noch ehe Dr. Frosch sein Zimmer bezog, hatte er mit einer kleinen Stahlfeder, die er immer bei sich trug, die Haut angeritzt und nahm die Blutprobe gleich unters Mikroskop. Vor dem Abendessen hatte er bereits die ersten Gelsen gefangen und untersucht.
Brioni war ein Eldorado für Malariastudien. In den Jahren 1901 und 1902 konnten hier wesentliche Erkenntnisse erworben werden, die von den Deutschen in ihren afrikanischen Kolonien angewandt wurden. Von 200 Malariafällen, die vor den Untersuchungen gezählt wurden, blieb auf Brioni danach nur ein einziger Fall ungelöst. Die Anopheles-Mücke als Überträgerin der Malaria wurde durch Trockenlegen von Tümpeln ausgerottet, die Erkennung der verschiedenen Malariatypen und deren richtige Behandlung taten das Übrige.
Die Ergebnisse der deutschen Wissenschaftler Koch und Frosch bot Kupelwieser auch der österreichischen Sanitätsbehörde an, die allerdings wenig Interesse zeigte. Paul Kupelwieser schreibt in seinen Memoiren: „Die österreichischen Behörden machten mir die Arbeiten auf Brioni nicht leicht. Auch die Slaven und Italiener des Landes sahen mit Neid, daß in dem von ihnen bisher völlig unbeachteten Stückchen Landes, vor kurzem noch im Besitz von Portugiesen, nun ein deutscher Eindringling etwas schuf, was Bedeutung zu haben schien." Auch das Finanzamt war unbequem. Mit dem umliegenden Geröll ließ er Wege und Straßen bauen, was den Behörden als ein besonderer

Junges Familienglück an der istrianischen Küste. Fotografien, um 1930.

Wenn die Tagesausflügler Brijuni verlassen, geht der Mond über der Insel auf.

Luxus erschien. Die Finanzbehörde schätze seinen Besitz auf 17 Millionen Gulden – und entsprechend hoch wurde er besteuert.

Dem Österreicher Kupelwieser gedenkt man bis heute mit Hochachtung. Er verköstigte nicht nur den Pfarrer von Fažana mit einem guten Kaffee und Schlagobers sowie einer sicheren Entlohnung. Er sicherte vor allem Arbeitsplätze und engagierte sich auch auf dem Festland mit landwirtschaftlichen Projekten. Als er 1919 verstarb, hinterließ er seinem Sohn Karl ein gutes Fundament.

Brioni im Anzug

Doch der Krieg war verloren, Istrien fiel an die Italiener. Karl, deutlich weniger solide als sein Vater, investierte in Spiel und Glamour. Kupelwieser jun. errichtete eine Pferderennbahn – die mondäne Welt hielt Einzug auf Brioni. Er lud einen amerikanischen Architekten ein, der 1923 den größten Golfplatz des Kontinents plante. Ein Jahr später kam der erste italienische Poloclub hinzu. Literaten wie James Joyce und Thomas Mann kamen. Karl Kupelwiesers Besitz brach während der Wirtschaftskrise zusammen; 1930 erschoss er sich. Er ist im Familienmausoleum auf Brioni bestattet.

Nach dem Zweiten Weltkrieg suchte ein Schneideratelier in Rom einen guten Namen. Er sollte nach großer Welt, nach Luxus und Exklusivität klingen. Man entschied sich für „Brioni“, ein Inbegriff für Eleganz – so lebt Brioni als Maßanzug weiter. Das teure Tuch wird bis heute von Kofi Annan und Donald Trump oder Gerhard Schröder getragen. Der Anzug sitzt, auch nach Action und Attentaten, wie bei James Bond in *Golden Eye* zu sehen ist. Der deutsche Altbundeskanzler Gerhard Schröder kam als „Brioni-Kanzler“ in die Schlagzeilen. Der Chef der Brioni-Schneiderei, Umberto Angeloni, stellt fest: „Wir sind keine Marke, sondern ein Lebensgefühl. Wir machen nicht Mode für Reiche, sondern Mode für die Mega-Reichen."

Seit Umberto Angeloni die Inseln für sich und seine Brioni-Anzüge entdeckt hat, trifft sich im Frühsommer tout le monde beim „Brioni Polo Classic". Plötzlich kreuzen Yachten mit einem Gardemaß ab 40 Meter aufwärts vor den Augen erstaunter Besucher, welche gerade mit dem Bummelzug rund um die Insel tuckern.

Der größere Teil der 14 Inseln ist unberührte Naturlandschaft, die Hauptinsel gepflegtes Kulturland: einerseits meterhohe Macchia, anderseits Parklandschaft. Rund 250 Vogelarten wurden registriert, wobei die Inseln für Zugvögel eine wichtige Station darstellen. 700 verschiedene Pflanzen gedeihen, endemische und solche, die Kupelwieser und sein Forstdirektor kultivierten.

Dazwischen liegen versteckt die ehemaligen Tito-Villen. Manche Militäreinrichtungen sind Künstlerquartiere. Die Hotels Neptun und Carmen garantieren Ruhe und Exklusivität für höchstens 300 Besucher. Seit 1983 sind die Inseln Nationalpark; die Touristenströme werden rigide gelenkt. Eine Überfahrt nach Veli Brijun ist mit einem Besuch im Safaripark verbunden, danach reisen die Gruppen wieder ab. Es herrschen strenge Regeln: kein Neubau wird genehmigt, kein Verkauf, nur Veränderungen der vorhandenen Strukturen. Grünes Licht zum Umbau der Hotels im Rahmen der italienischen Brioni-Initiative hat die Regierung noch nicht gegeben. Der Präsident der istrianischen Region unterstützt allerdings das Deluxe-Projekt und strebt neben dem Tourismus an der Küste „eine Oase des Luxus" auf Brijuni an.

Der Legende nach wollte der Schöpfer ein Stück Erde nach dem Vorbild des himmlischen Paradieses schaffen – so entstand Istrien: weißer Felsen, grüne Täler, rote Erde und das Blau des Meeres.

Der Teufel störte Gott jedoch und veränderte sein Werk, allerdings konnten einige Engel dem Teufel einen Zipfel entreißen – die Inselwelt Brioni. So möge es auch in Zukunft bleiben.

Der Zoo Hagenbeck aus Hamburg hatte eine Dependance auf der Insel Brijuni (Brioni). Fotografie, um 1925.

Die Inseln Cres und Lošinj

Von den schroffen Berghängen auf Cres bis zu den seidenen Kiefernwäldern von Lošinj. Von den Königen der Lüfte und dem Lächeln des Meeres.

Die Mythologie der Antike berichtet von Jason und Medea. Medea, Tochter des Königs von Kolchis, ist mit ihrem griechischen Geliebten Jason und dem geraubten Goldenen Vlies auf der Flucht. Auf der Flucht vor den Kolchern gelangen die Argonauten in die Bucht von Kvarner. Apsyrth, Sohn des Königs von Kolchis und Bruder Medeas, verfolgt die Räuber.

Die Verfolgungsfahrt dauert lange, aber schließlich gelingt es Apsyrth, Jason und seine Gefährten zu stellen. Medea entsinnt ein grausames Spiel: Sie überredet die Kolcher zu Verhandlungen und führt ihren Bruder in einen Hinterhalt. Jason ermordet Apsyrth; Medea zerteilt den Leichnam, Stück für Stück, um Zeit zu gewinnen. Denn sie weiß, dass die Kolcher nicht ohne den Körper ihres Königssohnes nach Hause fahren können. Sie wirft die Teile ins Meer und aus ihnen entwachsen Inseln – die Inseln des Apsyrth: Cres und Lošinj.

Soweit die antike Mythologie. Die geologische Entwicklung ist weniger blutrünstig. Am Ende der letzten Eiszeit wurde das Gebiet der Kvarner Bucht von den Wassermassen schmelzender Eisberge überflutet. Die Adria stieg um etwa 100 Meter an: Täler versanken im Wasser, Berge wurden zu Inseln. Die Inseln Cres und Lošinj sind die Verlängerung des Gebirgsmassivs Učka.

Cres ist eine Landschaft mit Weitblick: Steinweiden, über die sich ein hoher Himmel wölbt, Bergdörfer, die wie Horste auf einem Felsen kleben, Steinmauern, die wie Adern das Land bedecken, Wasserlöcher, die in Wäldern versteckt liegen. Und wohin das Auge blickt – Himmel, Meer und Steine. Steine, über die man stolpert, die einen

Oben: Der Vrana See liefert bestes Trinkwasser für die Inseln Cres und Lošinj. Xylografie aus dem *Kronprinzenwerk*, 1891.

Gegenüber: Mali Lošinj ist größer als Veli Lošinj, obwohl „mali“ klein und „veli“ groß heißt.

zwingen, aufmerksam Schritt um Schritt zu setzen. Steine, die die Erde überall bedecken, haben von den Menschen Namen bekommen. Sind sie faustgroß und liegen lose auf der Terra rossa; nennen die Inselbewohner sie „hrnjage". Haben die Steine aber messerscharfe Ränder, so dass man mit ihnen schneiden kann, sind es „oštrice". Ragen die Steine über einen halben Meter aus der Erde heraus, heißen sie „škrape". Sind sie höher als „škrape" und so dicht beieinander, dass kein Schaf zwischen ihnen hindurchkommt, spricht man von „hruste". Das Schaf ist das Maß der Steine, denn es muss hier sein Auskommen finden.

Rund 30.000 Schafe leben auf der Insel. Extensive Schafzucht wird seit vorrömischer Zeit auf Cres betrieben. Die Tiere weiden auf kommunalen Flächen oder auf von Steinen umschlossenen Parzellen. Die Steinmauern trennen nicht nur die Weidegründe voneinander, sie wurden geschichtet, um das Land von ihnen zu säubern. Die Mauern schützen nicht nur die Schafe vor einem Sturz in die Tiefen des Meeres, sondern die Gemüsegärten vor gefräßigen Tieren. Zwischen den Mauern sind hölzerne Gatter, durch die die Herden von einer Weidefläche zur anderen getrieben werden. Bei Wanderungen müssen sie geschlossen werden, damit die Schafe nicht auskommen.

Schafe wie Steine haben eine schmutzig-weiße Farbe, so dass Tier und Fels aus der Entfernung kaum zu unterscheiden sind. Wenn die Schafe auf scheinbar kahlen Steinweiden grasen, ernähren sie sich von 300 verschiedenen Kräutern. Das schmeckt man. Denn das magere Lammfleisch ist von intensivem Aroma. Die besondere Würze bringt zusätzlich das Meer. Wenn im Winter die Bora mit 100 Stundenkilometer über die Hänge bläst, trägt sie die salzige Gischt auf die Weidegründe. Auch der Käse profitiert vom salzigen Regen. Die Tiere leben das ganze Jahr über im Freien, lammen auf den Weiden; sie werden nur eingepfercht, wenn sie zum Melken oder zur Schur kommen. Bei widrigem Wetter suchen die Schafe Zuflucht hinter den Trockenmauern, notfalls stecken sie ihre Köpfe in dorniges Gebüsch, um sich vor dem scharfen Wind zu schützen – die Schafe tragen dann einen Teil der Vegetation mit sich. Disteln und Dornen verhaken sich im zotteligen Fell; für die Schur muss das Fell mit viel Aufwand davon befreit werden.

Wasser finden die Tiere in den Wässerlöchern. Die Entstehung der heute verlassenen Hirtensiedlungen und der Dörfer sind mit der Verfügbarkeit von Süßwasser verbunden. Manche Wasserlöcher wurden gegraben, die meisten sind natürliche Senken und Vertiefungen im Fels, in denen sich Regenwasser sammelt. Wasserlöcher waren auf Cres immer Gemeingut; es war verboten, sie zu privatisieren. Die Säuberung von Wasserstellen wurde vom Dorfoberhaupt bestimmt. Dass das Wasser allgemeines Gut ist, drückt sich auch in der Wortschöpfung aus. Wasserlöcher werden manchmal „diritti" genannt, das sich vom italienischen Wort für „Recht" ableitet. Ein großes Wasserloch im Norden der Insel rettete zu Beginn des 20. Jahrhunderts Mensch und Tier vor dem Verdursten. Nach einer ungewöhnlich langen Trockenperiode waren alle anderen Zisternen und Quellen versiegt, doch Kosmaćev versorgte umliegende Dörfer. Wächter bewachten die Stelle Tag und Nacht, damit das Wasser gerecht aufgeteilt wurde.

Seit 50 Jahren versorgt der See Vrana die Inseln Cres, Lošinj und umliegende Inselchen mit Trinkwasser. Es war eine lebensrettende Maßnahme für die Insel, die nach dem Zweiten Weltkrieg vom Regime vernachlässigt wurde. Der Plan, die Wasserleitung zu bauen, bestand schon vor dem Ersten Weltkrieg. Es scheiterte an finanziellen Mitteln, die von der Bevölkerung allein nicht aufgebracht werden konnten. Unter italienischer Regierung wurde das Vorhaben wieder aufgenommen, kam aber durch den Kriegseintritt Italiens zum Stillstand. 1953 wurde die erste Leitung zur Stadt Cres gelegt.

Der See liegt zwischen kahlen Bergen inmitten der Insel; der Zutritt zum Ufer und das Schwimmen oder Fischen sind natürlich streng verboten. Er liefert beste Trinkwasserqualität. An der tiefsten Stelle ist er 74 Meter tief, davon liegen 61 Meter unter dem Meeresniveau. Da nach einem

Regen die Sturzbäche nicht in den See fließen, sondern schon davor versickern, war es lange ein Rätsel, woher der See gespeist ist. Heute weiß man, dass er autochthon ist. Das Wasser erhält der See durch Wasserläufe im Karstsystem der Insel, jedoch nicht von Quellen, die mit dem Festland unterirdisch verbunden sind.

Der nördlichste Teil der Insel ist noch mit Flaumeichenwäldern bestanden; der Süden hingegen liegt unter dem 45. Breitengrad – hier ist bereits mediterrane Vegetation mit immergrünen Steineichenwäldern zu finden. Doch der Großteil der Wälder wurde im 18. und 19. Jahrhundert abgeholzt, als der Schiffsbau auf der Insel Lošinj Konjunktur hatte. Dass es einzig und allein die Venezianer waren, die die Wälder rücksichtslos abholzten, widerlegt der von ihnen ausgearbeitete Waldnutzungsplan: Es war untersagt, Wälder vollständig zu schlägern; gerodete Flächen mussten aufgeforstet werden. Tatsache aber bleibt, dass der Wald zum Großteil verschwunden ist. Trotz allem gedeiht eine reichhaltige Vegetation. Die Inselgruppe Cres zählt 1500 Pflanzenarten, mehr als die Inselgruppe von Großbritannien mit 1180 Arten.

Es ist ein mannigfaltiges Grünen mit dem Graugrün der Steinweiden, dem Silbergrün der Olivenbäume, dem glänzenden Grün der Steineichen und dem dunkelgrünen Efeu. Im Frühjahr überziehen Farbwolken die Insel. Gelb blüht Geiskraut und Wolfsmilch, rosa die Zistrose und das Cymbelkraut und violett Rosmarin und Salbei. Salbeihonig ist eine Spezialität der Insel. Er hat ein ausgeprägtes Aroma und ist nicht nur schmackhaft, sondern lindert Atemwegserkrankungen.

Gänsegeier und Großer Tummler

Auf der Insel Cres ist der Weg das Ziel. Die schmale Hauptstraße zieht sich am Kamm entlang. Aussicht, so weit das Auge blicken kann: beschaulich in die Weite und schaurig in die Tiefe. Vom Fährhafen Porozina schraubt sich die Straße auf 650 Meter hinauf. Bald stürzen links und rechts die Steilhänge ins Meer. Ein Autowrack hat sich im Dornengebüsch verfangen. Unerreichbar liegt es wie ein Mahnmal

Besten Fernblick über die Insel Lošinj bietet der Gipfel des Osoričica.

Mali Lošinj war berühmt für seine Schiffe und ist Standort der Schule für Nautik und Seefahrt.

am Abhang – vielleicht dient es einem Schaf als Schattenplatz, vielleicht wird es einmal ins Meer rutschen. Ist der Grat passiert, erreicht man einen kleinen Parkplatz an der Kreuzung von Križić. Nervenschwache Touristen erholen sich hier, während sich die Insulaner in ungebrochener Risikofreude in die Kurven legen. Eine Betonmauer schützt die Straße vor den stärksten Stößen der Bora. Der Sattel Križić ist nun der tiefste Punkt des Höhenzuges. Mit ein wenig Glück können hier Gänsegeier beobachtet werden. Sie wechseln an dieser Stelle von einer Seite der Insel auf die andere.

Die Dörfer, weitab vom Rückgrat der Insel, trotzen auf Kalkklippen Wind, Wetter und Zeit. Beli ist eine Bergstadt mit einer Hand voll dicht beieinander stehenden Häusern. Darunter fällt der Steilhang 130 Meter tief ab. Unten liegen ein kleiner Hafen, ein verträumter Campingplatz und weißer Schotterstrand. Die Stadt war einst ein römischer Vorposten im Norden der Insel. „Caput insulae" nannten es die Römer: „der Kopf der Insel". Um das Jahr 1000 wurde Beli eine unabhängige Stadt, wovon der Versammlungsplatz zeugt: die Agora. Wie in Beli leben die Bewohner von Orlec hauptsächlich von der Schafzucht. Wer durchs Stadttor von Beli geht, muss vorher noch ein Schafgatter öffnen – und wieder schließen, damit das Vieh sich nicht in den Gassen verrennt. In Orlec verwehrt das unwegsame Terrain den Zugang zum Meer. Daher konnte sich nie ein Hafen entwickeln. Die Bucht 200 Meter unterhalb des Dorfes blieb ein archaischer Platz – Felswände, die senkrecht aufsteigen, ansonsten nur Meer und Himmel. Wenn Wind aufkommt, fliegen die Geier über die Bucht. Der Dorfname leitet sich aus dem kroatischen Wort für Adler ab. „Orli" werden im Volksmund die Gänsegeier genannt, die in unmittelbarer Nähe von Orlec horsten.

„Caput insulae" nennt sich auch die Tierschutzorganisation, die ihren Sitz in Beli hat. Forscher und freiwillige Helfer beobachten und betreuen die Gänsegeierkolonie und haben in Tramuntana – dem nördlichen Gebiet der Insel – Wander- und Lehrpfade installiert und reparieren Trockenmauern. Das Öko-Zentrum ist in der ehemaligen Schule untergebracht. Das Gebäude wurde in der Zwischenkriegszeit unter italienischer Herrschaft errichtet, um die Bevölkerung zu italienisieren. Hinter dem Gittertor wartet ein neugieriges Schaf auf die Besucher. Die Crew kocht gerade Spaghetti. Wenn die Hitze nachlässt, werden sich die beiden Studentinnen, Dorit aus Wales und Anna aus Slowenien, auf den Weg machen, um die Gänsegeier (auch Weißkopfgeier genannt) zu beobachten und die Paare zu zählen. Ausgerüstet mit Teleskop und Tabellen steigen Dorit und Anna in den Geländewagen. Die Kolonie liegt nahe dem Vrana-See. Auf unwegsamer Steinwüste geht es querfeldein, bis das Plateau abbricht und am gegenüberliegenden Berghang die Vögel zu sehen sind.

Stille und Steine, Steine und Stille. Der Nachmittag zeichnet bereits lange Schatten. Noch sitzen die Gänsegeier wie Statuen auf ihren Horstplätzen. Sie müssen sich erst sammeln, um gemeinsam auf Beuteschau zu fliegen. Gänsegeier und Schafe gehören hier untrennbar zusammen. In der extensiven Viehzucht der Insel ist der Mensch auf die Dienste der Gänsegeier angewiesen – sie sind die Sanitätspolizei. Die Aasfresser greifen niemals lebende Tiere an. Sie ernähren sich von verendeten Tieren und verhindern dadurch die Ausbreitung von Krankheitserregern und damit Epidemien unter den Herden. Außerdem wäre es den Schafhaltern gar nicht möglich, die toten Tiere im felsigen Karstboden zu vergraben. Sinkt die Schafpopulation, so haben auch weniger Gänsegeier ihr Auskommen.

Derzeit leben um die 70 Paare auf der Insel. Sie gehören zu den größten flugfähigen Vögeln. Manche Tiere erreichen ein Gewicht bis zu zehn Kilogramm. Die Spannweite der Flügel misst 2,80 Meter. Die Physiognomie ist gut an ihre Fressgewohnheiten angepasst. Ihre Füße sind zum Gehen geeignet, aber nicht zum Reißen von Beute. Mit ihrem starken, spitzen Schnabel können sie die Haut des verendeten Tiers aufbrechen. Der Hals ist lang und kahl, damit sie tief in die Eingeweide dringen können, ohne ihre Federn zu beschmutzen. Ihre langen und breiten Flügel nutzen den Wind, um bei weiten Strecken nach Beute zu suchen. Die Fluggeschwindigkeit bei Langstrecken beträgt 40 Stundenkilometer, bei Kurzstrecken erreichen sie bis zu 120 Stundenkilometer – von bis zu 1000 Meter Höhe stürzen sie sich auf ihre Beute. Aber das Aas ist selten in unwegsamen Gegenden. So haben sich Gänsegeier zu Gesellschaften zusammengeschlossen und leben in Kolonien. Auf Cres sind das die Kolonien Podokladi nahe dem Vrana-See und die nördliche bei Orlec. Hier bauen sie ihre Horste auf den Kronen der Felszacken.

Für die Nahrungssuche formieren sich die Vögel zu einem Kamm: Sie fliegen parallel, wobei der Abstand zum Nachbarn etwa einen Kilometer beträgt. So können sie ein großes Gebiet lückenlos absuchen. Aus einer Entfernung von zehn Kilometern können die Gänsegeier ihre Nahrung erkennen. Sobald ein Gänsegeier ein totes Tier entdeckt, beginnt er darüber zu kreisen. Das ist das Zeichen für die anderen, dass es Futter gibt. Finden sie nichts, werden sie am nächsten Tag die Suche wieder aufnehmen. Gänsegeier können eine Woche ohne Nahrung auskommen.

Dunkelheit sinkt herab; die Geier sind nicht aufgeflogen. Die Tierschützerinnen packen Teleskop und Tabellen wieder ein. Der Alltag in der Öko-Station ist kein Abenteuer-Urlaub – jetzt werden die Volieren geputzt. In den Vogelgehegen werden verunfallte Geier gesund gepflegt. Vielleicht kommen auch noch ein paar interessierte Touristen, die sich die Ausstellung über das Leben der Gänsegeier ansehen wollen. Die Volontäre führen sachkundig durch die Ausstellungsräume in der ehemaligen Schulklasse von Beli.

Der obligate Ankunftsstolz nach der Schiffsfahrt. Postkarte, um 1910.

Gäste aus dem Morgenland in Opatija (Abbazia). Postkarte, 1909.

Doch irgendwer hat schon wieder vergessen, die Haustür ordentlich zu schließen – schon steht ungeniert ein Schaf im Raum.

Gänsegeier sind heimatverbundene Tiere. Ein Paar legt pro Jahr ein Ei. Das geschlüpfte Junge bleibt ein halbes Jahr bei den Eltern, bevor es in die Selbständigkeit entlassen wird. Das ist eine kritische Zeit für die Jungvögel. Deswegen füttert das Öko-Zentrum „Caput insulae" auch zu, um den Bestand zu stabilisieren. Die Jungtiere folgen dem Ruf der Ferne und gehen auf Wanderschaft. Ihre Erkundungstouren ziehen sich von den Alpen bis Nordafrika. Sie sind nach fünf Jahren geschlechtsreif und kehren mit einem Partner zurück in ihre Heimat. Oft nisten die Gänsegeier genau an der Stelle, an der sie geschlüpft sind. Dass die Gänsegeier von Cres nicht ausgestorben sind, ist der extensiven Viehhaltung zu verdanken. Auf dem weitläufigen und unwegsamen Gebiet ist es für die Schafzüchter gar nicht möglich, kranke oder verendete Tiere ausfindig zu machen. So kommt es, dass hier die Gänsegeier überlebten, während sie in vielen anderen Teilen Europas ausgestorben sind. Ihre Arbeit übernahm die Tierkadaververwertung.

Sie heißen Phil, Grifo, Monk oder Faccia. Sie sind das Lächeln des Meeres. Delfine faszinieren durch ihr freundliches, kluges und kontaktfreudiges Wesen. Delfine sind mehr als elegante Schwimmer und akrobatische Springer – sie sind Indikatoren für eine intakte Meeresökologie. Die Säugetiere stehen als Raubtiere am Ende der Nahrungskette, die im Laufe ihres langen Lebens viel Biomasse ansammeln. Besonders Schwermetalle sammeln sich im Gewebe und untergraben das Immunsystem und die Fruchtbarkeit der Tiere. Überfischung raubt ihnen die Lebensgrundlage. Daher brauchen sie mehr als andere Lebewesen ein intaktes Gewässer.

Das Meer am Kvarner bietet Lebensraum für etwa 160 Große Tümmler; Tendenz steigend. Das Meer um Lošinj und Cres ist mit einer Sichtweite von 20 Meter unter Wasser der sauberste Teil der nördlichen Adria. Neben den Delfinen kommen hier auch Meeresschildkröten (Unechte Karettschildkröte) sowie über 95 Fischarten vor, darunter Haie und Schwertfische.

Die Forschungsstation in Veli Lošinj überwacht und beobachtet ein Areal von rund 2000 Quadratkilometern. Die Mitarbeiter der Blue-World-Forschungsstation wenden regelmäßig die Methode der Foto-Identifikation an, um den Bestand der Delfine zu erfassen und durch die langjährigen Daten Strategien zum Schutz der Meeressäuger zu entwickeln. Bei Delfinsichtungen werden die Rückenflossen der Tiere fotografiert. Die Rückenflossen der Großen Tümmler entsprechen mit ihren natürlichen Merkmalen, wie Narben und Einkerbungen, dem menschlichen Fingerabdruck: Die Tiere können somit individuell erkannt und benannt werden. Andere Studien der Station beinhalten die Analyse von anthropogenem (vom Menschen erzeugtem) Lärm im Untersuchungsgebiet und dessen mögliche Beeinflussung auf das Verhalten der Delfine. Direkte Beobachtungen von Delfinen können Einblicke in momentanes Verhalten geben, wie beispielsweise die Nahrungssuche oder soziales Spiel. Zusammen mit der Aufnahme von geographischen Daten kann auf Sozialstruktur, Lebensweise, Jagd- und Ruhezonen, Größe des Bestands und Geburtenraten geschlossen werden.

Seit 2003 besteht außerdem ein Marines Schulungszentrum in Veli Lošinj, das Besucher mit einer Ausstellung einlädt, mehr über die Delfine und andere Meeresbewohner zu erfahren. Nicht nur chemische Faktoren wirken sich auf die Lebenswelt der Delfine aus. Der Lärm der Motorboote, der durch das Wasser übertragen wird, stört die Navigationsfähigkeit der Tiere. „Go slow"-Areale wären eine Möglichkeit, um mehr Schutzräume im Meer zu schaffen.

Weitere Aktivitäten sind Vorträge und Kurse für Schulen, Kindergärten und Besucher. Um die Projekte zu finanzieren, können Tierfreunde finanzielle Delfinpatenschaften für Phil, Grifo, Monk und Faccia übernehmen.

Schatten – Quellen der Luft

Es führen keine Straßen zu den verlassenen Dörfern. Warum sollte man sie auch bauen. Zu ihnen gelangt man über Pfade und Viehtritte. Kein Strommast, kein Mobilsender – nichts, was an die Errungenschaften des 20. Jahrhunderts erinnert. Nach dem Ende des Zweiten Weltkrieges verringerte sich die Bevölkerung auf Cres dramatisch. Die sozialistische Regierung Jugoslawiens vernachlässigte Infrastrukturmaßnahmen. Es gab keine geregelten Schiffsverbindungen, keine Strom- und Wasserversorgung und kein Telefon. Aggregate, die abends abgeschaltet wurden, versorgten Städte und Gemeinden. Die Menschen wanderten aufs Festland ab: nach Rijeka, nach Italien, Australien und in die USA; viele Auslands-Creser finden sich in Chikago. Erst ab 1964 wurden die Inseln mit Strom vom Festland versorgt. Und 1968 wurde die erste Asphaltstraße eröffnet: vom Fährhafen Porozina bis nach Veli Lošinj. Heute leben etwa 11.700 Menschen auf den Inseln Cres und Lošinj, wobei der Großteil der Bevölkerung (8800 Personen) in den Städten Cres und Mali Lošinj wohnen; der kleine Rest verteilt sich auf die Dörfer der Inseln.

Schmale Pfade führen zu verlassenen Hirtensiedlungen. Die Natur schweigt in der Hitze, die archaischen Steinhäuser auch. Niska ist eine von vielen verlassenen Siedlungen auf den Inseln. Zu Beginn des 20. Jahrhunderts lebte die Bevölkerung von Schafhaltung, von Landwirtschaft und der Nutzung der Eichenwälder. Nach einem Marsch über die kahlen Steinweiden muten Eichenwälder wie Oasen an. Der Schatten ist erfrischend wie eine Quelle. Doch das Dorf Stepići in der Nähe des Waldes ist tot. Nur Schafe streifen durch die ehemalige Dorfstraße. Das Kirchlein Sveti Ivan (hl. Johannes der Täufer) ist eines von Dutzenden Zeugen bäuerlicher Frömmigkeit. Die einfache und klare Formensprache der Kirchen aus dem 13., 14. und 15. Jahrhundert fügt sich in die kahle Landschaft. Pilger kommen am 24. Juni zum Kirchlein von Sveti Ivan, um den Patronatstag zu feiern. Einst fand nach der Heiligen Messe der Kirtag statt. Und da es nach dem Tanz gerne zu handfesten Auseinandersetzungen um das eine oder andere Mädchen kam, heißt die Kirche auch „Sv. Ivan od kacota" – „der hl. Johannes der Fäuste".

In der Nähe von Stepići liegt eine Höhle. Forscher fanden in ihr zwei Bärenskelette, was wiederum beweist, dass die Insel mit dem Festland verbunden war. In den Höhlen finden sich Spuren keltischer Besiedelung um 400 v. Chr. Von den Kelten wird die märchenhafte Geschichte erzählt, dass sie sich in einer Höhle am Festland oberhalb von Matulij versteckten. Sie suchten Schutz vor feindlichen Übergriffen und flohen in die Höhle: immer tiefer, immer weiter. Ein Teil von ihnen soll unterirdisch bis Triest gekommen sein, die andere Gruppe auf Cres wieder das Tageslicht erblickt haben.

Geschützt an einer großen Bucht liegt die Hauptstadt Cres. An den Hängen ziehen sich Terrassen mit Olivenbäumen. Cres ist seit jeher für sein Olivenöl bekannt. Die Terrassen wurden in römischer Zeit angelegt. Im Hafenbecken spiegeln sich die Pastellfarben der Bürgerhäuser. Die kleine Stadt ist venezianisch geprägt, am Renaissancetor beim Marktplatz fehlt jedoch der Löwe von San Marco. Er wurde nach dem Fall der Venezianischen Republik 1797 im Meer versenkt. Auf Hausmauern und Türstöcken sind die

Gemüse an Bord in Mali Lošinj.

venezianischen Wappen zu sehen, die die Berufsstände symbolisieren: Schmied, Fischer, Wagner, Schneider. Cres ist keine ausgehöhlte Kulisse für Touristen, sondern eine intakte Provinzstadt: Umschlagplatz für Waren, die vom Festland geliefert werden, Schulstadt und Amtssitz; und in der steinernen Loggia verkaufen vormittags Bäuerinnen Gemüse und Obst.

Das Dorf Valun ist bekannt für seinen großen Strand und für eine in Stein gemeißelte Inschrift: ein Beweis früher Multikulturalität. In der Pfarrkirche von Valun ist die Tafel („Valunska ploča") aufgestellt, deren Text in zwei Sprachen und zwei Alphabeten verfasst wurde. Die Inschrift der Grabplatte aus dem 11. Jahrhundert ist in Kroatisch mit glagolitscher Schrift und in lateinischer Sprache und Schrift geschrieben, was darauf hinweist, dass die damalige Bevölkerung sich aus Einheimischen mit romanischer Sprache und kroatischen Einwanderern zusammensetzte.

Das Dorf Podol liegt auf der Straße, die nach Lubenice führt. Gerade eine Hand voll Menschen wohnt hier. Mitten auf der Straße steht ein großer Maulbeerbaum. Sein Schatten wird zum Dorfplatz, wo sich alle fünf Bewohner zu einem Plausch zusammenfinden können. Ein kroatischer Reiseführer empfiehlt: „Dieser Baum wirkt fast wie ein Schutzmann, der den Verkehr regelt. Umfahren Sie ihn stets an der rechten Seite."

Lubenice ist fest verwachsen auf den Klippen, die ca. 400 Meter tief abfallen. Weit unten segeln Möwen über das Meer. Das Winkelwerk der beiden Gassen sind verlängerte Wohnzimmer, geschmückt mit Hibiskus und Oleander in abgeschlagenen Emailtöpfen. Wie Beli ist Lubenice eine Bauernstadt gewesen. Lubenice bekam durch den Tourismus eine Lebenschance. Der offene Platz liegt vor dem Stadttor, und am Fuße des Glockenturms scharen sich die Tische eines Lokals, das wohl zu den stimmigsten Plätzen der Insel zählt. Im Süden der Insel wird die Landschaft weicher. Sie setzt ein wenig Fleisch an; es gibt mehr Erde für Felder und Gärten.

Wo die Inseln Cres und Lošinj durch einen Kanal voneinander getrennt sind, dort liegt Osor, die einstige Hauptstadt der Insel. Der Kanal durch die Meerenge wurde wahrscheinlich von den Römern gegraben. Er ist elf Meter breit und an die 300 Meter lang. Davor mussten Boote und Schiffe über Walzen von einem Ufer zum anderen gerollt werden.

Ob vom Meer oder vom Land, die Meerenge musste immer passiert werden. Es entwickelte sich ein reger Handel – und die Stadt Apsoros. In diesem Apsoros findet sich der mythologische Name der Inseln wieder. Es sind die Inseln des Apsyrth, des unglücklichen Königssohns aus Kolchis, der von seiner Schwester Medea verraten und vom Griechen Jason getötet wurde.

Fast jeder Stein, der über einem Tor eingearbeitet ist, der als Pflaster die Straße bedeckt und die Stadtmauern von Osor säumt, hat historischen Wert. Osor ist seit prähistorischer Zeit besiedelt. Aus der Bronzezeit wurden Steingräber gefunden. Aus dem 4. und 3. Jahrhundert v. Chr. stammen die Megalithblöcke, die die Grundsteine der römischen Stadtmauer sind. Osor hat eine römische und eine mittelalterliche Stadtmauer. Das Stadtrecht erhielt Osor bereits in der Antike. Die römische Stadt hatte ein Forum, einen Tempel und ein Theater. Die Straßen waren mit Mosaiken gepflastert. Mosaikreste eines Tempels sind in der Friedhofskirche von Osor zu sehen.

Wo heute der Friedhof ist, erstand im 5./6. Jahrhundert eine frühchristliche Kirche. Sie war wie alle frühchristlichen Kirchen mit einem stattlichen Baptisterium ausgestattet. Ordensbrüder predigten das Christentum und versuchten, die Bevölkerung zu bekehren. Deshalb nimmt das Taufbecken, in dem die Täuflinge dreimal untergetaucht wurden, einen zentralen Raum ein. Osor war im 6. Jahrhundert ein Bischofssitz.

Bootspartien als Abenteuerfahrten: Um zu den kleinen Inseln bei Lošinj zu übersetzen, wurde ein Feuer am Strand entfacht – das war das Zeichen für die Fischer. Postkarte, um 1920.

Als die Segelschiffe nicht mehr mit dem Wind fuhren und im 15. Jahrhundert die Technik des Kreuzens aufkam, verlor Osor seine Vormachtstellung. Neue Seerouten entwickelten sich – Osor war kein Knotenpunkt mehr. Hinzu kam, dass Malaria einen großen Teil der Bevölkerung hinwegraffte. Man wusste damals nicht, dass die Krankheit von der Anopheles-Stechmücke übertragen wird und dachte, Malaria käme von der schlechten Luft. Der Bürgermeister ließ die Stadtmauer schleifen, damit frische Luft durch die Gassen strömte – die Malaria wurde dadurch nicht ausgerottet. Aber Osor schrumpfte, Gebäude verfielen. Die Stadt Cres wurde zur neuen Hauptstadt der Insel. Heute hat Osor um die 80 Einwohner.

Die Venezianer errichteten um das geschrumpfte Osor eine zweite, eine kleinere Stadtmauer. Sie bauten einen neuen Bischofspalast, einen Ratssaal und die Kathedrale St. Gaudentius. Das Hochaltarbild zeigt den Kirchenpatron inmitten der Creser Landschaft. Um seine Beine windet sich eine Schlange. Dazu gibt es folgende Legende: Gaudentius wurde im 11. Jahrhundert in einem Dorf in der Nähe von Osor geboren. Er wurde Benediktinermönch und war fromm und weise. Als er zum Bischof von Osor geweiht wurde, redete er den Bürgern ob ihrer verdorbenen Lebensweise ordentlich ins Gewissen. Doch sie hörten nicht auf ihn und vertrieben ihn aus der Stadt. Als Einsiedler zog sich Gaudentius in die Berge der Osoršćica zurück und verfluchte alle Giftschlangen der Insel. Deshalb windet sich zu seinen Füßen auf dem Altarbild eine Schlange. Und deshalb gibt es auf der Inseln Cres und Lošinj keine Giftschlangen.

Auf dem Höhenzug Osoršćica schweift der Blick über die Inseln und die schwingenden Buchten bis weit nach Istrien – und bei Bora bis zu den Spitzen der Alpen und nach Ancona. Ein Steinchen aus der Einsiedelei des hl. Gaudentius soll giftige Schlangenbisse verhüten – ein Amulett, das auf den Inseln nicht gebraucht wird.

Der Stadthafen von Veli Lošinj. Der Ort hat zwei Buchten – die eine ist der Stadt-, die andere der Fischerhafen.

DIE LEIDENSCHAFT DER LÜFTE

Über die wichtigsten Winde der Ostadria: Bora, Jugo, Maestral.

Plötzliche, heftige, aber kurz anhaltende örtliche Gewitter, die als „neverin" bezeichnet werden, stehen im Zusammenhang mit den Winden im ersten und dritten Quadrant. Eine plötzliche Veränderung des Barometerdruckes deutet ganz verlässlich darauf hin, dass es windig wird. Die Windstärke wird in Beaufort (Bft) gemessen. Auf der Skala von 0 bis 12 steht 0 für kein Wind und 12 für einen Orkan. Ein Wind der Stärke 6 wird als „starker Wind" bezeichnet. Seine Geschwindigkeit kann bis ca. 50 Stundenkilometer betragen.
Wellen werden mit der „Wellenrose" gemessen, womit Daten über Häufigkeit, Richtung und Höhe der Wellen gewonnen werden können. Die höchsten Wellen auf der Adria entstehen durch den Jugo. Die Wellenkraft wird anhand von einer Skala (WMO) gemessen, deren Bandbreite von 0 (ruhiges Meer) bis 9 (Wellenhöhe über 12 Meter) reicht. Wenn die Skala 5 anzeigt, ist bereits hoher Wellengang. Die Höhe der Wellen beträgt dann zwischen 2,5 und 4 Meter. An der offenen See entstehen solche Wellen durch einen Wind, dessen Stärke 6 bis 7 Beaufort beträgt. Muss man beim Gewitter die Fahrtrichtung ändern, sollte man dies schnell und entschlossen tun, und zwar gleich nach dem „trećak". Trećak ist die höchste Welle in der Reihe, entweder die dritte (tri, it. tre = drei) oder die vierte. Nach dieser Welle folgen ein paar schwächere.
Als „tote See" werden Wellen ohne Wind bezeichnet, die ein Gewitter ankündigen oder nach einem Gewitter entstehen. Die „gekreuzte See" entsteht beim Aufeinandertreffen von unterschiedlich gerichteten Wellenprofilen. Dann „kocht" das Meer – der ungünstigste Zustand der See. Das Navigieren kann dabei besonders gefährlich sein.
Und bei der „dicken See" ist es empfehlenswert, gleich im Hafen zu bleiben. (Fortsetzung S. 198, 200, 202)

Wind und Wolken an der Küste zwischen Rovinj (Rovigno) und Novigrad (Citanova).
Xylografie aus dem *Kronprinzenwerk*, 1891.

Der Duft der Kiefern

Es sind Reste einer anderen Zeit: Aschenbecher, Anstecknadeln, Ziertand. Sie finden sich in Regalen und auf Dachböden; tauchen unter und auf Flohmärkten wieder auf. Die Geschichte um sie herum geht verloren und wird vergessen. Man findet solche Stücke in jedem Haus. So wie einen Briefbeschwerer aus Glas. Er ist kühl und glatt. Und wenn man in ihn hineinschaut, erblickt man ein Hafenszenerio: Steinhäuser an der Mole und ein Segelschiff am Kai, Lussingrande steht darunter. Es tönt gut, nach Meeresrauschen und Musikkapelle. Lussingrande, wo liegt es?
Die Geschichte beginnt mit den akribischen meteorologischen Messungen von Ambroz Haračić, Lehrer der Seefahrtsschule in Mali Lošinj. Seine Erkenntnisse: 15,2 °C Jahresdurchschnittstemperatur, 12 °C Meerestemperatur im Winter, eine relative Luftfeuchtigkeit von durchschnittlich 70 Prozent – dazu viel Sonne und wenig Wind.
Die Geschichte beginnt an einem Wintertag im Jahre 1885. Conrad Clar, der Direktor des Heilbades Gleichenberg in der Steiermark, kam mit seinem kranken Sohn auf die Insel Lošinj. Er war auf der Suche nach stabilen heilklimatischen Bedingungen und interessierte sich berufsbedingt für die klimatischen Vorzüge der östlichen Adria. Nach drei Wochen reiste er mit seinem gesunden Buben ab. Im gleichen Jahr kreuzte Erzherzog Karl Stephan, Admiral der österreichisch-ungarischen Kriegsmarine, die Küste entlang – auf der Suche nach einem Retiro. Er fand den Platz in Lussingrande (Veli Lošinj). Schon im nächsten Jahr ließ er die Villa Seewarte bauen und einen großen Park anlegen.
Der eine war angesehener Bürger von Mali Lošinj, der andere verbreitete seine Entdeckung in den medizinischen Kreisen, durch Erzherzog Karl Stephan wurde die Wiener Gesellschaft der Donaumonarchie auf eine Terra incognita neugierig. So wurde Lošinj „entdeckt" und der Grundstein zum Tourismus gelegt.

Unter Kiefern auf Brijuni.

Leise wischt ein Lufthauch über die Stirn. Die Äste beugen sich wie Sonnenschirme über die Uferpromenade. In Licht glänzen die langen, seidigen Nadeln der Aleppokiefern. Von Veli Lošinj führt der Weg entlang den Buchten. Die Lungen füllen sich mit den ätherischen Düften der Kiefern und Meeresluft. Die Seele füllt sich mit Frieden. Aber was uns wie ein Paradies erscheint, musste hart erarbeitet werden. Das Klima hätte optimale Voraussetzungen – doch zu wenig Grün sei auf der Insel, bemängelten die Professoren aus Wien. Es wurde eine Waldgesellschaft mit 170 zahlenden Mitgliedern gegründet. Die Gesellschaft entwickelte sogleich rege Tätigkeiten. Im ersten Jahr wurden 30.000 Kiefern, im zweiten 60.000, im dritten 67.000 und im vierten Jahr 92.000 Kiefern gepflanzt.

Der rührige Ambroz Haračić von der Seefahrtsschule von Mali Lošinj stellte die Arbeitstrupps zusammen: Bauern aus den Dörfern und Tagelöhner aus der Stadt, Frauen, Mädchen und „ernsthafte Jugendliche". Zuerst mussten Gräben ausgehoben werden. Das war die schwerste Arbeit und wurde von den Männern durchgeführt. Die Frauen setzten die dreijährigen Bäumchen, die Mädchen legten Steine um die Setzlinge, damit die Erde vor Sonnenhitze und die Bäumchen vor Unkraut geschützt sind. Die Arbeiter und Arbeiterinnen wurden je nach Geschlecht und Alter entlohnt: zwischen 90 und 30 Kreuzer pro Tag (100 Kreuzer entsprechen dem heutigen Wert von 10 Euro). Die Bäume mussten gepflegt und mit dem knappen und kostbaren Wasser gegossen werden. Aleppokiefern und Steineichen, Zedern und Zypressen, Tamarisken und Magnolien verwandelten die Insel in eine Parklandschaft. In ihrem Schatten stehen die Villen in der Bucht von Čikat, Wege führen durch die Wälder und entlang der Strandpromenade von Veli Lošinj. Im Park der ehemaligen erzherzoglichen Seewarte (heute ein Sanatorium) stehen 100-jährige Sequoien und Platanen, Palmen, Eukalyptus und eine große Zahl von Ziergehölzen.

BORA

Meerschaum fegt über das Land; die salzige Gischt verbrennt die Vegetation. Die Bäume beugen sich der Kraft und wachsen krumm. Die See ist dunkelviolett; darüber liegt ein Schleier aus Wasserstaub – die Bora wütet, der berüchtigtste aller Winde an der nördlichen Adria.
Die Bora ist ein unberechenbarer Wind, der vom Festland her in Böen weht. Der Wind entsteht immer dann, wenn sich im Binnenland ein Kältehoch bildet. Die kalte Luft sammelt sich und stürzt über die Küstenberge hinab. Die Bora ist relativ kalt und trocken, erreicht eine mäßige Stärke und dauert mehrere Stunden an. Ein plötzlicher Temperatursturz von 20 °C ist keine Seltenheit. In manchen Regionen, wie auf den Inseln Cres und Krk, kann sie zum Orkan anwachsen und mit 200 Stundenkilometern über Meer und Land fegen. Dynamisch gleicht die Bora dem Fön, beide Winde strömen vertikal, allerdings ist die Bora eisig und der Fön warm – Kopfweh können beide verursachen.
Es gibt Legenden darüber, wie der eisige Fallwind entsteht. Manche stellen sich die Bora wie eine Hexe vor, die in einer Karsthöhle gemeinsam mit ihrem Sohn Burin wohnt. Die Höhlen, in denen die Bora wohnen soll, liegen oberhalb von Triest und Senj. Obwohl diese Hexen und Hexenmeister am Festland leben, werden sie oft als Seedämonen dargestellt und sind ein Teil der mit der See verbundenen Tradition. „Dunkel“ wird die Bora genannt, wenn sie bei bewölktem Himmel weht. „Cuvaj se škure bure“, sagen die Einheimischen: „Hüte dich vor der dunklen Bora“. Sie kommt nur an der Nordadria vor.
Die Bora reinigt die Luft, so dass die Sicht danach ausgezeichnet und das Wetter sonnig und heiter ist. Obwohl die Bora eher ein Winterwind ist – sie kann auch zu anderen Jahreszeiten vorkommen –, weht sie während des gesamten Jahres vor allem in den Morgenstunden und erreicht dabei eine mittlere Geschwindigkeit von 11 Meter pro Sekunde. Weil sie von den Gebirgshängen zum Meer herunterweht, kommt sie am häufigsten aus nordöstlicher Richtung bzw. aus den Richtungen NNO, NO oder ONO. Auf dem offenen Meer wechselt die Bora häufig in nordwestliche Richtung. Von allen Winden ist sie der gefürchtetste für die Seeleute an der östlichen Adria. Allerdings wurde sie in vergangenen Zeiten von den Mannschaften der großen Segelschiffe geschätzt, denn die Bora brachte Tempo.
Die durch die Bora entstandenen Wellen können aufgrund ihrer Kraft, Höhe und unregelmäßigen Intervalle besonders gefährlich sein, und das vor allem für kleinere Boote. Seeleute und Segler schätzen die Kraft des Windes an dem Bild der Wellenkronen und dem Meeresstaub ab. Die Bora ist für ihre Launenhaftigkeit bekannt, die Tatsache also, dass sie häufig in Böen weht und dass sie genauso häufig ungestüm und unerwartet zu wehen beginnt, wobei die Windstöße von heulenden Geräuschen begleitet werden. Diese heulenden Windböen werden für eine oder mehrere Minuten von Windstille oder von schwächeren Winden unterbrochen. Wenn der Wind exakt aus dem Norden kommt, wird er Tramontana genannt.
Im Sommer weht die Bora vor allem im Norden der Adria. Das Aufziehen der Bora erkennt man an der Wolkenkappe, die vor dem Losbrechen des Windes die Bergspitzen des Učka- oder Velebit-Gebirges bedeckt. Die Wellen, die die Bora verursacht, sind kurz und entfernen sich schnell vom Festland. Die zerspritzenden Wellenkämme verwandeln sich in weißen und sprühenden Meeresschaum, wobei starke Windschläge manchmal Wassertropfen durch die Luft schleudern können und so „Meeresstaub“ produzieren. Auf der Meeresoberfläche entsteht ein Nebel, der „fumarea“ (it. fumo = Rauch) genannt wird.
Es ist der Wind der ungeraden Zahlen, sagen die Einheimischen: Er weht einen, drei, fünf oder sieben Tage, nicht aber zwei oder vier Tage. Eine Volksweisheit besagt, dass die Bora mindestens drei Tage anhalten wird, wenn sie ununterbrochen einen Tag lang weht. Wenn sie länger als drei Tage weht, sagt man, dass sie mindestens sieben Tage anhalten wird. Die Bora taucht wie aus dem Nichts auf und kann nach ein paar Stunden wieder aufhören. Es wurde jedoch verzeichnet, dass sie einmal über einen Monat lang geweht hat.

Hotels und Villen wurden gebaut. Die Bevölkerung investierte in Fremdenzimmer; Gasthäuser und Restaurationen schossen aus dem Boden. Das erste Haus am Platz in Mali Lošinj war das Vindobona, in Veli Lošinj das Hotel Renata. Dampfer verkehrten regelmäßig von Triest via Pula sowie von Rijeka. Die beiden Lošinjs wurden 1892 zu Luft- und Winterkurorten ernannt. Dieser hochamtliche Status bedurfte einer ehrwürdigen Kurkommission, die sich aus Bürgermeistern, Ärzten, gewählten Gemeindevertretern und gewählten Kurgästen zusammensetzte. Während der ersten 16 (!) Wochen des Aufenthalts wurde Kurtaxe ver-

Der Hafen von Cres: Herzschlag, Handels- und Verwaltungszentrum der Insel.

rechnet, danach kurte man als Dauergast gratis. Erwachsene zahlten Kur- und Musiktaxe, Kinder die Hälfte. Das mitgebrachte Personal zahlte ebenfalls nur die Hälfte der Kurtaxe. Die Musiktaxe war für die dienstbaren Geister aufgehoben, da sie eh nicht in den Genuss kamen, mit der Herrschaft zu promenieren und am Strand dem philharmonischen Musikerverein zu lauschen.

Die wirtschaftliche Situation auf der Insel besserte sich zusehends. 1913 wurden von den Gästen vier Millionen Kronen ausgegeben. Die stetige Emigrationsquote sank – es gab sogar Rückwanderer aus den USA. Die Einwohnerzahl von Mali Lošinj stieg von 4689 auf 5530 im Jahre 1900; heute zählt die Stadt 6560 Bewohner.

Vor dem Erwachen des Fremdenverkehrs war gerade die wirtschaftliche Ära der Lošinjer Schifffahrt zu Ende gegangen. Die Tradition des Schiffsbaus hatte schon in illyrischen Zeiten begonnen, wurde unter den Römern und später unter venezianischer Herrschaft weiterentwickelt. Auf der Insel gab es um 1870 sechs Werften und spezialisierte Werkstätten für Taue, Segeln und Mastenbau. Zur Blütezeit waren 127 Großsegler im Eigentum der Lošinjer Unternehmer, bis die Dampfschiffe den Niedergang brachten. Die

JUGO (SCIROCCO)

Der Jugo oder Scirocco ist ein südwestlicher Wind von gemäßigter Stärke, der vom Meer her in Richtung Festland entlang der gesamten kroatischen Adriaküste weht. Er weht aus den Richtungen OSO, SO oder SSO. Der Jugo ist in der Regel ein lang anhaltender, starker und feuchter Wind. Und er weht nicht in Böen wie die Bora. Da der Jugo zur Gruppe der Frühlings- und Herbstwinde gehört, die mit Regen und einer feuchten Atmosphäre verbunden sind, weht der Jugo im Sommer eher selten.

Wenn er dennoch wehen sollte, dann ist er an folgenden charakteristischen Merkmalen zu erkennen: Der Wind weht ohne Unterbrechung und wird schrittweise stärker. Er produziert sehr schöne, lange Wellen ohne Rauschen und Schaum. Erst bei einem starken Jugo schlagen die Wellen auf die Küste und ziehen sich lärmend ins offene Meer zurück.

Weil gleichmäßige Wellen und die ständig wirksame Kraft des stets aus der gleichen Richtung wehenden Windes den Jugo kennzeichnen, ermöglicht er allen Seglern die besondere Erfahrung einer dynamischen Fahrt auf dem Meer mit konstant vom Wind gefüllten Segeln, so dass das Segelboot eine sehr hohe Geschwindigkeit zu erreichen vermag.

Es gibt zwei Arten von Jugo: Der trockene Jugo oder „palac" (antizyklonaler Jugo) entsteht bei klarem Himmel, und der dunkle Jugo ist ein warmer und feuchter Wind, der hohe Wellen verursachen kann. Im Sommer dauert der Jugo nicht länger als drei Tage, im Winter kann er bis zu zehn Tagen andauern, und manchmal sogar, mit kleineren Unterbrechungen, bis zu drei Wochen.

Wenn es ruhig ist – wenn etwa im Sommer der Maestral ausbleibt oder es „tote Wellen" aus dem Südosten gibt –, ist es ein Zeichen dafür, dass der Jugo kommt. Der Horizont wird dann nebelig, Temperatur und Feuchtigkeit steigen an, das Barometer fällt. Es entsteht eine starke Strömung aus dem Südosten, obwohl es keinen Wind aus dieser Richtung gegeben hat.

Der Jugo geht öfters in den westlichen Wind „lebić" über, während die Bora nur selten von anderen Winden abgelöst wird. Während des „faulen Jugos" ist die See ruhig und ohne Wind, jedoch sind alle anderen Eigenschaften des Windes zu spüren. Die Temperatur ist hoch und die Luft ist schwül. Es regnet in Strömen, und es wird erst heiter, nachdem sich unbewegliche Wolken aufgelöst haben.

Tradition des Holzschiffsbaus wird in der kleinen Werft von Nerezine noch gepflegt. Als Erinnerung an die Seefahrt blieben die reich geschmückten Kapitänsvillen und in den Kirchen die Dankesgaben aus aller Herren Länder. Die Lošinjer, berühmt für ihre nautischen Kenntnisse, zogen in die Welt – und die Welt kam nach Lošinj.

Immer beliebter wurde der Badetourismus: Um 1900 gab es bereits mehr Sommer- als Wintergäste. Das Strandbad von Čikat war legendär. Der Sand kam von der Insel Susak. Der eine Teil des Strandbades war für die Herren reserviert, der andere für Damen und Kinder. Über den Herrenkabinen war ein Café und ein Buffet, über den Kabinen der Damen hatte ein Coiffeur seinen Salon eingerichtet. Für Zerstreuung sorgte das Casino in Mali Lošinj sowie Musik- und Tanzabende. Die Gäste machten Ausflüge auf die kleinen Inseln Susak oder Unije. Gäste, die die Insel Ilovik besuchen wollten, gingen zu Fuß von Veli Lošinj auf die Südspitze der Insel und entfachten dort ein Feuer. Das war das Zeichen für die Bootsfahrer in Ilovik, das jemand ihre Insel besuchen wollte.

Auf der adriatischen Insel prallten zur Jahrhundertwende zwei Welten aufeinander: hier das entbehrungsreiche Landleben weitab von den ersten Errungenschaften des neuen Jahrhunderts, dort die mondäne Welt aus Wien und Budapest; schwarz gekleidete Bäuerinnen neben Damen in weißem Musselin und Sonnenschirmen; schreiende Esel zu den Klängen der Kurkapelle.

Der Weltkrieg brachte den Tourismus zum Erliegen. Die geplante Straßenbahn von Mali nach Veli Lošinj wurde nicht mehr realisiert. Unter italienischer Herrschaft kam ein langsamer Aufschwung, als ein Besuch des Königs Vittorio Emanuele II. und seiner Frau Elena 1922 die Insel salonfähig machte. Ein Erlass, der Lungenkranken untersagte, die Insel zu besuchen, war ein weiterer Rückschlag. Die Kurkommission stellte 1928 ihre Tätigkeit ein. Tuberkulose war nach dem Ersten Weltkrieg zu einer um sich greifenden Seuche geworden und Kranke waren vielerorts nicht mehr willkommen.

Nach dem Ende des Zweiten Weltkrieges waren durch Kampfhandlungen viele Hotels beschädigt und zerstört. Der Wiederaufbau begann vor allem auch mit dem Bau der Wasserleitung vom Vrana-See. Die Hotels und Pensionen unterlagen einem Strukturwandel. Der Kurbetrieb wurde wieder aufgenommen, Individualtourismus zugunsten eines sozialistischen Gruppentourismus vernachlässigt. Die Häuser waren für die Werktätigen Jugoslawiens reserviert. Der Bezirksvolksrat Novi Sad, das Lebensmittelkombinat Valpovo, das Rote Kreuz Subotica, die Erdölraffinerie Bosanski Brod, die Schuhfabrik Refleks Belgrad, die Fabrik Elektrosignal Ljubljana, der Kinderschutzbund Krapina u. a. richteten ihre Ferienheime ein.

Die ersten ausländischen Touristen, die in den späten 1950er Jahren kamen, waren Österreicher. Sie entdeckten wieder das ehemalige Lussingrande, das geheimnisvoll im gläsernen Briefbeschwerer überdauerte. Die Kiefern waren in der Zwischenzeit gewachsen. Die Zweige breiten sich wie Sonnenschirme über die Spazierwege. Die Welt ist erfüllt von leuchtendem Grün und glitzerndem Blau.

Gegenüber: Seegang beim Slatina-Bad in Opatija (Abbazia). Postkarte, um 1910.

Oben: Zur Jahrhundertwende wurden an die 30.000 Föhren gepflanzt und an der Bucht von Čikat Villen errichtet.

MAESTRAL

Der Maestral ist ein für den Sommer an der Adria typischer Nordwestwind, der charakteristisch für ein schönes und stabiles Wetter ist. Sein Name kommt aus dem Lateinischen (ventus magistralis = der wichtigste Wind), denn er ist ein typischer Wind in vielen Teilen des Mittelmeers. Er weht immer aus der Meeresrichtung. Nach der morgendlichen Windstille beginnt im Sommer fast schon gesetzmäßig vor der Mittagszeit (gegen 10 Uhr) sein angenehmes und zunehmendes Wehen, das bis zum Sonnenuntergang andauert.

Der Maestral ist wie geschaffen für ein entspanntes Segeln ohne Manöver, weil er konstant, berechenbar und sanft weht. Und während Bora und Jugo – jeder auf seine Weise – die Segler in Aufregung versetzen und vor Herausforderungen stellen, garantiert der Maestral den reinen Genuss, da man sich ohne Angst dem Meer einfach überlassen kann. Weil mit dem Sonnenuntergang die Bedingungen für das Entstehen des Maestrals verschwinden, beginnt mit der ersten Dämmerung ein sanfter Nachtwind vom Festland her mit Windstärke 3 zu wehen, welcher wiederum mit dem Aufgang der Sonne in Windstille übergeht, die sich dann schließlich um die Mittagszeit wieder in einen erfrischenden Maestral verwandelt. Am Abend geht er dann meistens in den Večerin (večer = Abend) über.

Wenn er auch nachts weiterweht, ist es ein Zeichen dafür, dass das Wetter sich verschlechtert. Beginnt der Maestral bei schlechtem Wetter zu blasen, ist es ein Zeichen dafür, dass das Wetter sich verschönert. Wenn er bei schönem Wetter regelmäßig weht, wird es weiterhin schön bleiben. Wenn er im Sommer ausbleibt, ist es ein Zeichen dafür, dass sich das Wetter verschlechtert. Und wenn er gegen Mittag oder später zu wehen beginnt oder zu früh aufhört, ist es ebenfalls ein Zeichen dafür, dass das Wetter schlechter wird.

Oben: Morgens legt der Fischkutter mit einer vollen Ladung Sardinen in Rabac an.

Gegenüber: Die Optimisten starten – Segelregatta von Opatija nach Rijeka.

Zeittafel

1100 V. CHR.

Illyrische Völker wandern aus dem Gebiet der Schwarzmeerküste ein. Die Histrer besiedeln die größte Halbinsel des Mittelmeeres, die nach ihnen benannt wird: Histria – Istra – Istrien. Ein weiterer Stamm der Illyrer sind die Liburner, sie siedeln sich an der Kvarner Bucht an.

500 V. CHR.

Keltenstämme kommen aus dem Norden. Sie verschmelzen mit den Histrern zu einer illyrisch-keltischen Bevölkerung.

221 V. CHR.

Der Erste Histrische Krieg; illyrische Seeräuber werden von den Römern bekämpft.

178–77 V. CHR.

Im Zweiten Histrischen Krieg besiegen die Römer die Histrer, zerstören die Hauptstadt Nesactium und andere Wallburgen, römische Legionäre besiedeln das Land. Istrien wird römische Provinz. Pula ist das Zentrum.

1.–3. JH. N. CHR.

Eine Zeit des relativen Friedens und der Entwicklung von Landwirtschaft, Handelsbeziehungen, Straßenbau und der Kommunen.

3. JH.

Erste Einfälle germanischer Stämme und dadurch die beginnende instabile Lage des Römischen Reiches.

380

Erste frühchristliche Gemeinschaften und die Gründung der Bistümer Poreč und Pula.

5. JH.

Die Goten unter Theoderich erobern Norditalien und Istrien. Ab 500 wandern erstmals südslawische Völker auf die Balkanhalbinsel ein. Istrien wird zum Siedlungsgebiet der Kroaten.

539

Nach dem Sieg des Oströmischen Reiches über die Goten nimmt Byzanz Istrien ein. Pula wird Sitz des Militärstatthalters, die berühmte Basilika St. Euphrasius in Poreč entsteht.

6. JH.

Die Zeit der Völkerwanderung bringt keine Stabilität. Der Klerus wendet sich der neuen Ordnungsmacht der Franken zu.

788

Papst Hadrian gibt den Auftrag, Istrien Karl dem Großen und seinem Frankenreich zu unterstellen. Es beginnt das mittelalterliche System der Lehnsherrschaft und der Leibeigenschaft. Weitere Zuwanderung von slawischen Völkern.

1000

Durch den Zerfall des Frankenreiches wird das Machtvakuum schrittweise von den Venezianern gefüllt, umso mehr, als sich die Küstenstädte, die von Seeräuberei bedroht und von Seuchen geschwächt sind, an die neue Schutzmacht Venedig wenden. Die Machtverhältnisse der Halbinsel teilen sich Venedig, der Patriarch von Aquilea und die Grafen von Pazin, welche vom Kaiser des Heiligen Römischen Reiches Deutscher Nation belehnt werden. Der Patriarch von Aquilea nimmt Einfluss auf Istrien, da es vom deutschen Kaiser mit weltlicher Macht und somit Besitztümern belehnt wird und ihm die istrianischen Bistümer (wie Poreč) unterstehen. Aquilea ist eine Wiege des europäischen Frühchristentums. Nach einer Legende soll der Apostel Paulus den hl. Hermagoras als Bischof von Aquilea eingesetzt haben. In geistlichen Belangen gelang es den Patriarchen, zwischen Rom und Byzanz eine gewisse Unabhängigkeit zu halten.

1291

Mit dem Frieden von Treviso wird das Primat Venedigs in den umstrittenen Territorien besiegelt.

1374

Durch die Venezianer unter Druck gesetzt, schließt der Graf von Pazin einen Erbfolgevertrag mit Habsburg. Da er keinen Nachfolger hat, fällt Inneristrien an Leopold III. von Habsburg. Istrien ist nun geteilt; das Landesinnere als Grafschaft unter österreichischer Herrschaft, die Küstenregion ist durch Verträge, mehr oder minder freiwillig, an die Republik Venedig gebunden. Es folgen eine Zeit der florierenden Wirtschaft auf venezianischer Seite und über zweieinhalb Jahrhunderte Konflikte zwischen Habsburg und der Lagunenstadt.

1378

Krieg zwischen den Seemächten Genua und Venedig. Die Genuesen zerstören Pula, besetzen Poreč, Rovinj und Umag.

14. JH.

Das Land wird von der Pest heimgesucht und entvölkert.

15. JH.

Die Türken dringen bis Triest vor. Die Venezianer übernehmen die letzten Städte (Buzet, Labin, Plomin), die in der Einflusssphäre des Patriarchen von Aquilea standen.

16. JH.

Uskokenüberfälle. In das durch osmanische Angriffe fast menschenleer gewordene Gebiet um Senj werden Flüchtlinge angesiedelt: die

Uskoken. Die Flüchtlinge bilden militärische Einheiten, die immer wieder gegen die Osmanen und venezianische Kommunen losschlagen. Sie sind ob ihrer Überfälle gefürchtet und Verbündete Habsburgs gegen die Venezianer.

1615–1617

Der Uskcken-Krieg zwischen Habsburg und Venedig wird durch einen Vertrag beendet, der den Venezianern Gebietsgewinne in Istrien einbringt und zu einer befriedeten Zeit bis zum Ende der Seemacht Venedig anhält. Für eine neue und friedlichere Politik der Habsburger-Monarchie gegenüber dem Osmanischen Reich und Venedig sind die kriegerischen Uskoken hinderlich. Sie werden zwangsweise in andere kroatische Gebiete umgesiedelt.

1719

Rijeka und Triest werden durch Kaiser Karl VI. zu Freihäfen, mit deren wirtschaftlichen Aufschwung eine Schwächung Venedigs einhergeht.

1797

Napoleon I. beendet die Ära der Republik Venedig. Istrien wird Österreich zugesprochen.

1805

Der ehemals venezianische Teil Istriens wird von Frankreich erobert.

1809–1813

Der habsburgische Teil des Landes fällt an das italienische Königreich Napoleons. Istrien wird zur Illyrischen Provinz. Napoleon I. entreißt die Bezeichnung Illyrien, die für kroatische und slowenische Gebiete verwendet wird, der Vergessenheit, indem er die „Provinces Illyriennes" errichtet. Nach seinem Dekret von 1811 stehen zum ersten Mal slowenische und kroatische Gebiete wie Krain, Istrien, Dalmatien, Dubrovnik und die Militärgrenze unter einer Verwaltung. Der französische Marschall Marmont setzt sich für die Einführung der Volkssprache, die er Illyrisch nannte, im öffentlichen Dienst ein.

1813

Istrien von Österreich besetzt und fällt an die habsburgische Monarchie zurück.

1848

Revolution und Aufhebung der Leibeigenschaft. Gründung des Parlaments.

1856

In Pula wird der Grundstein zum k. u. k. Marinestützpunkt unter Beisein von Kaiser Franz Joseph I. gelegt.

1857–1873

Eröffnung der Eisenbahnlinie Wien–Triest (Südbahn) und Bau einer Nebenstrecke nach Rijeka.

1860

Die Mark Istrien wird zur autonomen Provinz erklärt.

1914

Ausbruch des Ersten Weltkrieges.

1918

Slowenen, Kroaten und Serben schließen sich zum Königreich Jugoslawien (SHS) zusammen. Istrien wird umgehend von Italien besetzt.

1920

Istrien wird im Vertrag von Rapallo Italien zugesprochen.

1939–1945

Kroatien wird ein eigenständiger Staat unter der faschistischen Ustascha.

1943

Istrien wird von den Truppen des Deutschen Reichs besetzt.

1945

Einmarsch von Titos Partisanentruppen in Koper und Triest.

1947

Der in Paris geschlossene Friedensvertrag sieht vor, dass Triest und ein Teil Istriens zum „Freistaat Triest" zusammengeschlossen werden. Das „Freie Territorium Triest" (FTT) wird vorübergehend in die Zone A unter angloamerikanischer Militärverwaltung und Zone B unter jugoslawischer Verwaltung aufgeteilt.

1954

Das Londoner Abkommen spricht Zone A Italien und Zone B Jugoslawien zu.

1955

Im Zeitraum von 1945 bis 1955 verlassen 30.000 bis 40.000 Italiener das Land.

1974

Die endgültigen Grenzen zwischen Italien und Jugoslawien werden festgelegt.

1991

Die Unabhängigkeitserklärung Kroatiens wird von der serbisch dominierten Armee Jugoslawiens nicht hingenommen. Der Staat zerfällt, der Jugoslawienkrieg eskaliert. Die Grenze zwischen Kroatien und Slowenien verläuft durch Istrien entlang der Verwaltungsgrenze der beiden ehemaligen jugoslawischen Teilrepubliken.

1995

Der Friedensschluss von Dayton (USA) beendet den Krieg mit Kroatien.

Links: Terrasse in Opatija (Abbazia). Postkarte, um 1925.

Gegenüber: Die Marina von Pula aus der Vogelperspektive.

Vorsatz: Sardinenfischer von Rabac kehren morgens heim.

Nachsatz: Der Kirchturm in Bale.

Dank

Sehr herzlich danken wir

Wolfgang Neuhuber und seinem Team, Salzburg
Guido Schwengersbauer, Buje
Mari Staver, Poreć
Irina Ipša, Ipši
Petar Kürschner, Opatija
Katharina Blazina, Graz, Rijeka
Goran Sušięc, Beli
Thomas Hoffmann, Wien
Andrea Schraml, Wien
Andreas Deppe, Wien

Bildnachweis

Christian Brandstätter Verlag, Wien: 34, 40, 43 (u.), 52, 54, 68, 78, 80, 94 (2), 97, 126 (M.), 127, 147, 152 (o., u. re.), 186, 196
Imagno/Austrian Archives, Wien: 38 (u.), 41, 49, 56, 96 (o.), 104, 111, 126 (li., re.), 128 (o.), 140, 143 (2), 152 (u. li.), 154 (2), 166 (u.), 181, 192
Petar Kürschner, Opatija: 7 (2), 29, 30, 33, 37, 116, 128 (u.), 139, 145 (2), 148, 150, 151 (2), 153, 155, 159, 160 (3), 162 (u.), 163 (o.), 165 (u. li.), 169 (3), 170, 171, 172, 175 (re.), 178, 183 (2), 185, 191, 194, 200, 206, Schutzumschlagrückseite
Mella Waldstein, Drosendorf: 173 (u.), 175 (li.), 182

Alle weiteren Abbildungen stammen von Manfred Horvath.

Quellen

Anderle, Marija: *Die Loggia communis an der östlichen Adria,* Weimar 2002

Blaschitz, Sylvia M.: *Die Multikulturalität Istriens in Vergangenheit und Gegenwart,* Universität Klagenfurt 2003

Cucchi, Franco: *Der Naturstein aus dem Triester Karst,* Triest 1989

Hofmann, Peter: *Karst & Kultur – Wege in Istrien,* Oberaudorf 2002

Kupelwieser, Paul: *Aus den Erinnerungen eines alten Österreichers,* Pula 1993

Majnarić, Miljenko; Amir Muzur u. a.: *Opatija,* Zagreb 2005

Mann, Thomas: *Frühe Erzählungen,* Frankfurt/M. 1981 (Frankfurter Ausgabe)

Matzka, Manfred: *Istrien – Ein Reisebegleiter für Leser,* Wien 2002

Mavrovič, Nadir: *Cres & Lošinj,* Nerezine 1997

Muzur, Amir: *Opatija / Abbazia,* Rijeka 2000

Niel, Alfred: *Die k. u. k. Riviera,* Graz 1981

Die österreichisch-ungarische Monarchie in Wort und Bild – Das Küstenland, Wien 1891

Plöckinger, Veronika; Matthias Beitl u. a. (Hg.): *Istrien – Sichtweisen,* Museum Schloss Kittsee 2001

Schaider, Hermina: *Mittelalterliche Fresken in Istrien,* Graz 2002

See, Klaus v. (Hg.): *Olive, Wein und Feige,* Frankfurt/M.–Leipzig 1992

Swartz, Richard: *Ein Haus in Istrien,* München 2001

Tomizza, Fulvio: *Die fünfte Jahreszeit,* Wien 1997

Vesnaver, Giovanni: *Usi costumi e credenze del popolo di Portole,* Pola 1901

Waitzbauer, Harald: *Durch Istrien,* Salzburg 1989

Waldstein, Mella: *Stein auf Stein,* Weitra 2003

Wieser, Lojze (Hg.): *Karst,* Klagenfurt–Celovec 1999

Wiggermann, Frank: *K. u. K. Kriegsmarine und Politik,* Wien 2004

http://gutenberg.spiegel.de/casanova/band01/kap13.htm

http://vodnik.kras-carso.com/pdf/der_karst.pdf

Impressum

Bibliografische Information der Deutschen Nationalbibliothek
Die Deutsche Nationalbibliothek verzeichnet diese Publikation in der Deutschen Nationalbibliografie; detaillierte bibliografische Daten sind im Internet über http://dnb.d-nb.de abrufbar.

1. Auflage
Grafische Gestaltung: Andrea Schraml
Lektorat: Andreas Deppe
Reprografie: Grasl Druck & Neue Medien, Bad Vöslau
Gedruckt in der EU

ISBN 10: 3-902510-56-0
ISBN 13: 978-3-902510-56-3

Christian Brandstätter Verlag
GmbH & Co KG
A-1080 Wien, Wickenburggasse 26
Telefon (+43-1) 512 15 43-0
Telefax (+43-1) 512 15 43-231
E-Mail: info@cbv.at
www.cbv.at

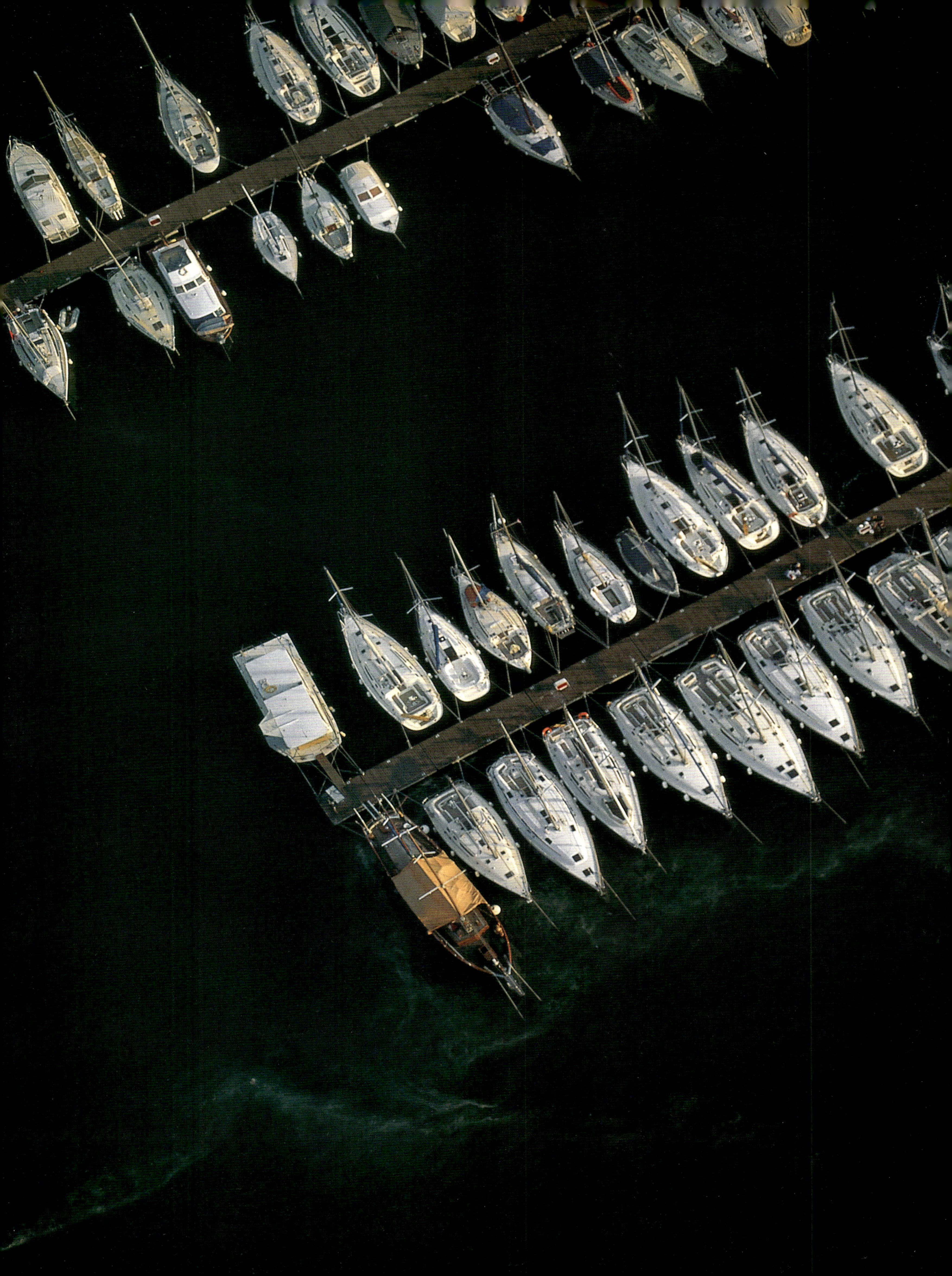

CAVIAR